블라인드채용
평/가/매/뉴/얼

블라인드채용 평가매뉴얼

발 행 일　2020년 3월 2일 초판 1쇄
　　　　　　 2020년 10월 30일 초판 2쇄
지 은 이　이승철
발 행 인　이동선
발 행 처　한국표준협회미디어
출판등록　2004년 12월 23일(제2009-26호)
주　　소　서울시 강남구 테헤란로69길 5(삼성동, DT센터) 3층
전　　화　02-6240-4890
팩　　스　02-6240-4949
홈페이지　www.ksamedia.co.kr

ISBN　　979-11-6010-045-7　　93320
값　18,000원

국가직무능력표준(NCS)을 활용한 인재 채용 프로세스 종합 가이드

ASSESSMENT MANUAL FOR
BLIND RECRUITMENT

블라인드채용
평/가/매/뉴/얼

한국인재평가연구소 **이승철** 지음

KSAM 한국표준협회미디어

목차

추천사(한국기술교육대학교 어수봉 교수) 06
들어가는 말(이 책의 활용방법) 07

제1부 블라인드 채용의 이해 14

Chapter 1. 블라인드 채용의 의의 16
Chapter 2. 블라인드 채용의 이해 21
Chapter 3. 블라인드 채용의 도입 유형과 효과성 27
Chapter 4. 블라인드 채용 도입을 위한 전형단계별 수행과제 30

제2부 채용·선발 과정의 설계 32

Chapter 1. 신입직원 선발기준 수립에 대한 논의 36
Chapter 2. 과학적 선발시스템의 구축 방안 45
Chapter 3. 선발 방법 50
Chapter 4. 선발의 타당화 과정 55
Chapter 5. 인사선발의 타당도(Validity) 58

제3부 직무설명자료의 기능 및 개발 62

Chapter 1. 선발과정에서 직무설명자료의 기능 64
Chapter 2. 직무분석의 정의 및 방법 68
Chapter 3. 국가직무능력표준(NCS)을 활용한 직무설명자료 개발 72
Chapter 4. 직무분석 방법론을 활용한 직무설명자료 개발 88

제4부 평가도구의 개발 96

Chapter 1. 블라인드 입사지원서의 구성요소 및 평가 98
Chapter 2. 자기소개서 항목의 개발 및 평가 108
Chapter 3. 필기전형에서 직무수행능력 평가문항의 개발 115
Chapter 4. 면접전형의 이해와 평가과제 개발 123
Chapter 5. 면접관 교육(평가자 교육) 150

제5부 **직업기초능력의 평가**   162

Chapter 1. NCS 직업기초능력과 선발 매트릭스(Matrix)   **164**
Chapter 2. 의사소통능력(Communicative competence, 意思疏通能力)   **176**
Chapter 3. 수리능력(Mathematical capacity, 數理能力)   **196**
Chapter 4. 문제해결능력(Problem-solving ability, 問題解決能力)   **207**
Chapter 5. 자기개발능력(Self-development capacity, 自己開發能力)   **221**
Chapter 6. 자원관리능력(Resource management ability, 資源管理能力)   **230**
Chapter 7. 대인관계능력(Interpersonal ability, 對人關係能力)   **245**
Chapter 8. 정보능력(Intelligence capability, 情報能力)   **266**
Chapter 9. 기술능력(Technical ability, 技術能力)   **273**
Chapter 10. 조직이해능력(Organizational adaptation ability, 組織理解能力)   **284**
Chapter 11. 직업윤리(Vocational ethics, 職業倫理)   **297**

제6부 **직무수행능력 평가를 위한 제언**   306

[부록]   312

평정의 척도   314
직업기초능력의 자기소개서 문항 예시   316
직업기초능력 면접질문 예시   318
시뮬레이션 면접과제 예시   320

이 책에서의 표와 그림 목록   330

맺음말   336

▌추천사

'人事가 萬事다'라는 말이 있다. 조직에 필요하고 적합(Right)한 사람을 선발하고 운영하는 것이 그 만큼 중요하고 어렵다는 뜻이다. 블라인드 채용은 원래 직무와 능력 중심으로 채용하자는 용어이다. 따라서 우리나라 기업이 블라인드 채용 관행을 정착하게 되면 우리나라는 자연스럽게 직무중심사회로 이행하게 된다.

그러나 그 동안 아쉽게도 블라인드 채용의 평가 방법에 대한 자세한 안내서가 없었다. 이러한 상황에서 이 책이 출간된 것은 매우 시의적절하고 반가운 소식이다. 이 책은 기업의 인사담당자가 국가직무능력표준(NCS)을 활용하여 서류전형에서 면접전형까지의 선발과정을 설계하고 평가도구를 개발, 운영하는 방법에 대해 자세히 설명하고 있다. 기업의 인사담당자가 이 책을 활용하여 적합한 인재를 선발할 수 있는 환경이 조성되고 직무중심사회로 발전해 나가는 데 기여하기를 기대해 본다.

2020년 2월
한국기술교육대학교 교수 **어 수 봉**

▌들어가는 말(이 책의 활용방법)

블라인드 채용이란 채용 과정에서 지원자의 불합리한 차별을 야기할 수 있는 출신지, 가족관계, 학력, 외모 등의 개인적 편견요인은 제외하고, 오로지 직무능력만으로 평가하여 직원을 채용하는 것을 말한다. 여기서 '직무능력'이란 직무수행에 필요한 능력을 의미한다. 일반적으로 기업에서 활용하고 있는 역량기반 채용 이외에, 이 책에서는 NCS(국가직무능력표준, National Competency Standards)를 활용한 NCS기반 능력중심채용의 방식으로 블라인드 채용에 대한 평가 방법들을 소개하고자 한다.

블라인드 채용 평가 방법이란 채용하고자 하는 직무를 잘 수행할 수 있는 인재를 선발하기 위해 NCS를 활용하는 것을 의미한다. 즉, NCS를 기반으로 직무설명자료를 개발하고 이 과정에서 도출된 평가요소를 서류전형, 필기전형, 면접전형에서 적용하기 위해 과학적 선발방법을 근거로 신뢰성과 타당성이 있는 평가도구 등을 개발하는 것이다.

블라인드 채용의 주요 평가요소(평가항목, 평가기준)는 직무를 수행하는 데 필요한 능력인 직무능력이며, 직무능력은 직업기초능력과 직무수행능력(직무수행에 필요한 지식, 기술, 태도 등)으로 구성되어 있다. 따라서 블라인드 채용에서 지원자의 채용전형별 평가 대상은 직업기초능력과 직무수행능력 두 가지인 것이다.

이 책에서는 직무수행능력의 평가방법에 대해서는 구체적으로 설명하지 않았다. 왜냐하면 NCS에서 직무(세분류)의 수가 이미 1,000여 개가 넘었으며, 직무수행능력은 너무 광범위하고 다양해서 이 책에서 다루기에는 어려움이 있기 때문이다. 다만 직무수행능력에 대한 평가방법은 직무설명자료를 활용하여 채용의 전형단계별로 적용할 수 있도록 제6부에서 간략히 설명하였으니 참고하기 바란다.

따라서 이 책은 블라인드 채용에서 직업기초능력에 대한 평가에 초점을 맞추고자 하였으며, 직업기초능력 평가에 대해 설명하기 전에 블라인드 채용에 대한 전반적인 이해와 채용·선발 과정의 설계, 직무설명자료의 기능과 개발, 평가도구 개발 및 운영에 대해 좀 더 구체적으로 살펴보고자 한다.

직업기초능력이란 효과적인 직무수행을 위하여 산업분야에서 기본적으로 갖추어야 할 직업능력을 의미한다. NCS에서는 이를 10개 영역 및 34개 하위요소로 구분하고 있으며, 그 내용은 다음과 같다.

일반적으로 채용이나 선발과정에서 직업기초능력은 전공시험이나 인성검사와 함께 필기전형에서 객관식 형태의 필기시험으로 평가한다고 생각하는 경우가 대부분이다. 하지만 직업기초능력은 서

[표 0-1] 직업기초능력의 10개 영역과 34개 하위요소

10개 영역	34개 하위요소
의사소통능력	문서이해능력, 문서작성능력, 경청능력, 의사표현능력, 기초외국어능력
수리능력	기초연산능력, 기초통계능력, 도표분석능력, 도표작성능력
문제해결능력	사고력, 문제처리능력
자기개발능력	자아인식능력, 자기관리능력, 경력개발능력
자원관리능력	시간관리능력, 예산관리능력, 물적자원관리능력, 인적자원관리능력
대인관계능력	팀워크능력, 리더십능력, 갈등관리능력, 협상능력, 고객서비스능력
정보능력	컴퓨터활용능력, 정보처리능력
기술능력	기술이해능력, 기술선택능력, 기술적용능력
조직이해능력	경영이해능력, 체제이해능력, 업무이해능력, 국제감각
직업윤리	근로윤리, 공동체윤리

류전형에서의 입사지원서와 자기소개서 질문문항, 필기전형에서 객관식 및 논술형(보고서 작성 포함) 평가, 면접전형에서의 구술면접 및 시뮬레이션(Simulation) 면접 등 모든 전형단계에서 다양하게 평가되고 있다.

중요한 점은 직업기초능력의 평가방법이다. 실제로 채용이나 선발의 모든 과정에서는 지원자가 보유하고 있는 직업기초능력에 대한 지식뿐만 아니라 지원 직무의 특정 상황에서 직업기초능력 관련 지식을 응용하여 구체적으로 어떻게 활용(기술적인 측면)하고 행동하는지(태도적인 측면)에 대하여 평가하게 된다.

특히, '행동'을 중심으로 평가하는 경우가 대부분이다. 평가체계를 잘 갖춘 공공기관이나 공기업의 경우 필요한 직업기초능력 평

[그림 0-1] 블라인드 채용과정에서 평가요소로서 직업기초능력의 활용

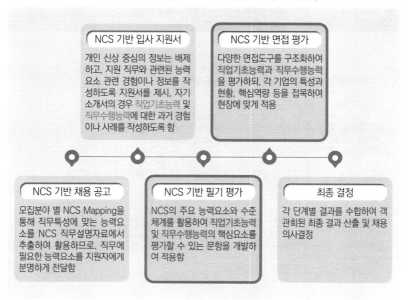

가요소에 대하여 정의와 행동지표, 구체적 행동수준 등을 채용, 선발의 기획단계에서 개발하여 전형단계별 평가에 활용하고 있다.

실제로 자기소개서 항목의 경우에도 대부분 평가요소와 관련하여 "(평가요소와 관련한) 지원자의 경험이나 사례를 기술하시오."라고 개방형 질문을 제시하거나 또는 (평가요소와 관련한) 경험이나 사례를 STAR(Situation, Task, Action, Result, 그림 참조) 방식으로 기술하라고 요구하고 있다. 이는 면접전형에서 가장 많이 쓰이는 구술면접의 경험면접 또는 과거행동면접(BEI: Behavioral Event Interview)의 질문 구조와 동일하며, 지원자의 과거행동을 기반으로 미래의 수행준거(Performance Criteria)[1]를 예측하는

[그림 0-2] 과거행동면접(B.E.I.)의 STAR기법

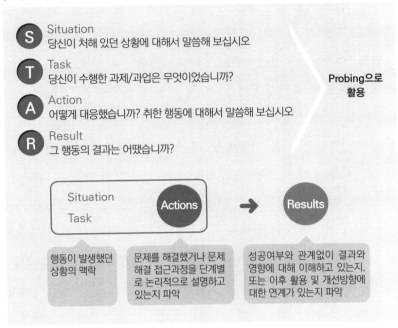

방법인 것이다.

　필기전형에서도 신입사원의 잠재적 직무수행능력을 적성검사의 인지능력으로 평가했던 것과는 달리 블라인드 채용에서는 지원자가 가지고 있는 실제 직무수행능력을 평가한다. 예를 들면 직무수행 상황에서 일어날 수 있는 특정의 상황들을 필기시험 문항으로

---

[1] 어떠한 개인이나 집단이 주어진 과업을 수행함에 있어서 그 결과로서의 성과를 측정하기 위한, 성과의 여러 가지 측면에 대한 기준을 의미한다. 어떤 의미로 본다면 성과를 측정하기 위한 항목(Item)이라고 할 수도 있다. 개인이나 집단이 수행한 과업에 대한 성과를 몇 가지 항목에 근거하여 평가하게 되면 좀더 효과적으로 성과를 측정할 수 있다. 성취기준(Achievement standard)이라고도 한다.

제시하고, 이러한 상황에서 지원자가 취해야 할 행동 및 취하지 말아야 할 행동 등을 묻는 방식으로 평가하는 것이다.

면접전형에서도 일반적으로 과거의 경험이나 사례를 질문하는 경험면접(또는 과거행동면접) 방식 이외에 상황면접(Situational Interview)[2]이 있는데, 상황면접에서는 지원자에게 가상의 직무 상황, 예를 들면 '~한 상황에서 지원자는 어떻게 행동하시겠습니까?'라는 행동의 의도를 질문함으로써 지원자의 행동을 예측하고 있다. 이상 질문을 통한 면접기법 이 외에도 그룹토의(Group Discussion), 발표면접(PresenTation), 역할연기(Role Play)와 같은 시뮬레이션(Simulation) 면접 및 게임(Game) 면접과 같은 집단활동과제(Group Activity)를 통해 직무상황과 관련된 지원자들의 행동을 관찰, 평가한다.

결과적으로 직업기초능력의 평가라는 것은 지원자에 대한 태도와 행동에 대한 평가인 것이다. 따라서 이 책에서는 지원자의 행동과 관련하여 채용이나 선발 과정에서 NCS 직업기초능력을 평가하는 다양한 평가도구에 대한 소개와 이러한 평가도구에 대해 어떻게 효율적으로 설계하고, 평가하는지에 대한 내용을 설명해 나가고자 한다.

---

[2] 지원자가 향후 업무수행 과정에서 직면할 수 있는 특정 상황에서 어떻게 행동할 것인지에 대해 질문함으로써 평가하는 면접방식이다. 예를 들어, 상사의 독단적인 리더십 스타일로 인해 갈등을 겪게 된다면 어떻게 대처할 것인지를 묻는 식이다. 이 과정에서 면접관은 의도적으로 지원자를 압박하기도 한다. 면접관은 지원자의 답변과 행동 반응을 통해 역량을 평가하며 향후 일어날 직무행동을 예측한다.

이를 위해 제5부에서는 선발 매트릭스(Matrix)를 통해 NCS 직업기초능력 10개 영역과 34개 하위요소가 채용이나 선발의 과정에서 어떠한 선발도구로 매칭(Maching)되는가에 대해 먼저 소개를 하고, 각각의 평가요소가 실제 채용단계별로 어떤 방식을 통해 평가되는지에 대해서 구체적으로 설명할 것이다. 이후 직업기초능력의 영역과 하위요소별 평가방식을 제시함으로써 채용이나 선발과 관련하여 실제 업무에 활용할 수 있으며, 인사담당자를 위한 교육 자료로도 활용할 수 있을 것이다.

이 책은 직업기초능력의 영역과 하위요소들에 대해 모듈(Module) 방식으로 구성하여 책의 전체 내용을 다 읽어볼 필요 없이 필요한 내용만을 찾아볼 수 있게 함으로써 활용도를 높이고자 하였다. 또한 실제 공공기관이나 공기업 신입사원 선발에 활용되었던 다양한 사례들을 기반으로 작성되었기 때문에 인사담당자로서 채용을 기획하고 적용하는데 좋은 참고자료가 될 것으로 생각한다.

제1부

블라인드 채용의
이해

Chapter 1. 블라인드 채용의 의의
Chapter 2. 블라인드 채용의 이해
Chapter 3. 블라인드 채용의 도입 유형과 효과성
Chapter 4. 블라인드 채용 도입을 위한
　　　　　　전형단계별 수행과제

Chapter 1
블라인드 채용의 의의

　최근 취업시장에서 '블라인드 채용'이 핫이슈(Hot Issue)다. 특히 공공기관에 취업을 원하는 지원자들에게 블라인드 채용에 대한 관심이 높아지고 있다. 블라인드 채용이란 채용의 과정에서 편견이 개입되어 불합리한 차별을 야기할 수 있는 출신지, 가족관계, 학력, 외모 등의 편견 요인은 제외하고, 실력(직무능력)으로 평가하여 인재를 채용하는 방식을 의미한다.[3]

　즉 블라인드 채용은 ① '편견이 개입되는 차별적인 요소를 제외'하고, ② '직무능력(직업기초능력+직무수행능력)을 중심으로 평

---

[3] 2019년 3월에는 구직자의 외모, 출신지역 등의 입사지원서 기재를 금지하는 내용을 골자로 한 '채용절차의 공정화에 관한 법률 개정안', 이른바 블라인드채용법이 국회를 통과하였다.

[그림 1-1] 블라인드 채용=편견요소 제외+직무능력중심(직업기초능력+직무수행능력) 평가

제1부

제2부

제3부

제4부

제5부

제6부

부록

[그림 1-1] 블라인드 채용=편견요소 제외+직무능력중심(직업기초능력+직무수행능력) 평가

출처 : 고용노동부, 한국산업인력공단, 대한상공회의소(2017), 블라인드 채용 가이드북

가'하는 것으로 정의할 수 있다. 여기서 직무능력 중심 평가는 직무 수행에 필요한 지식, 기술, 인성(태도) 등을 과학적인 선발기법(직무분석을 통해 도출된 평가요소를 서류, 필기, 면접 등을 통해 체계적으로 평가하는 방법)을 통해 이뤄진다.

이러한 블라인드 채용이 필요한 이유는 무엇일까? 첫째, 채용의 공정성에 대한 사회적 요구가 증가하고 있기 때문이다. 사회에 첫발을 내딛는 청년이라면 누구나 당당하게 자신의 실력만으로 능력을 겨룰 수 있는 공정한 평가가 이루어져야 하지만 빈번히 벌어지고 있는 채용과정에서의 불공정한 관행이 불신을 초래하고 있다. 또한 채용상 차별금지에 대한 법적 요건이 권고적 성격에서 처벌을 동반한 의무적 성격으로 점차 강화되는 추세이다.[4]

둘째, 우수인재 채용을 통한 기업의 경쟁력 강화가 필요하기 때

---

[4] 직무수행과 무관한 개인정보를 요구하거나, 채용의 공정성을 침해하지 못하게 하는 개정된 '채용절차의 공정화에 관한 법률'(약칭: 채용절차법)이 2019년 7월 17일부터 상시 30명 이상 근무 사업장을 대상으로 시행되었다. 단 국가와 지방자치단체 공무원 채용은 이 법의 적용 대상이 아니다.

문이다. 직무능력과 무관한 학벌, 외모 위주의 선발은 기업의 우수 인재 선발기회를 빼앗아 기업의 경쟁력을 약화시킬 가능성이 있다. 기업의 채용과정에서 차별을 없애고 직무능력중심으로 선발하여 우수인재를 확보할 수 있도록 블라인드 채용을 도입·확산할 필요가 있다.

셋째, 공정한 채용을 통한 사회적 비용의 절감이다. 편견을 유발하는 차별적 채용은 우수한 인재의 선발을 저해하고, 외모 지상주의, 학벌주의 등을 심화시켜 불필요한 사회적 비용을 증가시킨다. 또한 학연, 지연, 혈연에 의한 채용관행에서 벗어나 채용에서의 공정성을 높여 사회의 신뢰수준을 제고할 필요가 있다.

사실 블라인드 채용은 어느 날 갑자기 하늘에서 떨어진 것이 아니다. 블라인드 채용은 기존 직무중심의 채용방식에서 차별적인 요소를 제외한 보다 진보한 채용방식으로 직무중심 채용은 일부 대기업을 중심으로 1990년대 역량기반 채용이 도입되면서 시작되었다.

공공기관에서도 2015년부터 NCS기반의 '능력중심채용'을 시작

---

[5] 정부가 2017년 7월 5일 '평등한 기회, 공정한 과정을 위한 블라인드 채용 추진방안'을 발표하면서 7월부터 322개 공공기관 전체가 블라인드 채용을 전면 시행에 들어간 데 이어 8월부터는 149개 지방공기업에서도 블라인드 채용이 실시되었다. 그 해 7월 12일에는 663개 지방출자, 출연기관을 포함한 지방공기업 전체에 9월부터 블라인드 채용을 확대 시행하는 내용의 가이드 라인이 발표되었다. 정부는 앞서 2015년부터 공공기관 국가직무능력표준(NCS)에 바탕을 둔 채용제도를 도입하면서 입사지원서 등에 출신지와 출신대학, 신체적 특징 등 차별적 요소를 적용할 수 있는 정보를 전형과정에서 배제하도록 권고한 바 있다. 하지만 블라인드 채용 전면 실시 방침으로 학력 및 사진부착 금지 등은 권고가 아닌 의무사항이 되었다.

으로, 2019년 현재 1,400여 개 우리나라 모든 공공기관에서 '블라인드 채용'을 도입하고 있으며, 무서류 전형, 입사지원서 간소화, 블라인드 면접, 블라인드 오디션 등 다양한 형태로 채용 방식이 확산되고 있다.[5]

[표 1-1] 국내 채용 방식의 변화

시기	주요내용
1980년대	직무와 관계없는 기업단위 모집, 대기업 중심의 대규모 공채
1990년대	대기업 중심으로 역량기반 채용 실시, 직무 인·적성검사 도입
2000년대	대기업 중심의 역량기반 채용과 과학적 평가기법의 확산 입사지원서 간소화 추세 확산
2010년대	직무능력중심 채용 확산(NCS기반, 역량기반) 대기업을 중심으로 다양한 유형의 블라인드 채용방식 등장
2017년	대통령 지시사항으로 공공기관 블라인드 채용 전면 도입 민간 기업으로 확산

[그림 1-2] 공공부문에서의 공정한 기회를 부여하기 위한 노력

(2004) — **국가인권위원회**
진정사건 조사를 통해 근로복지공단, 예금보험공사 등 9개 공공기관에서 직원채용 시 연령 및 학력제한 폐지

(2005) — **공무원시험**
응시원서에 학력란 폐지 및 블라인드 면접 도입

(2007) — **공공기관 전형기준 개선**
응시자의 평등한 기회보장을 위해 성별·신체조건·용모·학력·연령 등에 대한 불합리한 제한 금지

(2015) — **공공기관 NCS기반 능력중심채용 도입**
국가직무능력표준(NCS)을 기반으로 직무를 분석하여 직무기술서 공개, 직무관련 필기·구조화된 면접 등을 통해 직무능력을 평가하여 채용

(2017) — **대통령 지시사항으로 공공기관 블라인드 채용 전면 도입**

블라인드 채용의 특징은 편견요인을 요구하지 않는 대신 직무수행에 필요한 능력과 역량을 평가하여 선발하는 방식이다. 실제 채용과정에서도 직무수행에 필요한 지식, 기술, 태도(인성 포함)를 평가요소(평가항목, 평가기준)로 활용하여 과학적 선발기법을 통해 평가한다.

과학적 선발기법이란 직무분석을 통해 도출된 평가요소를 서류전형, 필기전형, 면접전형 등을 통해 신뢰성과 타당성이 갖추어진 상황에서 체계적으로 평가하는 것을 말한다. 대표적인 선발도구로는 입사지원서(자기소개서 포함), 직업기초능력과 직무수행능력 필기시험, 인성검사, 경험면접(또는 과거행동면접), 상황면접, 시뮬레이션 면접 등 구조화 면접이 있다.

요약하면 블라인드 채용은 기업의 인사담당자가 입사지원서, 직업기초능력 및 직무수행능력, 인성검사, 구조화 면접 등 과학적 선발기법들을 채용, 선발과정에서 활용하는 데 있어서, 지원자들에 대해 편견이 개입되는 요소들을 배제시키고 기업의 여건에 맞게 서류전형, 필기전형, 면접전형 등을 채용단계에 도입, 적용하는 것을 말한다.

Chapter 2
블라인드 채용의 이해

일반적인 채용의 절차는 '채용설계'→'모집'→'선발'의 순서로 진행되며, 블라인드 채용은 기존 채용방식에 공정성을 더하여 차별적 편견이 개입되는 요소를 배제하는 활동이 추가된다. 아래 그림에서 볼 수 있듯이 채용설계에서는 채용단계별 편견요소를 도출·정의하며, 모집에서는 모집과정에서 편견요소를 검토하여 제외한다. 선발에서는 선발전형 즉, 서류전형, 필기전형, 면접전형에 따른 편견요소를 검토하여 제외한다. 이 경우 서류전형, 필기전형, 면접전형이 가장 일반적이지만, 이외에 기업별 특성에 맞는 다양한 전형을 적용할 수도 있다.

좀 더 구체적으로 살펴보면, 블라인드 채용 시 평가요소는 기업의 '인재상'과 채용직무에 대한 내부자료(직무기술서, 직무명세서,

[그림 1-3] 블라인드 채용 프로세스 예시

프로세스	세부 프로세스	주요 활동
채용설계	채용계획 수립 등	채용 일정, 비용 등의 채용계획을 수립한다.
	직무능력 정의	채용 직무에 필요한 직무능력을 도출·정의한다.
	전형설계	평가요소, 평가기법을 설계하고, 평가기준을 정한다.
	편견요소 정의	채용단계별 편견요소를 도출·정의한다.
모집	편견요소 검토	모집과정에서 편견요소를 검토하여 제외한다.
	채용 공고	모집 직무내용과 직무능력 등을 사전 공고한다.
	지원서 접수·관리	지원서를 접수하고 관리한다.
선발	편견요소 검토	선발전형별로 편견요소를 검토하여 제외한다.
	서류전형	입사지원서 등으로 지원자를 평가한다.
	필기전형	직무관련성 높은 필기시험으로 지원자를 평가한다.
	면접전형	구조화된 면접도구 등으로 지원자를 평가한다.

채용 의사결정

역량사전 등) 또는 국가직무능력표준(이하 NCS) 등을 활용하여 '직무능력'과 관련된 것을 도출·정의한다. 이렇게 도출·정의된 평가요소들은 채용의 각 단계별로 직무능력 관련 평가항목을 선정하고, 객관적 평가를 위한 평가기준을 개발한다.

평가요소로서의 직무능력은 역량(Competency)과 유사한 개념으로 지식(Knowledge), 기술(Skill), 인지능력(Cognitive ability), 태도(Attitude), 인성(Personality) 등이 포괄적으로 구

제1부

제2부

제3부

제4부

제5부

제6부

부록

성될 수 있으며, NCS에서는 직업기초능력과 직무수행능력을 의미한다.

채용이나 선발에 필요한 평가요소가 모두 선정된 이후에는 서류 전형, 필기전형, 면접전형 각 단계별로 편견이 개입되는 평가요소를 검토하여 배제한다. 이때 현행 법령의 규정 및 차별에 대한 사회적 인식과 채용 직무에 필수적인 조건인지 여부, 사업상의 필요성 등을 고려하여 선발 평가 시 제외시킬 요소를 결정한다.

예를 들어, 우리나라 헌법에는 모든 국민의 기본적인 인권과 평등권을 보장하고 있으며, 이를 기초로 채용과 관련된 5대 법률에서 채용과정에서 금지해야 할 차별항목을 구체적으로 규정하고 있다. 채용에서의 차별이란 합리적인 이유 없이, 성별, 나이, 장애, 학력, 출신학교, 출신지역, 외모 등 직무와 직접적인 관련이 없는 지

[그림 1-4] 블라인드 채용 평가요소

선발 단계	직무능력과 평가요소 평가 방법	
	직무능력중심 채용 평가요소	편견요소 제외
서류전형	• 서류를 평가하지 않는 전형(무서류 전형) • 직무와 관련 있는 요소들만 평가 　ex. 교육사항, 경험사항, 자격사항 등	채용단계별 편견이 개입되는 요소, 직무와 관련없는 항목과 질문 등 배제
필기전형	• 직무와 관련된 지식, 기술, 인성(태도) 등을 주로 평가 　ex. 조직적합성, 인지능력, 전공지식 등	
면접전형 (실기포함)	• 직무수행에 필요한 전문성, 인성(태도), 기술 등을 주로 평가 　ex. 비판적 사고, 창의력 등	

원자의 개인적인 특성을 기준으로 채용에서 특정 지원자를 우대, 배제, 차별하거나, 불리하게 대우하는 경우를 의미한다.

블라인드 채용은 서류전형, 면접전형 등의 채용과정에서 이들 법률에서 정하는 항목들을 요구하지 않도록 권고하고 있다. 고용노동부가 채용단계에서 권장하는 편견요소의 예로는 먼저 출신지역(본적), 가족사항의 경우 채용의 모든 단계에서 요구하지 않을 것을 권고하고 있다. 사진은 서류전형 이후 필기 또는 면접전형에서 본인 확인을 위해 필요한 경우에만 요구하며, 성별, 신앙, 연령, 신체조건, 사회적 신분, 학력, 출신학교 등은 '직무에 필수적인 조건' 여부를 기준으로 채용단계에 포함 여부를 결정하라는 것이다.

다만, 다음과 같이 합리적인 이유가 있는 경우에는 차별로 보지

[표 1-2] 5대 법률에서 정하는 차별금지 항목

법률	차별금지 항목
고용정책기본법	성별, 신앙, 연령, 신체조건, 사회적 신분, 출신지역, 학력, 출신학교, 혼인·임신, 병력
남녀고용평등과 일·가정 양립 지원에 관한 법률	성별, (여성의)용모·키·체중 등의 신체적조건, 미혼조건 등
고용상 연령차별금지 및 고령자 고용촉진에 관한 법률	연령
장애인차별금지 및 권리구제에 관한 법률	장애인
국가인권위원회법	성별, 종교, 장애, 나이, 사회적 신분, 출신 지역, 출신 국가, 출신 민족, 용모 등 신체조건, 혼인 여부, 임신 또는 출산, 가족 형태 또는 가족 상황, 인종, 피부색, 사상 또는 정치적 의견, 형의 효력이 실효된 전과, 성적 지향, 학력, 병력 등

않는다. ① 기업이나 직무의 특성상 반드시 필요한 자격요건에 해당하는 경우, ② 이미 존재하는 차별을 개선하기 위해 특정 지원자를 우대하는 경우(사회형평적 채용, 적극적 고용개선조치 등)이다.

직무상 필요한 조건에 해당되는지의 여부는 그 조건에 따라 직무의 본질적인 의무를 수행할 수 있는지를 판단해야 하는데, 성별을 예를 들면 환자 도우미, 기숙사 사감 등의 경우 남성과 여성이라는 요소가 직무상의 필요조건이 되지만, 육체노동이 상당한 경우 여성을 배제한다든가 섬세함이 필요하여 남성을 배제하는 것은 직무상의 필요요건을 충족하지 못하는 것이다.

이미 존재하는 차별 개선, 지역균형발전 등 사회적 목적을 위해 특정 성(여성), 지역(지역인재), 학력(고졸) 등을 가진 자를 우대하기 위한 개인정보 요구는 가능하지만 이때 해당 정보 요구 시 관련 법령 및 목적을 입사지원서에 분명하게 명시하여야 한다.

[그림 1-5] 채용상 제외요소 판단기준

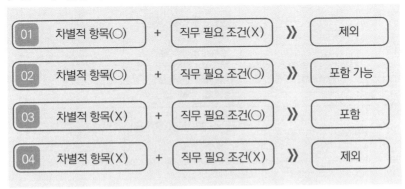

[표 1-3] 채용단계별 주요 편견요소

구분	채용공고	입사지원서	면접전형
성별	• 지원자격을 특정 성별로 제한	• 입사지원서에 성별에 따라 다른 양식, 기재항목, 구비서류를 요구	• 면접과정에서 성별에 따라 질문사항을 달리하거나, 별도의 질문시간을 할애
신앙	• 지원자격을 특정 종교로 제한	• 입사지원서에 종교를 요구	• 면접과정에서 종교 관련 사항(종교관, 종교유무 등) 질문
연령	• 지원자격을 일정 연령 이하 또는 이상으로 제한	• 입사지원서에 연령을 식별할 수 있는 생년월일, 학교 입학년도, 졸업년도를 요구	• 면접과정에서 연령을 묻거나, 연령에 대해 부정적으로 언급
신체 조건	• 지원자격을 직무관련성이 없음에도 신장, 체중 등의 신체조건을 이유로 제한	• 입사지원서에 사진 부착을 요구하거나 직무에 필수적인 조건이 아님에도 신장, 몸무게, 색맹여부 등 신체조건을 요구	• 면접과정에서 용모 및 신체조건에 대해 질문
사회적 신분	• 지원자격을 직무관련성이 없음에도 전과 등을 이유로 제한	• 입사지원서에 전과자, 탈북자 등 사회적 신분을 요구	• 면접위원들에게 지원자에 대한 신원조회 결과 등을 제공하는 경우
출신 지역	• 지원자격을 출신지역으로 제한	• 입사지원서에 출신지, 본적 등을 요구	• 면접과정에서 출신지역에 관한 질문을 하는 경우
학력· 출신 학교	• 지원자격을 특정 학력 이상 또는 이하로 제한	• 입사지원서에 직무에 필수적인 조건이 아님에도, 학력, 출신학교 등을 기재토록 하는 경우	• 면접과정에서 직무에 필요한 조건이 아닌 경우 학력, 출신학교 등을 질문하는 경우
혼인· 임신	• 지원자격을 결혼 여부 등을 이유로 제한	• 입사지원서에 결혼 여부, 자녀 유무, 임신 여부 등의 개인정보를 요구하는 경우	• 면접과정에서 결혼 여부, 임신 여부 등을 질문하는 경우
가족 관계		• 입사지원서에 가족 관련 사항을 요구	• 면접과정에서 가족사항(관계, 출신지, 직업 등)에 대해 질문하는 경우

출처 : 대한상의, 『주요국 차별요인 및 입사지원서 항목 조사』, 2017. 8

Chapter 3
블라인드 채용의
도입 유형과 효과성

블라인드 채용의 도입방식은 채용규모, 기업 및 직무의 특성에 따라 다양하지만 선발단계에서 각 전형별로 살펴보면, 먼저 서류전형에서는 (학력이나 학점, 전공, 어학성적 등의 제한없이 지원할 수 있는) 무서류 전형과 블라인드 입사지원서 등이 있으며, 면접전형에서는 블라인드 면접과 블라인드 오디션 등이 있을 수 있다. 필기전형의 경우에는 응시자의 인적 특성에 대한 식별이 어렵기 때문에 대체로 블라인드 채용의 의미를 내포하고 있다고 할 수 있다.

블라인드 채용을 도입했을 때 어떠한 효과성이 있을 수 있을까? 이는 기업적 측면, 개인적 측면, 사회적 측면으로 구분해 볼 수 있다.

먼저, 기업적 측면에서는 구성원의 다양성과 창의성이 높아져서 기업의 경쟁력이 강화된다. 기업이 편견이 없는 블라인드 채용을

[표 1-4] 블라인드 채용의 유형

채용 단계	유형	주요 내용
서류전형	무서류 전형	채용절차 진행을 위한 최소 인적사항(이름, 연락처)만 포함한 입사지원서를 접수하고 평가를 진행하지 않는 방식
	블라인드 지원서	입사지원서와 자기소개서에서 불합리한 차별을 유발할 수 있는 항목(출신지, 가족관계, 사진, 성별, 연령, 학력, 출신학교)을 요구하지 않고 직무관련 사항으로만 평가하는 방식
면접전형	블라인드 면접	면접위원에게 입사지원서, 자기소개서 등 일체의 사전 자료를 제공하지 않거나, 사전 자료를 제공하되 불합리한 차별을 유발할 수 있는 항목을 포함하지 않는 방식 ※면접 도중에도 차별을 유발할 수 있는 개인신상 등을 질문하지 않아야 함
	블라인드 오디션	일체의 사전 자료나 정보 없이 오디션 방식으로 지원자의 재능을 자유롭게 보여주도록 하고, 평가자는 그 과정을 관찰하여 직무능력을 평가하는 방식

함으로써 편견을 없애고, 직무능력을 중심으로 선발하는 경우 직원들의 구성이 이전보다 다양해진다. 이러한 다양한 생각과 의견은 기업의 창의성을 높이며, 결과적으로 기업의 경쟁력이 강화된다. 실제로 미국의 대기업 127개를 조사한 결과 이사회 내 성별, 인종이 다양할수록 기업의 성과(ROA, ROI)가 증가했다.[6]

둘째, 개인적 측면에서 직무에 적합한 인재의 선발은 이직률을

---

[6] 블라인드 채용의 유래와 관련하여 추가적인 사례를 설명하면, 1970년대 토론토 심포니 오케스트라(Toronto Symphony Orchestra, 이하 'TSO')는 거의 모든 연주자가 백인 남성들로 구성되었다. 그러던 어느 날 TSO는 구성원의 다양성 문제가 있음을 인식하였고, 1980년에 예비 회원들을 오디션하면서 선발전략을 변경하였다. 즉 연주자와 평가자 사이에 스크린을 놓은 것이다. 따라서 선발위원이 평가할 수 있는 요소로는 오로지 지원자가 연주하는 음악뿐이었다. 선발평가의 결과 이전에 모두 백인 남성 단원이었던 TSO는 절반의 여성, 절반의 남성, 그리고 훨씬 더 다양한 인종으로 구성되었다. 그리고 그들은 자신들의 오케스트라를 위해 그들이 원하는 소리와 동시에 다양성을 얻게 되는 훌륭한 결과를 가져오게 되었다.

제1부

제2부

제3부

제4부

제5부

제6부

부록

줄이고 만족도를 높일 수 있다. 사전에 지원자들에게 구체적이고 상세한 직무요건을 제시한다면 허수 지원이 낮아지고, 직무에 적합한 지원자를 더 많이 모집할 수 있을 것이다. 직무에 적합한 인재의 선발은 입사한 직원들이 직무에 대한 이해도가 높아 업무효율이 증대되고 결과적으로 만족도가 높아지게 되는 것이다. 한 연구에서는 개인과 직무 간 부합도는 직무만족과 직무몰입, 이직의도와 관련이 있음을 증명하였다.

셋째, 블라인드 채용은 사회적 편견을 줄인 직원 선발 방식으로 기업에 대한 사회적 인식이 제고된다. 또한 채용과정에서 불합리한 차별을 받지 않고 실력에 의해 공정하게 평가받을 것이라는 믿음을 제공하고, 지원자들은 평등한 기회와 공정한 선발과정을 경험하게 된다. 잡코리아(www.jobkorea.co.kr) 설문조사 결과에 따르면 취업준비생의 66.8%, 인사담당자의 69.1%가 "블라인드 채용이 선입견과 편견에서 벗어나 공정한 평가의 기회를 제공해 줄 것이라는 데 동의한다."고 응답했다.

또한, 직무중심의 선발은 취업준비생들에게 취업에 필요한 스펙(On Spec.)만을 준비하면 되고, 그 동안 소모적이고 목적이 없었던 불필요한 스펙(Over Spec.)은 더 이상 쌓지 않아도 되기 때문에 취업에 필요한 사회적 비용을 감소시킬 수 있다.

Chapter 4
블라인드 채용 도입을 위한
전형단계별 수행과제

    기업이 블라인드 채용을 도입하기 위해서는 채용설계 단계부터 지원자 모집, 선발에 이르는 각 전형단계 즉 서류전형, 필기전형, 면접전형별로 수행해야 할 과제는 어떤 것들이 있는지 정확히 이해하고 이를 체계적으로 관리해야 한다. 그 주요 내용은 아래 표를 참조하기 바란다.

제1부

제2부

제3부

제4부

제5부

제6부

부록

[표 1-5] 블라인드 채용의 전형단계별 수행과제

전형단계	목적	주요내용
채용설계	직무내용 및 직무능력의 구체화	기업규모, 특성 등을 감안하여 전형을 설계하고, 전형별로 편견이 개입될 가능성이 있는 평가요소를 도출한다. 채용대상 직무의 내용 및 직무수행에 필요한 능력을 도출·정의하고, 지원자가 이해하기 쉬운 형태로 직무설명자료를 개발한다. – 직무설명자료(직무기술서): 직무내용, 필요지식, 기술, 자격 등
모집공고	채용직무에 대한 사전 설명자료 제공	모집공고에서 편견요소를 기준으로 지원자격을 제한하는 문구를 기재하지 않는다. 모집공고에서 채용 직무에 대한 구체적인 직무내용 및 직무능력(역량)을 사전에 공개한다. 성별, 연령, 신체조건, 학력 등에 대한 정보가 직무수행에 반드시 필요한 경우에는 그 이유를 모집공고문 및 입사지원서 등에 명시한다.
서류전형	직무와 무관하되 편견이 개입되는 항목 제거	입사지원서에 편견이 개입되어 불합리한 차별을 야기할 수 있는 인적사항(출신지, 가족관계, 사진, 연령, 학력, 출신학교 등)은 요구하지 않는다. 입사지원서는 직무와 관련된 교육·훈련, 자격, 경험(경력) 중심으로 '직무능력'과 관련된 항목만으로 구성한다. 사회형평적 채용을 위해 국가유공자, 장애인, 지역인재 등에 대한 정보가 필요한 경우에만 입사지원서에 요구가 가능하다.
필기전형	직무관련성을 기반으로 한 필기전형 실시	편견유발 항목을 기준으로 응시자격을 제한하지 않는다. 직무수행에 반드시 필요한 지식, 기술, 태도(인성 포함) 등을 필기시험으로 구성하여 평가한다. 필기전형의 공정성을 확보하기 위해 사전에 평가과목을 공개한다.
면접전형	구조화된 면접활용	편견을 유발하는 항목을 포함한 개인의 신상정보를 사전에 면접위원에게 제공하지 않는다. 지원자에게 면접위원의 편견에 입각한 질문을 하지 않는다. 직무능력 평가를 위한 구조화된 면접(경험·상황·토론·발표면접 등)을 실시하고, 공정한 평가를 한다. 면접위원에게 블라인드 면접에 대한 사전 교육을 실시한다.

제2부

채용·선발 과정의 설계

Chapter 1. 신입직원 선발기준 수립에 대한 논의
Chapter 2. 과학적 선발시스템의 구축 방안
Chapter 3. 선발 방법
Chapter 4. 선발의 타당화 과정
Chapter 5. 인사선발의 타당도(Validity)

채용과 선발 과정을 설계한다는 의미는 직원을 채용하는 데 있어 우수한 지원자가 많이 지원할 수 있도록 효율적인 모집의 절차 및 방법을 설계하고, 이후 선발기준에 맞는 신뢰도와 타당도 높은 선발도구를 개발하여 서류전형이나 필기전형, 면접전형 등의 과정을 거치면서 어떻게 많은 지원자를 효과적으로 평가해 채용하고자 하는 직무와 관련하여 우수한 인재 또는 적합한 인재를 선별할 수 있는가에 대한 일련의 과정이라고 할 수 있다.

어떤 회사든지 인사담당자가 직원을 선발할 때 공통적인 고려사항은 최종 입사자로 결정된(합격한) 직원은 입사 후 맡은 직무를 잘 수행할 뿐만 아니라 팀 활동이나 조직에 잘 적응할 수 있는 지원자인지 판단해 보는 것이다.

성공적인 직원 선발은 여러 가지 평가요소들이 잘 조화를 이뤘을 때 그 가능성이 높아지게 된다. 평가요소는 평가기준(Criteria), 평가도구(Tools), 평가자(Assessor)로 구성되어 있다. 먼저 평가기준은 선발하려는 지원자에 대해 어떠한 측면들을 평가할 것인가에 대한 내용이며, 평가도구는 평가할 대상을 무엇으로 평가할 것인가이다. 평가자에 대해서는 평가도구를 활용하여 누가 어떻게 평가할 것인가에 대한 내용이다.

또한 채용이나 선발의 과정이 평가의 과정이라 할 때, 평가는 신뢰성(Reliability), 타당성(Validity), 공정성(Fairness), 효율성(Efficiency) 등을 충족시켜야만 한다. 신뢰성이란 한 지원자를 여러 번 평가했을 경우 또는 여러 지원자에 대한 동일한 능력을 평가

제1부

제2부

제3부

제4부

제5부

제6부

부록

했을 경우 동일한 평가결과가 나와야 함을 의미한다. 타당성이란 선발과정에서 지원자에 대한 평가내용이 입사 후에도 일관되게 지속되는 것을 말한다. 공정성이란 모든 지원자에 대한 채용의 절차를 동일하게 적용하는 것으로,[7] 면접에서의 구조화가 대표적인 예라고 할 수 있다. 마지막으로 효율성은 선발비용에 대한 것으로 선발과정에서 선발율에 대한 관리뿐만 아니라 입사 후 퇴사에 따른 손실도 포함시킬 수 있다.

성공적인 직원 선발이란 이상의 평가의 요소 및 과정이 잘 진행되었을 때를 의미한다.

제2부에서는 이론적 측면에서 성공적인 신입직원 선발을 위한 평가요소와 기준에 관한 기존의 논의들을 정리하고자 한다.

---

[7] 평가결과가 평가받는 특성 이외의 요인, 즉 평가대상이 속하는 특정집단의 특성에 따라 다르지 않게 나오는 정도를 말한다. 평가대상이 속하는 지역, 문화적 배경, 학교환경, 가정환경 또는 성별에 따라서 불리하게 평가된다면 평가의 공정성에 문제가 있다고 보아야 한다. 평가에 있어서 공정성의 의미는 평등(Equality)과 형평(Equity)의 양면을 포함하고 있다.

Chapter 1
신입직원 선발기준 수립에 대한 논의

　직원 선발의 기준은 다양한 차원에서 논의될 수 있다. 예를 들면 직원 선발과 관련된 공통적인 기준 즉, 우리나라의 경우 대기업이나 공공기관 같은 비교적 대규모의 회사들에서 대부분 사용되는 인재상, 핵심가치, 직무가치 등이 있을 수 있다.

　또한 선발하고자 하는 직원이 어떤 직무를 수행할 것인가에 대한 고려도 있을 수 있다. 예를 들면 경력직 직원인가 신입직 직원인가에 따라 선발기준이 달라질 수 있다. 이 밖에 직접적인 직무 관련성을 가지고 기준을 만들 것인가 아니면 직무에서 성과를 잘 내기 위한 능력인 역량을 가지고 기준을 만들 것인가도 고려할 수 있는 것이다.

　일반적인 선발기준의 수립은 직무기반 채용이든 역량기반 채용이든 간에 직무에 대한 내용을 먼저 기술하고 이를 직급별로 구분하여 평가표를 작성한 다음 채용을 시작하게 된다. 직급에 대한 평가기준은 직무에 대한 전문성 이외에도 상급자일수록 리더십, 전략적 사고, 문제해결 등과 같은 관리능력이 중요하며, 중간관리자의 경우 업무지식, 팀워크, 갈등관리 등의 실무능력이 중요하다.

요즘 '4차 산업혁명(Fourth Industrial Revolution)'에 대한 논의가 뜨겁다. 4차 산업혁명으로 직업의 내용이 끊임없이 변화해감에 따라 인사선발에도 많은 변화가 이루어지고 있는 상황이다. 구체적인 예를 들면 정보통신기술(ICT)의 발달, 팀 활동 비중의 증가, 의사소통 기술의 발달, 고객의 중요성 부각 등이 있다.

이에 따라 직무의 내용이 변화하고 있으며 직원의 선발기준도 지속적으로 변화해가고 있지만, 일반적으로 직원을 선발하기 위해서는 직무분석을 통하여 선발기준을 정한다. 여기에 사용되는 대표적인 직무분석 방법이 DACUM이다. DACUM이란 'Developing a Curriculum'의 줄임말로서, 특정 직무를 세부적으로 분석하여, 해당 직무를 수행하기 위해 필요한 각종 지식(Knowledge), 기술(Skill), 태도(Attitude) 등을 우선순위에 따라 분석하고, 이를 토대로 해당 직무를 효과적으로 수행할 기준 등을 개발하는 방법론을 말한다.

직무분석을 위해서는 현장에서 해당 직무를 수행하고 있는 전문가들의 의견을 수합하거나 이들의 수행과정을 관찰하고, 이를 토대로 해당 직무를 수행하는 데 필요한 하위요소인 책무(Duty)와 과제(Task)를 보다 세분화하여 분석하게 된다. 즉, 직무분석을 통해 직원을 선발하고자 하는 경우에는 먼저 재직자를 대상으로 직무분석을 실시하여 이에 필요한 지식, 기술, 태도를 정리하고 이에 근거하여 직무기술서 및 평가요소를 개발하게 된다.

DACUM은 1960년대 대표적인 직무분석의 기법으로 활용되었지만 실질적으로 조직의 미션(Mission)과 연계된 개념으로서 정의하기가 쉽지 않을 뿐만 아니라 적극성, 판단력, 규율성 등과 같은 일반적, 추상적 표현 등으로 평가자의 가치관이나 개인적 선호에 영향을 받기 쉽다는 단점이 있다.

이러한 단점을 보완하는 차원에서 1970년대부터 역량모델링(Competency Modeling)이라는 개념이 도입되었다. 역량모델링이란 조직 내 특정 직무에서 고성과를 낸 사람(High Performer)이 갖는 특성을 추출하고, 직무수행 과정 중에서 일관되게 높은 성과를 올리기 위해 요구되는 역량을 모아놓은 것을 의미한다. 역량모델링은 이러한 역량을 구체화시키는 과정으로 조직의 목표 달성에 필요한 조직 구성원의 지식, 기술, 태도를 정리한 것이다. 여기서 중요한 특징은 역량을 '행동이나 태도'로 정의했다는 것이다.

즉 역량모델링에서 '역량을 규명한다.'라는 것은 역량에 대한 정의를 내리는 것뿐만 아니라, 특정 조직이나 직무에서 요구되는 구체적 행동특성까지 표현해내는 것을 의미한다. 이때 행동지표(Behavior Indicator)를 사용하는데 조직 내 고성과자의 일관된 행동특성이나 사례를 일반화하여, 같은 조직과 직무의 다른 사람들이 행동기준으로 삼을 수 있도록 체계적으로 정리, 수준화 (Level)시킨 것을 말한다. 행동지표는 역량을 관찰하고, 측정하는 중요한 기준이 될 뿐만 아니라 좋은 행동지표는 관찰 가능한 하나의 분명한 행동으로 기술된다.

역량모델링은 경영환경, 조직의 역할 구조와 기능의 분석, 역량모델에 대한 벤치마킹, 인터뷰를 통해 이루어진다. 직급(사원, 대리, 과장, 차장, 부장 등), 역할, 권한, 책임(본부장, 팀장, 감독자 등) 등과 같이 수직적으로 구분할 수 있으며, 직무, 직종, 직군에 따른 수평적 구분도 가능하다. 또한 사용목적, 대상 등에 따라 요구되는 역량이 달라지고, 같은 역량명을 사용하더라도 그 정의와 하위개념은 달라질 수 있다.

직원의 채용선발에서 역량모델은 지원자 중심의 선발에서 선발

[표 2-1] 지식, 기술, 능력, 태도와 역량의 비교

지식/기술/능력/태도(KSAO)	역량(Competency)
• 지식, 기술 등은 Input을 강조, 실용성 여부에 대한 논란 • 가시화, 구체화가 미흡 • 개인 보유 자질에 초점 • 실제적으로 조직의 미션과 연계된 개념으로서의 정의가 어려움 • 태도, 일반적 또는 추상적 표현으로 공통의 이해가 어려움 예) 적극성, 판단력, 협조성, 기획력, 책임감, 실행력, 규율성, 절충력, 감정의 안정, 지도통솔력 • Level 척도의 불명확으로 평가자의 가치관이나 감정에 영향을 받기 쉬움(대단히 우수, 조금우수, 충분/보통, 조금 불충분, 불충분) • 평가에 대한 Model이 없거나 형식적으로 되어 있음	• 조직의 성과창출과 관련된 Processing 요건을 강조 • 관찰 가능한 행동 중심으로 기술, 조직원의 공감형성이 용이 • 우수성과 창출에 요구되는 자질 강조, 성과 연계 용이 • 행동으로 정의, 세분화하여 구분되어 있음 예) 역량별 2~3개 하위 요소, 하위 요소별 3~7개의 구체적인 행동들 • 심리학적인 관점으로부터 검증된 행동 Level 척도로 설정되어 있으므로, 평가자의 공통척도로 인식되어 편차가 적고 재현성이 있음 • 우수한 사람의 실례가 행동 Level로 Model화 되어 있음

자 중심의 선발이 가능하며, 임의적 평가에서 정확한 평가가 가능하다는 장점이 있다. 구체적으로 역량은 다양한 직무에 대한 개인의 적합도나 잠재력을 측정하는 데 있어 정확도를 향상시켜주며, 면접자나 평가자가 지원자를 평가하는 데 있어 즉흥적으로 평가하지 않고, 역량과 무관한 특징에 대해 평가하지 않도록 도와준다. 또한 선발과 관련된 다양한 기법(지원서, 면접, 검사, 평가센터 및 평가척도)의 토대와 구조를 구축하는 데 사용될 수 있다.

[표 2-2] 직무분석과 역량모델링의 차이

구분	직무분석의 접근 (Task Analysis)	역량모델링 (Competency Modeling)
목적	일의 단계, 절차분석을 통해 필요한 지식, 기술, 능력을 밝힘(업무수행)	조직이나 개인의 우수한 성과창출을 가능케 하는 역량을 밝힘(성과창출)
접근	대상직무에서 요구되는 업무활동 및 지식, 기술, 태도의 이해 구체적이면서도 현 직무에 필요한 요소들을 조사하며, 중요한 일 차원을 구성함	연역적인 접근방식으로서, 조직이 효과적이기 위해 무엇이 필요한지를 먼저 고려한 후 조직내 효과성을 위해서 필요한 지식, 기술, 태도를 파악함
초점	직무중심	사람중심
적용 평가	최소한의 직무 수행능력 여부	다양한 해결방안 관련 능력
활용	비지식노동 직무에서 활용 OJT 또는 교육훈련 직무설계, 정원 산정, 직무평가	지식노동 분야에서 활용 직원 선발, 평가 교육
결과물	직무기술서 직무명세서	역량모델 행동지표 및 행동사례
장점	해당 직무에 대한 구체적 이해 제공 업무의 규모파악, 업무 구성요소, 업무수행에 필요한 기술적 지식의 규명	조직의 핵심가치, 사명, 전략적 목표 등과의 연계성 확보 성과중심 또는 미래중심적 채용, 평가, 교육, 후계자 양성 등에 활용

역량모델링은 선발과정에서 직무요건(Job Requirements)에 대한 명확한 기준을 제공하며, 지원자의 지식과 기술 이외의 특성을 고려하여 선발할 수 있도록 한다. 또한 직무 수행에 필요한 주요 특성, 지식, 기술이 부족한 지원자들을 배제하는 한편, 강한 잠재력의 소유자를 채용함으로써 조직에서 성공할 사람을 채용할 가능성을 높일 수 있다. 특히 효율적으로 직무를 수행하지 못할 지원자를 사전에 선발하지 않는 것은 조직의 생산성과 수익성에 이익이 될 것이므로 역량모델링은 선발과정에서 이러한 사람을 사전에 배제시킴으로써 기회비용을 최소화할 수 있다.

역량모델링은 지원자들의 능력을 성과와 연계시킴으로써 주요 직무 관련 수행능력에 집중할 수 있게 해주고, 선발과 관련된 모든 사람들(인사담당자, 지원자, 평가자 등)에게 동일한 기준을 적용함으로써 선발 의사결정의 수용성을 높일 수 있다.

또한 어떤 역량이 성과에 가장 관련이 있는지를 명확히 해줄 뿐만 아니라 교육, 훈련을 통하여 쉽게 개발될 수 있는 속성 및 그렇지 않은 것을 구별하게 함으로써 지원자가 가지고 있는 정보를 더 잘 평가하게 하고, 효율적인 성과를 위하여 조직 구성원이 필요로 하는 교육의 질과 양을 판단해 주며, 아울러 현실적인 결정을 하도록 해준다. 이 밖에 선발결정과 향후 직무성과 사이의 상관관계에 있어서도 역량 접근법은 우수한 성과를 내게 하는 내적 특성이며, 역량모델링은 이를 체계적으로 찾아낼 수 있다.

역량모델링에 의한 선발은 선발 기준의 모호성이나 추상적이라는 문제점을 해결할 수 있게 해 주며, 또한 직원선발에 있어 전사 공통(기본) 역량뿐 아니라 충원이 필요한 직무역량을 보유하고 있는지도 파악할 수 있다. 결국 역량모델링에 의한 선발방식은 조직의 성과달성을 위한 과학적인 접근방법이라고 할 수 있다.

최근 많은 기업들이 DACUM의 직무분석기법과 역량모델링을 혼합하여 사용하고 있는데, 지난 2015년부터 실시해 온 'NCS 기반 능력중심 채용'도 같은 맥락에서 이해할 수 있다. NCS(국가직무능력표준)는 직무에 대한 내용 구성이 대분류-중분류-소분류-세분류로 체계화되어 있으며 세분류가 직무의 역할을 한다. 세분류는 능력단위-능력단위요소-(수행준거)-지식, 기술, 태도로 구성되어 있으며, 능력단위요소별 필요한 직업기초능력을 명시하고 있다.

NCS를 활용한 선발기준을 개발하는 경우 먼저 직무설명자료를 작성하게 되는데, 이때 자기 조직의 직무를 NCS와 맵핑(Mapping)하여 직무수행능력과 관련된 지식(Knowledge), 기술(Skill), 태도(Attitude)와 직업기초능력(Key Competency)을 최종적으로 선정하여 직원 채용이나 선발에 필요한 평가요소로 활용하는 것이다.

이상과 같이 직원선발에 사용하는 선발기준 수립방법을 살펴보았다. 그러면 신입직원 선발에 있어 이러한 분석기법들은 어떻게 적용되는 것이 바람직할까? 일반적으로 신입직원 선발 시에는 직무수행능력의 직접적 평가가 불가능하므로 직무수행능력의 기초가 되는 부분에 초점을 맞추는 것이 바람직하다.[8]

제1부

제2부

제3부

제4부

제5부

제6부

부록

　또한 교육이나 훈련을 통해 개발할 수 없는 특성들을 신입직원 선발 시 우선적인 기준으로 적용하는 것이 효율적이다. Hogan은 "인간의 성격은 50%가 유전적으로 결정되고 50%가 학습된다."고 하였다. 유전적 기질이란 타고난 특성이라고 할 수 있으며, 사교성, 정서적 안정성, 민첩성, 쾌활함, 소심함 등으로 생후 초기에 형성되어 변하기 어려운 특성들이다. 이러한 유전적 요인의 결핍은 직장생활에서 조직이나 상사에 대한 충성심, 일에 대한 성실성, 어려움 속에서의 적응 등을 못할 가능성이 있으며, 입사 후 이를 개선시키는 것이 역시 쉽지 않기 때문이다.

　정리하면 신입직원 선발에 필요한 기준은 직무수행에 대한 직접적인 능력보다는 직무수행에 대한 기초적이고 잠재적인 능력을 위주로 하는 것이 바람직하다는 것이다. 일반적으로 우리나라 신입직원 선발과정에서 위에서 언급한 인지능력에 대해서는 적성검사와 같은 능력검사(Ability Test)가 대표적이며, 성격이나 동기에 대한 평가는 심리검사(Psychological Test)를 필기전형 단계에서 여러 필기시험 유형 중 하나의 유형으로 평가한다(Screen-out).

---

[8] Murphy는 신입직원이 입사하여 성과를 내기까지를 2단계로 구분하였다. 1단계는 학습단계(Transition Stage)로 입사 후 1~2년 사이의 기간을 말하며, 새로운 업무와 기술 등을 학습하는 단계로 성과적 측면은 비효율적이며, 이때 수행은 1차적으로 인지능력에 의해 결정된다고 하였다. 2단계는 유지·발전단계(Maintenance Stage)로서 입사 후 3~5년 사이의 기간이며, 학습단계에서 이미 학습한 업무 행동들을 지속시키고 강화하는 시기이다. 실질적인 성과를 내기 시작하는 단계이며 새로운 변화들을 스스로 탐색하고 적용할 수 있다. 이 단계에서의 수행은 일차적으로 성격과 동기에 의해 결정된다. 이상 Murphy의 주장을 정리하면 신입직원이 입사 후 성과를 내고, 유지, 발전시킬 수 있는 수행 관련 주요 능력은 1단계 인지능력, 2단계 성격과 동기임을 알 수 있다.

이후 면접전형 단계에서 능력검사와 심리검사의 결과를 확인하기 위해 면접을 실시하여 최종 선발(Select-in)을 하는데, 이때 지원자의 행동이나 태도를 통해 평가하는 것이 특징이며, 평가센터(Assessment Center) 방식을 주로 활용한다. 다음으로 신입직원 선발과 관련하여 과학적 선발시스템의 구축 방안에 대해 살펴보도록 하겠다.

제1부

제2부

제3부

제4부

제5부

제6부

부록

Chapter 2
과학적 선발시스템의
구축 방안

과학적 선발이란 올바른 선발 의사결정 비율을 높이고 잘못된 선발 의사결정 비율을 낮출 수 있는 선발시스템을 설계하고, 이를 과학적으로 입증하는 것이다. 이를 위해서는 성과를 결정하는 핵심역량을 설정하고, 이를 평가하기 위한 과학적 선발도구와 프로세스를 통해 합리적인 의사결정을 내리고, 그 타당성을 증명해야만 한다.

구체적 과정은 먼저, 조직의 핵심가치 및 직무특성에 대한 적합한 인재(Right People)에 대해 규명하고 해당 인재상을 선발하는 데 적합한 도구를 선정한 다음 선발에 활용할 기법들의 특성을 고려한 프로세스를 설계하고 선발 단계별로 효율적인 선발률을 결정하는 것이다. 선발 결과에 대한 신뢰도 및 타당도에 대한 연구를 실시해야 하는데, 아쉽게도 우리나라 대부분의 기업에서는 채용 이후 이에 대한 사후 분석은 거의 하지 않고 있는 실정이다.

과학적 선발의 기대효과는 조직차원과 개인차원으로 설명할 수 있는데, 먼저 조직차원에서 타당하고 신뢰성 있는 선발도구 (Selection Tool)를 활용하여 기업이 요구하는 역량 및 가치와 일치하는 적합한 인재를 선발할 수 있으며, 해당 기업의 인재에 대한 관심을 널리 홍보하여 향후 우수한 인재들의 지원 가능성을 향상시킬 수 있다. 또한 이를 통한 우수인재 확보를 기반으로 기업의 조직역량을 향상시켜 경쟁력을 강화할 수 있다.

개인차원에서는 공정한 선발과정(Selection Process)을 통하여 입사하였다는 성취감을 경험함으로써 신입직원들의 자기 효능감 (Self-Efficacy)[9]이 향상될 수 있으며, 과학적 선발도구를 통해 기업의 핵심가치와의 부합(Value Fit)을 점검하기 때문에 적응 및 사회화가 수월할 수 있다. 결과적으로 향상된 자기 효능감 및 원활한 적응, 사회화를 기반으로 신입직원이 가진 역량을 최대한 발휘하여 지속적으로 개인이 성장할 수 있다.

과학적 선발시스템은 선발도구, 선발기준, 선발프로세스로 구성되어 있는데, 각 선발단계별로 어떤 도구를 활용할 것인가, 각 선

---

[9] 자기 효능감(Self-Efficacy)은 입사 후 목표에 도달할 수 있는 자신의 능력에 대한 스스로의 평가를 의미한다. 자기 효능감은 인간이 기울이는 노력의 모든 영역에 영향을 미친다. 한 사람이 상황에 영향을 미칠 수 있는 자신의 힘에 대해 가진 신념을 결정함으로써, 자기 효능감은 그 사람이 도전에 유능하게 대응하는 실제의 힘과 그 사람이 취하는 선택 등에 강한 영향을 미친다.

제1부

제2부

제3부

제4부

제5부

제6부

부록

발도구별로 어떤 기준을 적용하여 선발결정을 할 것인가, 어떤 선발방법을 어떤 프로세스로 진행할 것인가에 대한 내용이다.

과학적 선발시스템을 구축하기 위해서는 공정성(Fairness), 타당성(Validity), 효율성(Efficiency) 등의 핵심요인을 고려해야 하는데, 공정성이란 현재의 선발시스템이 응시자 모두에게 동등한 기회를 제공하며, 선발의 절차와 결정이 공정하다고 인식되는가이다. 타당성이란 현재의 선발시스템이 업무성과와 조직적응력이 높고 낮은 응시자를 잘 변별하고 있는가이며, 효율성은 현재의 선발시스템이 응시자의 규모, 소요 비용, 시간, 관리의 용이성 등의 측면에서 적합한가이다.

과학적 선발시스템을 구축하는 과정은 크게 5단계로 이뤄지는데, 먼저 역량규명의 단계로서 인재상을 정의하고 선발 시 고려할 역량을 설정한다. 둘째, 선발프로세스의 설계 단계로 역량 파악에 적합한 선발도구를 결정하여 선발 매트릭스(Matrix)를 작성한 다음 선발진행 프로세스를 개발한다. 셋째 평가도구의 개발단계로 설계에 따른 도구를 개발하거나 또는 목적에 맞는 도구를 선정한다. 넷째, 선발기준의 설정단계로 점수산출방법을 선정하고 Norm을 개발한 다음 탈락(Cut-off) 기준을 설정한다. 마지막으로 타당성 검증단계로, 개발된 도구가 정확하게 역량을 측정하며 업무 성과를 예측하는지 평가하는 것이다.

선발시스템을 설계하는 경우 그 원칙은 다양하지만, 과학적 선발시스템에서의 핵심은 선발의 타당성과 공정성을 극대화하는 것을 목표로 한다. 그 주요 원칙은 다음과 같다. 먼저 단계적 프로세스의 설정으로 선발과정은 100m 허들을 넘듯이 한 단계씩 진행해야 하며, 복수의 선발단계를 설정하는 것이다.

둘째, 독립적 의사결정으로 각 선발단계별 의사결정은 다른 단계의 의사결정과 독립적이어야 한다. 이는 합격자 선정기준을 채용 전에 결정하여 적용하는 것을 말한다.

셋째, 증분적 타당도(Incremental Validity)로 각 선발방식은 낮은 타당도 방식에서 높은 타당도 방식으로 진행되어야 하며, 서로 다른 영역을 측정해야 타당도를 증가시킬 수 있다. 이는 선발프로세스 설계 시 반영해야 한다.

넷째, 적절한 선발률 유지로 각 선발단계에서의 통과율은 선발단계에서의 위치, 비용, 시간, 응시자의 비율 등을 고려해야 한다는 것으로, 이 역시 증분적 타당도와 같이 선발프로세스 설계 시 반영해야 한다.

다섯째, 선발영역의 독립성으로 선발 과정에서 평가방법들은 상호 구분되는 영역을 평가해야 한다는 것이다(예언변인 간 중복성에 대한 것으로 선발도구간 평가요소의 중복성을 낮추는 것이 전체 타당도를 높일 수 있다).[10]

마지막 이원적 접근으로 선발의 의사결정은 지원자에 대해 긍정적 접근(Positive Approach)과 부정적 접근(Negative

---

[10] 하지만 중요한 평가요소의 경우 전형단계별로 중복평가를 통해 확인하는 것도 바람직하다.

Approach)을 함께 적용해야 한다. 지원자에 대한 부정적인 접근은 채용의 위험(Risk)를 감소시킬 수 있다는 이점이 있으며, 독립성과 이원적 접근은 선발도구를 선정, 개발하면서 반영할 수 있다.

제1부

제2부

제3부

제4부

제5부

제6부

부록

Chapter 3
선발 방법

과학적 선발기법을 포함한 기업의 일반적인 채용의 과정은 먼저, 향후 조직에서 필요한 인력을 산정한 후, 이에 부족한 부분에 대해서 충원계획을 세운 후 공고 및 지원서 접수를 하고 선발의 과정(서류전형→선발검사→면접전형→채용결정)을 거친 후 배치와 교육훈련을 실시하는 것이다.

선발과정에서는 합격시켜야 할 사람을 합격시키고 탈락시켜야 할 사람을 탈락시키는 것이 중요한데, 이를 위해서는 인사선발에 있어 타당성 높은 선발 예측치를 선정하고 이를 평가하여, 의사결정을 내릴 수 있는 선발방법을 개발하는 것이 필수적이다.

보편적으로 인재를 선발하고자 할 때, 사람의 성격과 품성, 적성과 스타일, 전문성 및 자격조건, 지능과 인지적 능력, 문제해결 능

[그림 2-1] 채용 프로세스에 따른 선발 의사결정

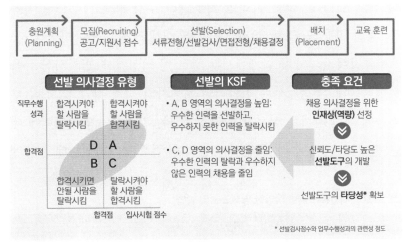

력, 사회적 능력 등을 파악하게 된다. 이러한 요소들은 한 가지 방법으로 파악하기 어렵기 때문에 다양한 인재평가 방법이 존재한다.

선발도구는 일반적으로 1차 서류전형 단계에서 지원자의 학력이나 전공, 학점, 자격증 등을 정량적으로 평가하고 자기소개서를 통해 조직이 원하는 역량을 역량기반 자기소개서를 통해 평가하였지만, 최근에는 고용노동부에서 권장하고 있는 '공공기관 표준 입사지원서'[11]를 활용하거나 필요에 따라 추가적인 직무관련 항목을 구성할 수 있다.

공공기관 표준 입사지원서는 지원자가 지원하는 직무와 관련하

[11] '공공기관 표준 입사지원서'에 대한 자세한 내용은 제4부 평가도구의 개발 Chapter1. 블라인드 입사지원서의 구성요소 및 평가를 참조

여 학교 교과목, 학교 이외의 직무관련 수강내역, 직무관련 자격증, 경험 및 (임금을 받은)경력 사항에 대해 작성하도록 되어 있다.

서류전형 이후 2차 단계에서는 주로 인·적성검사, 필기시험 등을 시행하는데, 인성검사는 전반적인 지원자의 성격 파악 및 조직 부적응에 대한 검사를 실시하며, 적성검사는 지원자의 인지능력에 대한 평가로 언어, 수리, 공간지각 능력을 주로 평가하였는데 최근에

[표 2-3] 인재선발을 위한 다양한 평가도구 및 방법

구분	내용	평가도구 및 방법
지원서	대상자의 직무 관련 교육사항, 자격, 경험 및 경력 등 다양한 자료를 작성하게 하고 이를 확인하여 인재를 판별함	입사지원서, 자기소개서, 자격증 등
인적성검사	특정모델에 따른 표준화된 진단 도구에 응답하게 하여 성격, 적성 등 특정의 요소를 판별함	인성검사, 조직적합도 검사, 적성검사, MMPI 등
전공시험	선발목적과 직종 및 직무와 관련된 과목의 시험을 통해 인재를 선발함	경영, 전기, 건축, 토목 등 직무 관련 필기시험 등
작업표본	특정 직종에서 실제 직무 수행과 같은 역할 수행을 시켜보고 실기능력을 판단함	각종 자격시험의 실기, 각종 오디션
개별면접	대상자를 대면하여 계획된 질의응답을 거쳐 인성, 역량을 판별함	경험면접(과거행동면접), 상황면접 등의 심층면접
평가센터	대상자가 보이는 다양한 반응 행동을 관찰, 기록하여 역량을 확인함	GD, PT, IB, RP 등 AC방식의 시뮬레이션 면접
주변탐문	대상자의 주변인에게 탐문하여 평소 모습을 질의 응답하여 인성, 자질, 역량 등을 확인함	평판조회, 추천 등
시범근무	일정기간(3개월~1년) 조직에 근무하게 하고 일을 수행하는 모습을 관찰하면서 인재를 판별함	인턴십

는 문제해결, 사무지각, 상황판단 능력 등을 추가적으로 평가하기도 한다. 필기시험에는 전공, 상식(한국사 포함), 논술 등이 있다.

3번째 단계인 면접에서는 개별면접으로 조직 및 직무적합성을 평가하며, 과제면접으로 개인의 직무능력을 평가하기 위해서는 발표과제(PT, Presentation)를, 조직적합성을 파악하기 위해서는 그룹토의(GD, Group Discussion) 과제를 실시하였지만, 최근에는 서류함기법(IB, In-Basket)이나 게임(Game)과 같은 집단활동 과제(Group Activity) 등으로 다양화되고 있다. 기업의 선발과정에서 자주 사용하고 있는 선발도구들의 특징은 다음과 같으며, 선발과정에서의 타당성을 극대화하기 위해서는 여러 선발도구들을 동시에 활용하는 것이 바람직하다.

선발도구 선택 시 일반적으로 비용, 타당도, 지원자 수, 평가의 정교성, 배치 등을 고려해야 하는데, 선발의 효율성을 위해서는 먼저 채용과정에서의 증분타당도를 높이는 것이 중요하다. 이를 위해서는 비용과 효과성이 적은 선발도구를 채용단계에서 가능한 앞

[표 2-4] 선발도구 선택 시 고려사항

고려요소	지원서	작업표본	적성검사	인성검사	면접	평가센터
비용	낮음	중간	중간	중간	중간	높음
타당도	중간	높음	높음	중간	높음	높음
지원자 수	많음	많음	많음	적음	적음	적음
평가정교성	낮음	중간	낮음	중간	중간	높음
배치	앞	중간·뒤	중간	뒤	중간·뒤	뒤

단계에 배치하여 대량의 지원자를 탈락시키며, 효과성이 높고 비용이 많이 드는 면접을 최소한의 인원으로 축소하여 실시하는 것이 일반적이다.

제1부

제2부

제3부

제4부

제5부

제6부

부록

Chapter 4
선발의 타당화 과정

    선발에 대한 타당화 과정은 적합한 인재(Right People)의 선발 여부와 선발도구 및 전형단계의 개선사항들을 도출하는 2가지 차원에서 중요한 역할을 한다. 먼저 적합한 인재의 선발여부 확인 측면에서는 기업에서 원하는 역량을 갖춘 인재를 선발했는가와 기업에서 추구하는 문화 및 가치와 부합하는 인재를 선발했는가에 초점을 맞춘다.

    선발도구 및 전형단계의 개선사항 도출 측면에서는 선발도구(자기소개서, 직무수행능력 평가, 그룹토의(GD), 발표면접(PT), 실무진 면접 등) 자체에 대한 개선사항과 선발과정 관련 개선사항으로 구분할 수 있으며, 선발도구 자체의 개선사항은 채용 시 사용되는 선발도구 자체의 개선사항들을 확인하여 이를 보완하기 위한 근거를 제공한다. 선발과정에 대한 개선사항은 전체적인 선발과정(서류전형, 필기전형, 면접전형)의 효과성을 살펴보고 과정의 각 단계의 개선사항들을 확인하고 이를 보완하기 위한 근거를 제공한다.

선발 타당화의 목적은 선발평가 타당성에 대한 과학적 검증을 통해 선발도구 및 선발운영의 개선방안을 도출하고 선발의 공정성을 확보하는 데 있다. 선발 타당화의 대상은 도구적 측면에서 평가항목들이 측정하고자 하는 역량을 제대로 나타내고 있는가, 선발도구들과 면접관들이 평가하고자 하는 역량을 제대로 평가하고 있는가, 선발방식들이 상호 일관된 평가를 하고 있는가이며, 결과적 측면에서는 선발 점수가 지원자들의 역량 발휘를 예측하고 있는가, 선발점수가 지원자들의 업무성과를 예측하고 있는가 등이다.

이에 대한 활용방안은 선발도구 개선방향을 설정할 수 있다는 것인데, 예를 들면 선발방식의 설계 및 선발평가 항목(역량 또는 하위요소)을 설계할 수 있으며, 면접관 교육의 방향을 제시함으로써 우수 면접관 선발과 면접관 교육 설계에 반영할 수 있다.

또한 기대효과 측면에서는 선발결정에 대한 조직 내 수용도 제고, 내·외부 인재선발 및 평가에 활용할 법적근거 확보, 선발 및 인사체계의 공정성 제고 등이 있다.

타당도 분석 이전에 신뢰도에 대한 분석이 선행적으로 이뤄지는데, 이는 신뢰도가 없는 선발도구의 경우 타당성 분석 자체가 의미 없기 때문이다. 평가의 신뢰성이란 측정에 있어서 그 결과의 반복성(Repeatability), 안정성(Stability), 일관성(Consistency), 정확성(Accuracy)을 평가하는데, 이는 평가결과가 시간을 두고 반복되었을 때 그 결과가 일치하는 정도와 평가결과가 오류가 아닌 진정한 평가에 의해 결정된 정도를 분석하는 것을 말한다.

제1부

제2부

제3부

제4부

제5부

제6부

부록

Chapter 5
인사선발의 타당도(Validity)

타당도(Validity)란 측정하고자 하는 대상이 지니고 있는 개념을 얼마나 잘 나타내고 있는가의 정도를 말하는 것으로 일반적으로 번역 타당도(Translation Validity)와 준거 타당도(Criteria-related Validity)로 분류할 수 있다.

먼저, 번역 타당도는 평가항목이 측정 대상의 의미나 내용을 얼마나 잘 나타내고 있는가의 정도로 안면 타당도(Face Validity), 내용 타당도(Content Validity), 구성개념 타당도(Construct Validity)가 있다.

준거 타당도는 평가항목이 측정하고자 하는 바를 얼마나 잘 예측하고 있는가의 정도로 예측 타당도(Predictive Validity), 동시 타당도(Concurrent Validity), 수렴 타당도(Convergent

Validity), 변별 타당도(Discriminant Validity) 등이 있다.

준거 타당도는 측정 대상자의 어떠한 행동이나 태도 등을 정확하게 예측해 주는지 여부를 나타내는 개념으로 시험을 선발하는 도구로 활용하는 경우, 측정된 결과는 시험점수이며 기준이 되는 변수는 실제 직무성과라고 할 수 있다. 즉, 시험점수가 측정도구를 활용하여 측정한 결과로서 예측치가 되는 것이고, 실제 직무성과가 기준으로 생각하는 변수의 값으로 기준치가 되어 예측치와 기준치가 정(+)의 상관관계를 나타낸다면 '타당성이 높다.'라고 말할 수 있는 것이다.

현재타당도(Current Validity)는 이미 그 직무에 종사하고 있는 종업원들에게 그 예측치를 주는 것으로 현재타당도는 예측타당도에 비하여 기준치에 관한 자료수집이 훨씬 용이하고 소요시간과 비용상의 이점도 커서 거의 대부분의 경우 예측치의 실제 예측치를 나타내는 수치로 활용된다.

예측타당도(Predictive Validity)는 실제 직무 지원자에 대한 예측치를 평가하고 선발된 사람을 직무에 배치하고 나중에 기준을 측정하여 기준점수와 초기 예측치 점수를 관련시킨다. 예측타당도는 실제 입사 지원자들을 대상으로 선발시스템이 미래의 지원자에게 사용될 때 얼마나 잘 성과를 낼 수 있는가를 매우 근접하게 반영시킨 예측치를 얻은 다음에 기준치를 얻기까지는 상당한 시간이 경과해야 되기 때문에 결과를 금방 확인할 수 없다는 단점을 가지고 있다. 예측타당도의 측정은 선발시험 성적을 일정기간 동안 보관했다가 선발된 인원들의 실제 성과를 측정하여 상관관계를 구함으로써 이루어지며, 미국 연방 정부(Federal Government of the United States)의 지침은 예측타당성 연구를 선호한다고 되어 있다.

내용타당도는 선발기법들이 그 직무에서 사용되는 지식, 기능 및 능력을 포함하기 위하여 이러한 선발기법들을 선택하여 구성하는 것이다. 예를 들어, 비서직에 지원한 사람들에 대해 실시되는 어떠한 시험에서 타이핑이나 워드프로세서의 조작능력 등 비서업무의 수행에 필요한 기능을 측정한다면, 이러한 시험은 비서직이라는 직무에서 실질적으로 요구하는 대표적인 행위를 포함하고 있기 때문에 내용타당도가 있는 시험이라고 말할 수 있다. 어떠한 측정도구의 타당도를 내용타당도를 통해서만 평가할 경우, 평가자의 주관적인 판단과 해석에만 의존하게 됨으로써 착오가 개입될 여지가 많으며 통계적인 검증이 불가능하다는 한계가 있다. 내용타당도 분석은 직무행위와 지식, 기능, 능력 및 예측치 과업이 관찰 가능할 때 가장 효과가 있다.

선발에서의 타당도 분석은 평가역량, 평가도구, 평가자, 평가결과가 선발목적에 부합하는가를 검증하는 것으로 먼저, 평가역량의 경우 선발 모델링으로 선정된 역량이 업무성과에 정말 중요한 요인인가, 어떤 요인이 보다 더 중요한가, 각 역량이 어떤 결과에 영향을 미치는가를 분석하는 것이다.

평가도구의 경우 평가도구들이 보고자 한 역량을 제대로 보고 있는가, 평가항목들이 측정하고자 하는 역량을 제대로 나타내고

제1부

제2부

제3부

제4부

제5부

제6부

부록

있는가, 평가방식들이 상호 일관된 평가결과를 산출하고 있는가, 어떤 도구가 보다 신뢰성이 있으며 타당한가를 분석하는 것이다.

평가자 측면에서는 평가자들이 역량을 명확히 구분하고 있는가 아니면, 그냥 전반적으로 괜찮은 사람을 뽑고 있는가, 평가자들이 사람들을 구분하고 있는가, 아니면 그냥 비슷한 점수를 부여하고 있는가, 평가자들이 동일한 눈높이를 가지고 있는가, 평가자들이 점수 부여에 일관성이 있는가를 분석하는 것이다.

마지막으로 평가결과 측면에서는 선발과정을 통해 우수한 인재들이 선발되었는가와 이 선발과정을 통해 얼마나 더 많은 인재들이 입사하게 되었는가를 분석하는 것이다.

제3부

직무설명자료의 기능 및 개발

Chapter 1. 선발과정에서 직무설명자료의 기능
Chapter 2. 직무분석의 정의 및 방법
Chapter 3. 국가직무능력표준(NCS)을 활용한
　　　　　　직무설명자료 개발
Chapter 4. 직무분석 방법론을 활용한
　　　　　　직무설명자료 개발

Chapter 1
선발과정에서
직무설명자료의 기능

　직무설명자료는 채용하고자 하는 직무의 내용과 수행요건에 관한 정보를 구체적으로 파악할 수 있도록 정리한 직무기술서로 인사담당자 입장에서 NCS 기반 블라인드 채용에 충실하기 위해서는 직무설명자료를 통해 직무와 직무수행요건에 관한 구체적이고 정확한 정보를 사전에 공개해야만 한다. 또한 모집단계에서부터 서류전형, 필기전형, 면접전형에 이르는 선발의 전과정에서 직무에 적합한 인재를 선발하기 위한 평가도구의 개발 및 평가를 체계적으로 진행할 수 있도록 한다.

　지원자 입장에서는 직무설명자료를 통해 지원 직무의 내용과 수행요건을 구체적으로 확인함으로써 자신의 비전 및 적성과 지원 직무와의 적합성 여부를 판단할 수 있으며, 입사를 희망하는 경우는 지원자가 무엇을 준비해야 하는지에 관한 정확한 정보를 제공하는 기능을 한다.

인사담당자는 직무설명자료를 사전에 공개하여 직무에 적합한 인물을 중심으로 지원자를 모집함으로써 지원자 모집의 적중률을 높일 수 있으며, 직무설명자료에 구체적으로 제시된 직무수행요건은 선발 시 지원자들의 직무적합성을 평가할 수 있는 평가의 준거(Criteria)로 활용할 수 있다.

직무설명자료를 사전에 개발함으로써 서류전형 단계의 입사지원서에서는 직무설명자료의 능력단위(또는 세분류[12]) 단위로 지원자의 교육, 자격, 경험 및 경력사항을 평가할 수 있으며, 자기소개서를 통해 직업기초능력의 일부를 반영하여 평가할 수 있다.

필기전형에서는 직무설명자료의 필요지식 및 기술을 전공 또는 직무수행능력에 관해 객관식 필기시험, 논술시험(보고서 작성) 등으로 평가할 수 있으며, 직업기초능력의 경우도 직무설명자료에 명시한 직업기초의 영역에 대해 객관식 필기시험을 통해 평가할 수 있다.

면접전형에서도 직무설명자료의 필요태도와 직업기초능력을 경험면접(과거행동면접), 상황면접, 발표면접, 그룹토의 면접 등으로 평가할 수 있으며, 경험면접의 경우 자기소개서의 직업기초능력 항목 평가와 연계하여 평가할 수 있다.

---

[12] NCS에서 세분류란 하나의 직무(Job)를 의미한다.

아래의 직무설명자료는 하나의 예시로 블라인드 채용에 있어 그 구성 및 내용은 기관별로 대동소이하기 때문에 하나의 직무설명자료를 제대로 이해할 수 있다면 나머지 모든 공공기관 채용에서 현재 활용하고 있는 직무설명자료에 대해 이해뿐만 아니라 인사담당자가 속해 있는 기관에서의 직무설명자료도 자체적으로 개발 및 활용이 가능할 것이다.

[표 3-1] 직무설명자료의 구성 및 주요 내용 예시

직무설명자료의 구성					주요내용
	대분류	중분류	소분류	세분류	채용직무를 NCS분류체계와 매핑
분류체계	02. 경영·회계·사무	01. 기획사무	01. 경영기획	01. 경영기획	
				02. 경영평가	
		02. 총무·인사	02. 인사·조직	01. 인사	
주요사업	환경기초시설 운영, 문화스포츠센터 운영, 공공하수관로 유지관리, 도로개설 및 확·포장 공사, 주차장 운영, 종량제 쓰레기 봉투 배송사업 및 신규 경영수익사업 등 「시민의 생활안정과 복지향상 및 지역발전촉진에 기여」하는 사업을 수행				주요사업 내용
직무수행 내용	**(경영기획)** 경영목표를 효과적으로 달성하기 위한 전략을 수립하고 최적의 자원을 효율적으로 배분하도록 경영진의 의사결정을 체계적으로 지원 **(경영평가)** 조직의 지속적 성장을 위하여 경영목표에 따른 평가기준을 마련하고, 일정기간 동안 조직이 수행한 성과를 이 기준에 따라 분석·정리하여 보고 **(인사)** 목표 달성을 위해 인적 자원을 효율적으로 활용하고 육성하기 위하여 직무 조사 및 직무 분석을 통해 채용, 배치, 육성, 평가, 보상, 승진, 퇴직 등의 제반 사항을 담당하며, 조직의 인사제도를 개선 및 운영				NCS 세분류 정의 (지원자가 이해하기 쉽게 작성)
전형방법	서류평가→직업기초능력평가→인성검사→면접				채용방법 및 절차
일반요건	연령		공고문 참조		
	성별		무관		지원요건 (블라인드 채용 기반)
교육요건	학력		무관		
	전공		무관		

	직무설명자료의 구성	주요내용
능력단위	**(경영기획)** 01. 사업환경분석 02. 경영방침수립 03. 경영계획수립 04. 신규사업기획 **(경영평가)** 01. 경영평가계획수립 02. 경영평가 관련 정보수집 04. 경영평가방법설정 **(인사)** 01. 인사기획 02. 직무관리 03. 인력채용 04. 인력이동관리 05. 인사평가	채용직무 세분류의 수행 능력단위
필요지식	**(경영기획)** 내·외부 환경분석 기법, 사업별 핵심성과 평가기준 및 전략기술 등 **(경영평가)** 경영조직 체계 및 평가방법론, 노사관계법, 인사관련 규정분석, 일정관리방법론 등 **(인사)** 근로기준법, 직무분석방법론, 직무평가법, 채용기법, 취업규칙 등	직무요건 : 직무수행에 필요한 지식, 기술, 태도, 필요자격 및 직업기초능력(NCS 능력단위 요소를 참조하여 작성)
필요기술	**(경영기획)** 사업기획 및 보고서 작성 기술, 문제예측 및 대응방안 능력, 분석기법 및 통계 프로그램 운영기술, 의사결정 능력 등 **(경영평가)** 경영공시 시스템 사용기술, 공문서 작성능력, 정보수집 기술능력, 평가분석(SWOT) 활용기술 등 **(인사)** 인력운영 효율성분석, 직무기술서 작성기술, 면담기법 등	
필요태도	**(경영기획)** 객관적인 판단 및 논리적인 분석 태도, 사업파악 및 개선의지 등 **(경영평가)** 경영자원전략자세, 수용적 의지 및 관찰태도, 다양한 정보를 수집하려는 태도, 합리적 분류자체 등 **(인사)** 객관적 태도, 공정성, 타부서와의 협업적 태도, 균형감각 등	
필요자격	공인회계사, 세무사, 공인노무사, 변호사, 법무사, 변리사 자격증 보유자 우대	
직업기초능력	의사소통능력, 자원관리능력, 문제해결능력, 정보능력, 조직이해능력, 직업윤리	
참고사이트	https://www.ncs.go.kr 또는 자사 홈페이지	

Chapter 2
직무분석의 정의 및 방법

직무설명자료를 개발하기 위해서는 인사담당자가 채용대상 직무의 내용을 도출하고 내용에 따른 직무능력을 정의해야 한다. 이를 직무분석이라 하며, 직무분석을 하는 경우 조직 자체적으로 보유하고 있는 직무전문가(SME[13])와의 인터뷰 또는 직무기술서 및 직무명세서 등 기업 내부자료들을 활용하는 방법이 있다. 또한 국가가 주도로 산업현장 전문가를 참여시켜 2020년 2월 현재 1,000여 개의 직무분석 자료를 개발한 국가직무능력표준(NCS)을 활용하여 직무분석을 할 수도 있다.

---

[13] SME(Subject Matter Expert, 직무 또는 내용 전문가) 해당 직무 또는 과제 내용과 관련하여 전문적인 지식과 경험을 가진 사람

[표 3-2] 내부자원을 이용한 직무설명자료 개발 과정

프로세스	내용
기업 환경 & 직무 · 직급 자료 분석	• 기업의 전략 및 산업·경영 환경 검토 • 경쟁사, 동종업계 채용 동향 및 역량모델링 벤치마킹 • 직무 및 직급체계 분석
직무내용 도출	• 직무능력 도출 방법에 따른 자료 수집 • 직무분석, 역량모델링, NCS 등을 활용 • 직무능력 도출 방법 : 자료분석, 인터뷰, 설문, 워크숍, 관찰 • 선정된 도출 방법에 맞춰 직무능력 도출
직무능력 도출	• 직무능력 도출(직무내용 도출 참고) • 직무능력별 정의, 하위요소, 행동지표(평가기준) 개발
직무능력 검증 및 확정	• SME를 활용한 검증 및 수정·보완 • 직무능력 최종 확정
직무기술서 개발	• 도출된 직무내용 및 직무능력을 활용하여 직무기술서 개발
채용 설계	• 도출된 직무능력을 어떤 전형에서 어떤 기법·방법으로 평가할지 결정 • Matrix를 이용하여 세로축에 직무능력, 가로축에 선발기법을 나열

이때 조직의 비전, 사업, 전략 등에 기초하여 미래에 필요한 직무내용을 분석하는 전략적 직무분석을 통해 직무내용과 직무능력을 정의할 수 있으며, 채용대상 직무의 우수 성과자들이 공통적으로 보유하고 있는 행동특성을 중심으로 직무수행에 필요한 인적요건을 구체화하는 역량모델링을 통해 직무내용과 직무능력을 정의할 수도 있다.

일반적으로 직무설명자료는 Chapter1의 직무설명자료의 구성 및 내용 예시에서 볼 수 있듯이, 분류체계, 사업내용(주요사업), 직무수행내용, 전형방법, 자격요건(일반요건, 교육여건 등), 능력단위, 필요지식, 필요기술, 필요태도, 필요자격, 직업기초능력, 참고

[그림 3-1] 직무의 내용 및 능력의 도출

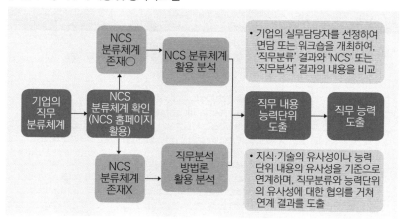

사이트로 구성되어 있다.

직무분석이란 직무설명자료를 개발하는 과정이라 할 수 있다. 그 중에서 가장 핵심적인 내용은 채용예정 직무 선발에 활용할 직무수행능력과 직업기초능력을 도출해 내는 것이다. 그리고 NCS 관점에서는 능력단위(능력단위요소), 필요지식, 필요기술, 필요태도, 필요자격이 직무수행능력이 되는 것이다.

이 책에서 설명하고자 하는 직무분석 방법은 크게 두 가지로 분류할 수 있다. 첫번째는 NCS 분류체계가 존재하는 경우와 두번째는 NCS 분류체계가 존재하지 않는 경우이다. 먼저 NCS 분류체계가 존재하는 경우에는 기업의 실무 담당자를 선정하여 면담 또는 워크숍을 개최하여 '직무분류' 결과와 'NCS' 또는 '직무분석' 결과의 내용을 비교하는 방법이다. 그리고 NCS 분류체계가 존재하지 않는 경우에는 지식, 기술의 유사성이나 능력단위 내용의 유사성을 기준으로 연계하며, 직무분류와 능력단위의 유사성에 대한 협의를 거쳐 연계결과를 도출하는 것이다.

구체적인 방법에 대해서는 첫번째의 경우에는 다음 Chapter3에서, 두번째의 경우에는 그 다음 Chapter4에서 각각 설명할 것이다.

Chapter 3
국가직무능력표준(NCS)을 활용한 직무설명자료 개발

　국가직무능력표준(NCS, 이하 'NCS'라고 함)은 국가가 산업현장에서 직무를 수행하는 데 요구되는 지식과 기술, 자격 등의 내용을 산업부문별, 수준별로 체계화한 자료이다. 1,000여 개의 직무에 대해 직무분석을 수행하여 직무의 내용과 직무능력을 체계적으로 정리하여 공개하고 있다.[14]

　NCS를 이용한 직무내용 및 직무능력 정의에 대한 직무분석 과정은 아래 표를 참고하면 된다. 1~5단계는 직무내용과 직무능력을 도출하고 6단계에는 직무능력에 적합한 평가기법을 결정하는 방법에 대한 설명으로, 이에 대한 구체적인 내용은 NCS 직업기초

---

[14] 자세한 사항은 국가직무능력표준 홈페이지(https://www.ncs.go.kr) 참조

[표 3-3] 국가직무능력표준(NCS)을 활용한 직무분석 과정

단계	프로세스	내용
1단계	직무관련 정보수집, 분석	조직에서 보유하고 있는 직무관련 분류체계 또는 정보들(직무기술서, 직무명세서, 조직도, 업무분장표 등)을 수집하여 분석
2단계	NCS Mapping	기존 직무관련 정보를 분석한 내용에 기반하여 가장 유사한 NCS 체계 내의 세분류 정보 탐색 : NCS 세분류 정보들을 검토하여 선발 평가 시 활용할 능력단위 도출
3단계	NCS Mapping 타당성 검증	직무전문가의 의견을 수렴하여 NCS Mapping 결과의 적절성을 검토 : SME 의견 수렴, 방법: 인터뷰, 설문, 워크숍 등
4단계	직무능력 최종선정	SME 검토를 통해 검증된 직무능력들을 취합하고, 필요성이나 중요도가 높은 직무능력들(지식, 기술, 태도, 자격 등)을 선정
5단계	직무설명자료 개발	NCS를 이용해 도출된 직무내용 및 직무능력을 활용, 직무설명자료 개발
6단계	채용설계	도출된 직무능력을 어떤 전형에서 어떤 기법·방법으로 평가할지 결정 Matrix를 이용하여 세로축에 직무능력, 가로축에 선발기법을 나열

능력을 가지고 제5부에서 설명하고자 한다.

위에서 제시한 각 단계별 설명을 좀 더 구체적으로 하면, 먼저 1 단계 직무관련 정보수집 및 분석에서는 직무파악의 단계로 조직에서 이미 보유하고 있는 직무분석자료 및 직무기술서 등을 활용하여 채용하고자 하는 직무(직군)별 수행직무, 자격요건, 직무특성을 조사하고 현재 조직의 정원, 현원 관리에 따른 결원 및 미래의 인력수요를 감안, 채용분야 및 인원을 확정하는 것이다.

그리고 인사담당자로서 채용에 NCS를 적용하기 위해 사전에

NCS의 개념, 구성 등 기본 사항을 숙지하는 것이다. 예를 들면, NCS의 체계가 대분류, 중분류, 소분류, 세분류(직무), 능력단위, 능력단위요소로 되어 있으며, 능력단위요소 이하에 수행준거를 근거로 정리한 지식, 기술, 태도, 직업기초능력, 자격증 등에 관한 내용들이 포함되어 있다는 것이다.

먼저, NCS에서 말하는 세분류의 구성에 대해 설명하도록 하겠다. 세분류는 앞에서도 말한 바와 같이 직무를 의미한다. 이러한 직무는 아래 그림과 같이 능력단위가 있으며, 능력단위는 능력단위요소, 적용범위 및 작업상황, 평가지침, 직업기초능력으로 구성되어 있으며, 다시 능력단위요소는 수행준거와 지식, 기술, 태도로 구성된다.

여기서 인사담당자로서 구분해야 할 두 가지가 있다. 직무수행능력과 직업기초능력으로 직업기초능력은 위 그림과 같이 능력단위요소별로 필요한 직업기초능력을 제시하고 있다. 나머지 모두가 직무수행능력으로 능력단위, 능력단위요소, 적용범위 및 작업

[그림 3-2] NCS에서 세분류(직무)별 구성요소

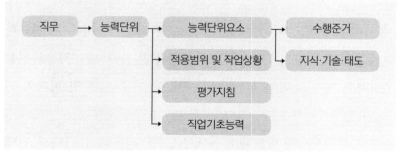

상황, 평가지침, 그리고 능력단위요소를 구성하는 수행준거, 지식, 기술, 태도가 모두 직무수행능력에 대한 내용인 것이다.

그리고 이 중에서 직무설명자료에 필수적으로 들어가야 하는 내용으로는 능력단위요소(능력단위), 지식, 기술, 태도가 직무수행능력의 구성요소로 나머지가 직업기초능력인 것이다.

각각에 대해 좀더 구체적으로 설명하면, 먼저 능력단위(Competency Unit Description)는 NCS의 세분류를 구성하는 기본단위로서 설정기준은 한 사람이 수행 가능해야 하며, 명확한 성과를 도출해야 하고, 교육훈련 및 평가가 가능해야 한다. 또한 일정한 기능을 해야 하고, 수행하는 직무가 독립적이어야 한다. 능력단위는 능력단위분류번호, 능력단위정의, 능력단위요소(수행준거, 지식, 기술, 태도), 적용범위 및 작업상황, 평가지침, 직업기초능력으로 구성되어 있다.

능력단위요소(Competency Unit Element)는 해당 능력단위를 구성하는 중요한 범위 안에서 수행하는 기능을 도출한 것이다. 수행준거(Performance Criteria)란 기본적으로 ~을(를) 할 수 있는가에 대한 개념으로 각 능력단위요소별로 능력의 성취 여부를 판단하기 위해 개인들이 도달해야 하는 수행의 기준을 제시한 것으로 지식(Knowledge), 기술(Skill), 태도(Attitude)로 구성되어 있다.

직업기초능력(Key Competency)은 10가지 영역 34개 하위요소로 구성되어 있는데 직무와 관련하여 각 능력단위요소를 수행하는데 필요한 인지적, 정신적, 신체적 능력을 말한다. 주로 읽기, 쓰기, 말하기, 산술, 커뮤니케이션 능력 등 능력단위요소 수행을 위해 기본적으로 갖추고 있어야 할 능력이다.

마지막으로 적용범위 및 작업상황(Range of Variable) 및 평가지침(Guide of Assessment)은 평가보다는 실질적으로 교육과 관련된 내용으로 적용범위 및 작업상황은 능력단위를 수행하는 데 관련되는 범위와 물리적 혹은 환경적 조건으로 예를 들면 교육장소, 자료, 서류, 장비, 도구, 재료 등이 있다. 평가지침은 능력단위 교육에 대한 성취 여부를 평가하는 방법과 평가 시 고려되어야 할 사항을 말하는 것으로 채용 및 선발과 관련된 평가보다 범위가 넓

[표 3-4] NCS에서 세분류(직무)별 구성요소

구성항목	내용
능력단위정의 (Competency Unit Description)	• 능력단위의 목적, 업무수행 및 활용범위를 개략적으로 기술 • NCS의 세분류를 구성하는 기본단위
능력단위요소 (Competency Unit Element)	• 능력단위를 구성하는 중요한 핵심 하위능력을 기술
수행준거 (Performance Criteria)	• 능력단위 요소별로 성취 여부를 판단하기 위하여 개인이 도달해야 하는 수행의 기준을 제시
지식·기술·태도 (Knowledge·Skill·Attitude)	• 능력단위 요소를 수행하는 데 필요한 지식·기술·태도
적용범위 및 작업상황 (Range of Variable)	• 능력단위를 수행하는 데 있어 관련되는 범위와 물리적 혹은 환경적 조건 • 능력단위를 수행하는 데 있어 관련되는 자료, 서류, 장비, 도구, 재료
평가지침 (Guide of Assessment)	• 능력단위의 성취 여부를 평가하는 방법과 평가시 고려되어야 할 사항
직업기초능력 (Key Competency)	• 능력단위별 업무 수행을 위해 기본적으로 갖추어야 할 직업능력

으며 다양하게 제시되어 있다.

NCS 세분류(직무)를 구성하는 각 요소의 내용은 위 표의 설명을 참고하면 된다.

2단계 NCS 맵핑(Mapping)에서는 기존 직무관련 정보를 분석한 내용에 기반하여 가장 유사한 NCS 체계 내의 세분류(직무) 정보를 탐색하는 것으로, NCS 세분류(직무) 정보들을 검토하여 선발평가 시 활용할 능력단위를 도출하는 것이다.

이를 위해 먼저 NCS 분류체계가 대분류→중분류→소분류→세분류(직무)로 이루어져 있다는 것을 알고 있어야 한다. 예를 들면 아래 표와 같이 인사라는 세분류를 찾기 위해서는 경영 ·회계 · 사무라는 대분류에서 총무 ·인사라는 중분류를 거쳐 다시 인사 ·조직의 소분류를 거쳐 인사라는 세분류를 찾을 수 있는 것이다.

그리고 채용에 필요한 직무설명자료를 개발하기 위해서는 적게는 하나의 소분류로도 가능할 수 있겠지만 여러 직무를 모아야 하

[그림 3-3] 인사 세분류(직무)에 대한 NCS 분류체계 탐색 예시

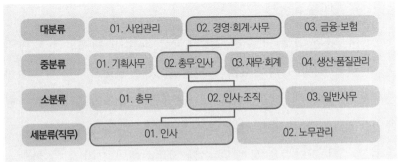

[그림 3-4] 채용대상 직무에 대한 NCS 분류체계 예시

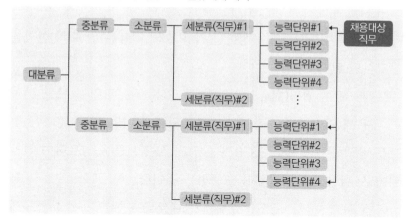

는 경우도 있어 이런 경우에는 아래의 그림처럼 여러 개의 세분류를 NCS 분류체계 내에서 찾아야만 하는 것이다. 이를 채용대상 직무에 적용해 보면 아래 그림과 같다.

실제로 직무설명자료를 개발하기 위해서는 먼저 NCS 통합포털 사이트(https://ncs.go.kr)를 방문하여, 아래 [참고] NCS 검색방법을 참고하여 실행해 보기를 권장한다.

능력단위 도출 과정에서 인사담당자와 직무전문가(SME) 간 협의가 반드시 필요하다.

3단계 NCS 맵핑 타당성 검증에서는 SME의 의견을 수렴하여 NCS 맵핑 결과의 적절성을 검토하는 것을 말한다. 이 과정에서 정의된 내용에 대한 일정 검토 기준 마련이 필요한데 1차 필터링(Filtering)을 거쳐 '수행업무 내용 및 직무수행의 필수 조건'을 도출하고, 2차 필터링을 통해 '우수한 직무수행의 요건'을 도출한다.

[그림 3-5] (참고) NCS 검색방법

(1단계) NCS 통합포털사이트(www.ncs.go.kr)에 접속 후, Web page 로그인 또는 회원가입

(2단계) 채용하고자 하는 모집분야에 맞는 NCS를 찾기 위해, 홈페이지 하단 또는 NCS 및 학습 모듈 검색창에 접속하여 대분류→중분류→소분류→세분류의 순으로 NCS 검색

  – 효율적인 NCS 검색을 위해 사전에 채용 모집분야와 NCS 분류체계를 맵핑하여 획득 하고자 하는 NCS 파악

(3단계) NCS 세분류 및 능력단위를 모듈형태(PDF)로 다운로드하여 채용평가 시 필요로 하는 능력을 도출, 활용

이렇게 도출된 결과를 SME와 인사담당자의 최종 검토를 거쳐 채용직무의 직무능력(지식, 기술, 태도, 자격)으로 선정하는 것이다. SME의 의견을 수렴하는 방법에는 인터뷰, 설문, 워크숍 등이 있다.

4단계 직무능력 최종 선정에서는 SME 검토를 통해 채용에 필요한 직무능력들을 취합하고, 필요성 등을 기준으로 직무능력(지식, 기술, 태도)과 직업기초능력 등을 선정한다. 선정된 채용직무의 직무능력은 '직무설명자료(직무기술서)'로 개발 및 공개해야 하는데, 직무설명자료에는 채용직무, 업무내용, 세부수행내용, 직무요건(지식, 기술, 태도), 직업기초능력, 경험(경력), 자격 등에 대하여 기재하고, 채용 공고문에 포함하거나 또는 별첨 자료로 제시하여야 한다.

이를 통해 지원자는 직무설명자료를 보고, 채용 직무와 업무내용을 알 수 있고, 취업을 위해 준비해야 할 사항이 무엇인지 파악할 수 있다.

그럼 지금부터 실제 직무설명자료를 개발하는 과정을 능력단위를 선정하는 것부터 관련 지식, 기술, 태도, 자격을 어떠한 과정으로 도출해 나가는지 살펴보고자 한다.

먼저 전체적인 과정을 간단히 요약하면 첫째, 채용대상 직무 관련 능력단위를 선정[15]하는 것이다. 이를 위해 도출된 능력단위 중에서 해당기관의 채용대상 직무에서 실제 수행하는 업무인지를 채용담당 부서 또는 직무(군)별 SME를 활용하여 확인한 다음 능력단위별 중요도(중요도 평가기준은 일반적으로 5점 척도를 활용하여, 1

점 '전혀 중요하지 않다.'부터 5점 '매우 중요하다.'까지 구분할 수 있다.)를 고려하여 최종 능력단위를 선정할 수 있다. 이에 대한 실제 활용방법은 아래 그림의 채용대상 직무(직군)에 대한 능력단위 선정과정과 아래 표의 요구 능력단위 선정 Matrix를 참고하면 된다.

둘째, 선정된 능력단위요소 또는 수행준거별로 관련된 필요지식(K), 필요기술(S), 필요태도(A) 등 직무에 필요한 능력 등을 조사

[그림 3-6] 채용대상 직무(직군)에 대한 능력단위 선정과정

채용 직무 도출

채용 직무의 직무내용(능력단위) 확인

직무내용(능력단위) 검증 SME 워크숍 실시

평가대상 직무내용(능력단위) 선정

NCS 직무 Mapping 초안 도출

채용대상 직무 능력단위 확인

NCS 요구 능력단위 검증 SME 워크숍 실시

평가대상 직무내용(능력단위) 선정

- 채용 직무의 직무별로 직무내용(능력단위) 조사 실시
- NCS 활용 시 직무당 8~15개 내외의 능력단위들 중 채용 직무와 가장 유사한 능력단위에 대한 의견수렴
  – SME 워크숍 / Survey / 면접조사
- 의견수렴을 통해 선정된 직무내용(능력단위)의 적절성 및 타당성에 대한 검증 워크숍 실시
- 중요하지 않은데 선정되었거나 중요한데 누락된 직무내용(능력단위)들에 대한 집중 검토 실시

- 타당성 검증 SME 워크숍 실시 결과를 반영하여 최종 능력단위 선정

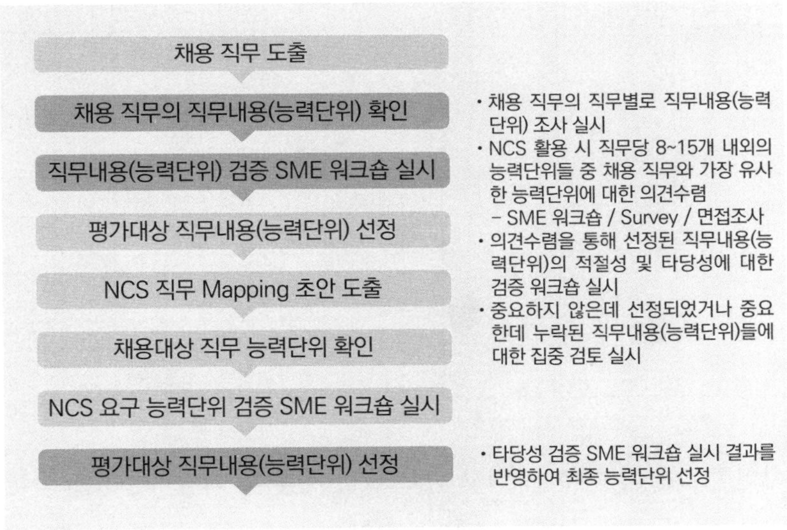

[15] 실제 이 작업은 매우 중요하다. 일반적으로 NCS 세분류(직무)는 보통 10~15개 정도의 능력단위가 있으며, 능력단위별로 8~10개 정도의 능력단위요소가 있다. 따라서 하나의 세분류에 100개 내외의 능력단위요소가 있으며, 능력단위요소에 따른 지식, 기술, 태도, 자격증, 직업기초능력 등이 각각 20~30개 있으므로 하나의 세분류에 따르는 평가요소들(지식, 기술, 태도 등)은 적어도 2,000~3,000개 정도에 이른다. 따라서 능력단위 및 능력단위요소를 적절하게 선정하지 않는다면 직무설명자료를 개발할 수 없다.

[표 3-5] 요구 능력단위 선정 Matrix

대분류	중분류	소분류	세분류	순번	능력단위	수행여부	중요도
02.경영.회계. 사무	01.기획사무	01.경영기획	01.경영기획	1	사업환경 분석	○	4
				2	경영방침 수립	○	4
				3	경영계획 수립	○	5
				4	신규사업 기획		
				5	사업별 투자 관리	○	3
				6	예산 관리	○	5
				7	경영실적 분석		
				8	경영 리스크 관리		
				9	이해관계자 관리		
			02.경영평가	1	경영평가계획 수립	○	4
				2	경영평가관련 정보 수집	○	5
				3	경영평가범위 설정	○	3
				4	경영평가방법 설정	○	3
				5	경영평가도구 개발	○	3
				6	경영평가활동 수행		
				7	경영평가 결과 보고서 작성		
				8	경영평가 모니터링	○	3
				9	경영평가 사후관리	○	3

확인하고 중복 여부, 그리고 중요도 및 채용 후 학습가능성(교육훈련을 통한 개발의 용이성 여부) 등을 고려하여 지식, 기술, 태도를 선정한다.

좀 더 구체적으로 설명하면 앞서 설명한 능력단위요소가 선정이 되면 각 능력단위요소에 대한 지식, 기술, 태도에 대한 목록을 도출해 내고 이후 채용대상 직무의 성공적 수행을 위해 각각의 지식,

기술, 태도가 얼마나 중요한지를 평가해야 한다. 이때 채용담당 부서 또는 직무(군)별 SME를 활용하여 각각의 중요도(중요도 평가기준은 일반적으로 5점 척도를 활용하여, 1점 '전혀 중요하지 않다.'부터 5점 '매우 중요하다.'까지 구분할 수 있다.)와 학습가능성(학습가능성의 수준은 일반적으로 5점 척도를 활용하여, 1점 '학습이 불가능하다.'에서 5점 '경험을 통해 쉽게 학습이 가능하다.'로 구분할 수 있다.)을 고려하여 최종 평가 대상인 지식, 기술, 태도를 선정한다. 이때 중요도와 학습가능성의 선정은 일반적으로 중요도는 4이상, 학습가능성은 2이하이며, 최종 선정되는 개수에 따라 조정이 가능하다.

　여기서 학습가능성이란 교육훈련을 통한 개발의 용이성 여부를 의미하는데, 채용 선발에서는 학습가능성이 낮은 지식, 기술, 태도를 선정하는 것이 바람직하다. 왜냐하면 학습가능성이 높다는 것은 입사 후 교육을 통해 지식, 기술, 태도를 쉽게 개발시킬 수 있다

[그림 3-7] 직무설명자료의 지식, 기술, 태도 선정과정

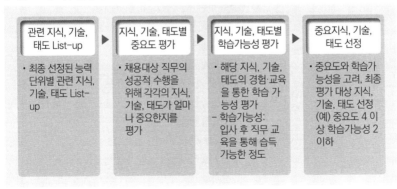

관련 지식, 기술, 태도 List-up	지식, 기술, 태도별 중요도 평가	지식, 기술, 태도별 학습가능성 평가	중요지식, 기술, 태도 선정
• 최종 선정된 능력 단위별 관련 지식, 기술, 태도 List-up	• 채용대상 직무의 성공적 수행을 위해 각각의 지식, 기술, 태도가 얼마나 중요한지를 평가	• 해당 지식, 기술, 태도의 경험·교육을 통한 학습 가능성 평가 – 학습가능성: 입사 후 직무 교육을 통해 습득 가능한 정도	• 중요도와 학습가능성을 고려, 최종 평가 대상 지식, 기술, 태도 선정 (예) 중요도 4 이상 학습가능성 2 이하

는 것으로 신입사원 선발에 있어서는 개발이 어려운 지식, 기술, 태도를 보유하고 있는 지원자를 선발하는 것이 직무의 적응이나 개발 측면에서 훨씬 유리하기 때문이다. 이에 대한 실제 활용방법은 위 그림의 직무설명자료의 지식, 기술, 태도 선정과정 및 채용대상 직무(직군)에 대한 능력단위 선정과정과 아래 표 능력단위별 관련 지식(Knowledge) 및 기술(Skill) 도출 Matrix를 참고하면된다.

[표 3-6] 능력단위별 관련 지식(Knowledge) 도출 Matrix

세분류	순번	능력단위	관련 지식	중요도	학습 가능성
02010101. 경영기획	1	사업환경 분석	○ 핵심역량의 개념	3	4
			○ 기업 경영자원(유형, 무형, 인적자원)의 개념	5	4
			○ 자사의 사업구조와 실적에 대한 개념	4	4
			○ 거시환경 분석 단계별 프로세스	3	4
			○ 경쟁자에 대한 정의	2	5
			○ 전략적 목표에 대한 개념	5	3
			○ 비용 우위(규모의 경제, 경험효과)의 개념	4	3
			○ 차별화 우위(제품, 광고, 유통)의 개념	3	4
	2	경영방침 수립	○ 경영이념과 경영철학	4	3
			○ 핵심가치체계	5	4
			○ 전사목표에 대한 개념	3	3
			○ 동종·유사 기업의 비전에 대한 정보	1	5
			○ 사명(미션)에 대한 개념	4	3
			○ 기업문화의 개념	5	2
			○ 내부적 가치와 외부적 가치의 개념	3	4
			○ 기업의 사회적 책임에 대한 개념	2	3
			○ 기업윤리의 개념	5	3

[표 3-7] 능력단위별 관련 기술(Skill) 도출 Matrix

세분류	순번	능력단위	관련 기술	중요도	학습 가능성
02010101. 경영기획	1	사업환경 분석	○ 경영환경 분석기법	5	4
			○ 분석대상 항목별 주요정보 파악·정리 기술	4	3
			○ 분석결과로부터 시사점 도출 기술	4	2
			○ 경쟁자 분류 기술	2	4
			○ 고객·소비자 분류 기술	3	3
			○ 핵심성공요소 도출 기법	3	4
			○ 목표와 성공요소 관계설정 기술	3	4
			○ 벤치마킹 기법	2	5
	2	경영방침 수립	○ 경영이념 설정 프로세스	2	4
			○ 핵심가치체계 수립 방법론	4	5
			○ 비전 도출 기법	2	3
			○ 자산·역량에 대한 분석 기법	5	2
			○ 비전과 사명의 연계성 기법 (cascading 방식)	2	4
			○ 사명 수립 기법 (key word 도출방식)	3	4
			○ 일체감 조성 방법론 (동기부여 방법론)	4	2
			○ 핵심가치 도출 기법	3	4

셋째, 자격의 경우 능력단위에 따른 관련 자격을 조사, 확인한 후 중요도 및 필수 여부에 따라 선정한다. 선정의 방법은 먼저 자격증에 대한 필수 여부를 O, X로 판단한 후 중요도(중요도 평가기준은 일반적으로 5점 척도를 활용하여, 1점 '전혀 중요하지 않다.' 부터 5점 '매우 중요하다.'까지 구분할 수 있다.)에 따라 결정하는데, 일반적으로 3점 이상의 자격증을 기준으로 최종 선정하면 된다. 이에 대한 구체적인 활용방법은 아래 표의 능력단위별 관련 자격 도출 Matrix를 참고하길 바란다.

[표 3-8] 능력단위별 관련 자격 도출 Matrix

세분류	능력단위	관련 자격	중요도	필수여부
02010101. 경영기획	1. 사업환경 분석 2. 경영방침 수립 3. 경영계획 수립 4. 사업별 투자 관리 5. 예산 관리	(국가공인) 경영지도사	3	X
		(비공인 민간) TESAT	1	X
		(비공인 민간) 매경TEST	1	X
02010102. 경영평가	1. 경영평가계획 수립 2. 경영평가관련 정보 수집 3. 경영평가범위 설정 4. 경영평가방법 설정 5. 경영평가도구 개발	공인회계사	5	X
		경영지도사	2	X
		사회조사분석사(2급)	3	X
		세무사	5	X
		비서(1급)	2	X
	6. 경영평가 모니터링 7. 경영평가 사후관리	공인노무사	5	X
		사회조사분석사(2급)	2	X
		비서(1급)	2	X

직업기초능력의 경우에는 일반적으로 NCS(국가직무능력표준) 세분류(직무)의 능력단위별로 표기된 직업기초능력의 주요영역 (10개 영역) 5~6개를 채용대상 직무에 통합하여 빈도 수가 많은 직업기초능력 5~6개 정도를 최종적으로 선정하는 것이다. 10개의 직업기초능력을 다 선정할 수도 있지만 채용 프로세스의 효율성 측면에서 입사 후 성과에 영향을 미치는 영역들을 우선 선정하는 것이 바람직하다.

이 외에 직무상황에 따라 필요한 경우 인사담당자나 SME가 협의하여 직업기초능력을 추가할 수도 있다. NCS 세분류(직무)의 능력단위별 직업기초능력은 주요영역과 하위영역을 함께 제시하고 있지만 직무설명자료에는 주요영역만을 기재하도록 되어 있으며, 하위영역은 평가에 대한 설계 및 과제 개발 시 참고하면 된다.

제대로 된 직무설명자료를 개발하기 위해서는 각 과정별로 해당 부서와 직무(군)별 직무전문가(SME: Subject Matter Expert) 활용 및 의견반영을 하는 것이 반드시 필요하다. 이상에서는 국가직무능력표준(NCS) 분류체계를 활용하여 직무설명자료에 들어가는 능력단위, 지식, 기술, 자격증, 직업기초능력 등에 대한 선정방법 등을 설명하였다.

[표 3-9] 채용대상 직무(군)별 직업기초능력 도출 Matrix

채용대상 직무	의사소통	수리	문제해결	자기개발	자원관리	대인관계	정보	기술	조직이해	직업윤리	비고
성과관리	14	11	13	0	6	5	10	0	11	6	
선정여부	O	O	O	X	X	X	O	X	O	O	
기금관리	1	0	1	0	0	1	1	0	1	1	
선정여부	O	X	O	X	X	O	X	X	O	O	
사무행정	7	3	6	0	4	4	7	3	4	5	
선정여부	O	X	O	X	X	O	O	X	O	O	

Chapter 4

직무분석 방법론을 활용한
직무설명자료 개발

채용직무(군)에 필요한 자료가 국가직무능력표준(NCS)에서 이미 개발되었다면 Chapter3를 활용하면 되겠지만, NCS에서 개발되지 않은 직무라면 자체적인 직무분석을 통해 별도의 직무설명자료를 개발해야 한다. 실제 NCS를 통해 1,000여 개의 직무분석 자료를 확인할 수 있지만, 기업에 따른 특수한 직무의 경우 NCS에서 미개발된 직무일 수 있다.

이러한 경우에는 NCS 개발 시 활용했던 직무분석 프로세스를 활용하는 것이 효율적이다. 실제 NCS 개발은 3개의 전문가 그룹(직무관련 실무전문가(SME), 교육전문가, 자격전문가)의 10명 내외가 8회에 걸처 토론과 합의를 거쳐 얻어낸 결과이다. 기간상으로도 5개월 이상이 걸린다. 물론 이와 똑같은 프로세스를 밟을 것이 아니고, 그럴 필요도 없다. 직무설명자료를 만들 수 있는 만큼의 정보를 취합하고 분석하면 된다. 이럴 경우에는 빠르면 1주일 이내에 직무설명자료를 만들 수 있는 정보와 분석이 가능하다.

그러나 NCS 개발 시 활용되었던 직무분석 방법론은 그대로 활용하는 것이 중요하다. 직무분석에 활용되었던 능력단위, 능력단위요소, 지식, 기술, 업무수행에 필요한 태도 등의 분석요소와 정의방법, 작성방법 등 내용의 개발 및 구성 방법을 그대로 활용해야 한다.

그럼으로써 NCS 개발의 질적 유지를 담보할 수 있다. 직무설명자료를 빨리 개발할 수 있지만 내용의 질적 부분은 NCS 개발과 동일한 기조로 유지되어야 하는 것이다. NCS를 개발할 때 직무분석의 다양한 분석기법 중에 DACUM[16]을 기본으로 진행하였는데, 이번 Chapter에서는 짧은 시간 내에 원하는 정보를 얻기 위해 NCS 개발 시 활용했던 방식을 적용하도록 하겠다.

[표 3-10] DACUM에 대한 설명요약

DACUM(Developing A Curriculum)
• 원래 Canada에서 고안되었으며, 미국의 직업교육분야에서 널리 사용함 • Ohio State University의 고용을 위한 교육훈련센터의 Dr. Robert Norton에 의해 발전됨 • Duty 및 Task 중심의 분석 • 기본적으로 교육과정을 개발하기 위한 기법으로서 직무에서 요구되는 업무처리 과정, Skill, Knowledge, Tool, Attitude 등을 찾아내기 위해 직무 숙련자들의 Group Interview를 통해 도출함

---

[16] DACUM에 대한 좀 더 자세한 내용은 제2부 채용 선발과정의 설계 Chapter1. 신입사원 선발기준 수립에 대한 논의 참조

직무분석 방법론을 활용한 직무설명자료의 개발은 첫번째 '직무기본정보 작성하기', 두번째 '주요업무 및 수행준거 작성하기', 세번째 '직무수행요건 작성하기, 네번째 '직업기초능력 선별하기'의 작업 순서대로 진행하면 된다.

첫번째 '직무기본정보 작성하기'는 직무에 대한 기본적인 정보를 취합하는 것으로 직무명, 직무정의, 직무숙련기간 등 3가지 정보로 구성되어 있다. 각각의 정보에 대한 내용은 다음과 같다.

[표 3-11] 직무기본정보의 구성항목 및 내용

구성항목	내용
직무명	개발하는 직무의 이름을 작성한다. 예) 자동차연구, 품질관리
직무정의	수행직무의 목적을 표현하기 위하여 행동용어를 사용하여 기술하며, 목표, 수단, 업무의 개념이 들어가도록 내용을 작성한다.
직무숙련기간	직무를 독립적으로 수행할 때까지의 기간을 말하는 것으로서 1년 단위로 작성토록 한다.

Ex) 직무정의

목표	자동차 정비검사는 자동차 안전기준 및 관련법류에
수단	의거하여 주인의식을 가지고 안전운행을 위한 동일성유지, 환경 등을 정기 또는 수시로
업무	검사하는 일이다.

[표 3-12] 직무기본정보 작성 Worksheet

■ 직무 기본 정보

직무명		직무숙련기간	
직무정의			

특히, 직무정의를 작성할 때에는 현장에서 사용하는 용어를 사용하고, 목표와 목표를 달성하기 위한 수단, 업무의 내용이 모두 포함되도록 해야 한다.

두번째 작업은 '주요업무 및 수행준거 작성하기'로 직무의 업무 구성과 각 업무수행 시 도출되어야 하는 바람직한 모습이 어떤 것인지 정보를 수집하는 것이다. 직무가 어떤 업무로 구성되어 있는지 3개 이상 작성해야 하며, 업무별 수행준거는 5개 이상 작성하

[표 3-13] 주요업무 및 수행준거 작성하기

구성항목	내용
주요업무	직무를 수행하기 위해 반드시 이루어져야 하는 업무를 3개 이상 작성한다. 주요업무는 기획, 운영, 사후관리 등과 같은 프로세스의 모습일 수도 있고, 환경변화 검토, 사업 타당성 검토 등과 같이 서로 독립된 업무의 경향일 수도 있다. 주요업무를 설정할 때의 기준은 다음을 고려해야 한다. 한사람이 수행가능해야 한다는 것, 명확한 성과를 도출하는 것, 일정한 기능을 수행할 것, 수행하는 업무가 독립적일 것 등의 사항을 고려하여 주요업무를 3개 이상 작성해야 한다.
수행준거	수행준거는 '성취여부를 판단하기 위하여 개인이 도달해야 하는 수행의 기준(업무수행 평가기준)'을 말하는 것으로서, 수행준거의 문장은 조건, 판단기준, 행동이 모두 포함되어 있어야 한다. 수행준거의 작성은 성과에 초점을 맞추어 작성해야 하며, 작성내용이 관찰이 가능한 내용으로 작성되어야 한다. 또한 수행준거는 조건, 판단기준, 행동으로 이루어진 문장이지만, 판단기준이 없을 시에는 제외해도 무방하다.

[그림 3-8] 수행준거 작성 예

Ex) 수행준거

자동차검사기준·방법에 따라 윤활유 누출여부를 확인할 수 있다
　　(조건)　　　　　　(판단기준)　　　　　(행동)

[표 3-14] 직무기본정보 작성 Worksheet

■ 주요업무 및 수행준거

주요업무	수행준거
	• • • •
	• • • •
	• • • •

도록 독려해야 한다. 각각의 작성방법은 다음과 같다.

세번째 작업은 '직무수행조건 작성하기'이다. 직무수행에 필요한 학습, 자격증 및 필요역량(지식, 기술, 태도)이 무엇인지 작성하는 것이다. 이는 직무수행에서 성과를 도출하기 위해 개인이 갖추

[표 3-15] 직무수행요건 작성하기

구성항목	내용
학습경험	직무수행에 반드시 필요한 학력, 전공을 작성한다.
자격증	업무수행에 필요한 자격증을 기재한다.
필요지식	지식은 '학습 및 경험을 통해 알게 된 정보'를 말하며, ~지식, ~법, ~방법 등의 형식으로 작성한다.
필요기술	기술은 '지식을 지속적으로 경험화하여 숙련도를 갖게 된 것'을 말하며, ~기술, ~기법 등으로 작성한다.
수행태도	태도는 '습관화되어 행동으로 보여지는 모습'을 말하며, ~태도 등으로 작성한다.

어야 할 필요한 요건이라고 보면 된다. 구성항목은 학습경험, 자격증, 필요지식, 필요기술, 수행태도 등이다. 각각의 작성방법은 다음과 같다.

필요지식, 필요기술, 수행태도를 작성할 때에는 주요업무별 수행준거를 참고하여 수행준거를 이루기 위해 필요한 지식, 기술, 태도가 무엇인지를 고려해서 작성해야 한다.

마지막 작업으로서 '직업기초능력 선별'이다. NCS에서는 직업인으로서 가져야 할 기초능력을 10가지 구분했으며, 개발된 직무별로 필요로 하는 직업기초능력을 상이하게 선별했다. 10개의 직업기초능력을 모두 갖추면 좋겠지만 성과도출에 영향을 많이 미치는 것을 선별하는 것이다. 선별을 할 때에는 10개의 직업기초능력 중에서 직무수행에 반드시 필요한 능력을 최소 5개 이상 선택하도록 해야 한다.

미개발 NCS 분야의 직무설명자료를 개발하기 위해 지금까지

[표 3-16] 직무수행요건 작성 Worksheet

■ 직무수행요건

학습경험	(전공:)
자격증	

필요 지식	필요 기술	수행 태도

[표 3-17] 직업기초능력 선별 Worksheet

■ 직업기초능력

선택(∨표)	구분	세부능력
	의사소통능력	문서이해능력, 문서작성능력, 경청능력, 언어구사력, 기초외국어능력
	수리능력	기초연산능력, 기초통계능력, 도표분석능력, 도표작성능력
	문제해결능력	사고력, 문제처리능력
	자기개발능력	자아인식능력, 자기관리능력, 경력개발능력
	자원관리능력	시간자원관리능력, 예산관리능력, 물적자원관리능력, 인적자원관리능력
	대인관계능력	팀워크능력, 리더십능력, 갈등관리능력, 협상능력, 고객서비스능력
	정보능력	컴퓨터활용능력, 정보처리능력
	조직이해능력	국제감각능력, 조직체제이해능력, 경영이해능력, 업무이해능력
	직업윤리	근로윤리, 공동체윤리
	기술능력	기술이해능력, 기술선택능력, 기술적용능력

'직무기본정보 작성', '주요업무 및 수행준거 작성', '직무수행요건 작성', '직업기초능력 선별'의 4가지에 대해 설명하고 Worksheet를 제시하였다.

　4가지의 작업은 개발하고자 하는 직무의 SME가 주축을 이루어야 하며, 다양한 아이디어 도출, 내용의 질적 향상을 위해 최소 3명 이상의 SME가 모여 토론하고 결과물을 도출하도록 하는 것을 잊지 말아야 한다.

　이러한 결과물이 도출되면, 이제는 채용담당자로서 위의 내용을 직무설명자료 양식에 정성껏 담아 결과물을 만들어 지원자가 볼 수 있도록 채용공고문에 함께 게재하면 된다. 하지만 게재 전에 위의 내용을 작성했던 SME에게 직무설명자료를 공유하고 내용을 확인받아야 한다. 이러한 과정은 직무설명자료의 질적 향상 측면과 SME에게 동기를 부여하는 기회가 될 수 있기 때문이다.

제4부

평가도구의
개발

Chapter 1. 블라인드 입사지원서의 구성요소 및 평가
Chapter 2. 자기소개서 항목의 개발 및 평가
Chapter 3. 필기전형에서 직무수행능력 평가문항의
           개발
Chapter 4. 면접전형의 이해와 평가과제 개발
Chapter 5. 면접관 교육(평가자 교육)

Chapter 1
블라인드 입사지원서의 구성요소 및 평가

입사지원서(Job Application Letter)란 인사담당자 입장에서 채용 단계에서 선발할 지원자에 대해 1차적인 정보를 얻는 평가도구라고 할 수 있다. 입사지원서는 지원자를 포괄적으로 이해하기 위한 기초자료로서 면접을 위한 서류전형에서 가장 중요한 서류이며, 구성능력으로 사고력 측정, 성장환경으로 조직사회에서의 적응력 파악, 지원동기, 학습경험, 자격 및 면허, 경험 및 경력 등을 통해 장래성을 파악할 수 있다.

신입사원의 입사지원서는 지원하는 분야, 직무, 경력사항, 자격면허, 지원 분야와 연관된 활동 등으로 구성되며, 경력사원의 입사지원서는 신입사원 입사지원서에 덧붙여 이전 회사의 업무, 처우조건, 퇴직이유, 경력을 이용할 수 있는 분야 등 기재하는 항목을

좀 더 상세히 구성할 수 있다.[17]

블라인드 채용이 시행되기 이전에는 기관별로 상이하기는 하지만 일반적으로 입사지원서의 구성항목은 지원자 인적사항, 지원분야, 학력사항, 주요활동사항, 경력사항, 병역사항, 신체, 자격면허, 가족사항 등이었다.

그러나 블라인드 채용에서는 지원자 간의 선입견이나 차별적 요소를 배제하고 직무능력을 평가하기 위해 서류전형 단계에서 직무와 관련한 교육사항, 자격사항, 경험 및 경력사항 등을 평가할 수 있는 입사지원서와, 자기소개서, 포트폴리오 등이 있다.

[표 4-1] 서류전형에서의 평가도구 및 내용

평가도구	내용
입사지원서	• 평가의 목적으로 직무관련 사항을 기재하도록 요청하는 지원서 • 인적사항, 교육사항, 경력사항, 자격사항, 기타 직무관련 사항
자기소개서	• 기업의 핵심가치, 인재상과 관련된 사항을 확인할 수 있게 구체적으로 설계된 지원자 소개서
경험기술서	• 입사지원서에 기재한 경험(보수를 받지 않은)사항을 보다 상세히 기술하는 기술서 • 직무와 관련하여 경험한 내용을 기술
경력기술서	• 입사지원서에 기재한 경력(보수를 받은)사항을 보다 상세히 기술하는 기술서 • 직무와 관련된 업무수행 경력을 기술
포트폴리오	• 지원자가 보유한 특정 직무역량을 확인할 수 있는 대표적 산출물 • 논문, 홈페이지, 디자인 시안, 음원 등

---

[17] 좋은 인재의 선발을 위해 입사지원서는 신입사원용과 경력사원용으로 나누어 작성하는 것이 좋다. 지원자의 경력 유무에 따라 작성항목이 달라지기 때문이다.

주로 입사지원서에는 '인적사항, 교육사항, 자격사항 및 직무관련 사항'이 포함되며, 자기소개서는 인재상과 직업기초능력, 조직의 핵심가치로 구성되어 있다. 그리고 경험/경력기술서는 직무와 관련된 업무수행 경력과 경험을 살펴볼 수 있어서 많은 기관들이 입사지원서에 적용하고 있다.

기업은 필요에 따라 다양한 블라인드 입사지원서를 활용할 수 있는데. 그 중 '공공기관 표준 입사지원서'를 기반으로 입사지원서 항목을 구성할 수 있다. 아래에 있는 공공기관 표준 입사지원서를 그대로 활용하거나 필요에 따라 직무관련 항목의 추가적인 구성이 가능하다.

[그림 4-1] 공공기관 표준 입사지원서

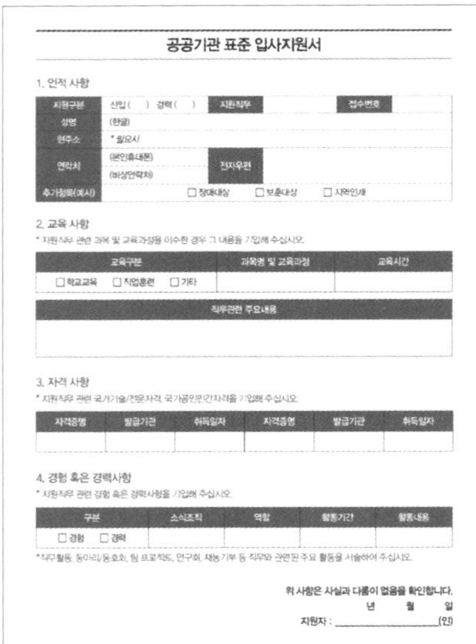

공공기관 표준 입사지원서

1. 인적 사항

지원구분	신입 (　) 경력 (　)	지원직무		접수번호	
성명	(한글)				
현주소	* 필요시				
연락처	(본인휴대폰)	전자우편			
	(비상연락처)				
추가항목(예시)		☐ 장애대상	☐ 보훈대상	☐ 지역인재	

2. 교육 사항

* 지원직무 관련 과목 및 교육과정을 이수한 경우 그 내용을 기입해 주십시오.

교육구분	과목명 및 교육과정	교육시간
☐ 학교교육 ☐ 직업훈련 ☐ 기타		

직무관련 주요내용

3. 자격 사항

* 지원직무 관련 국가기술/전문자격, 국가공인민간자격을 기입해 주십시오.

자격증명	발급기관	취득일자	자격증명	발급기관	취득일자

4. 경험 혹은 경력사항

* 지원직무 관련 경험 혹은 경력사항을 기입해 주십시오.

구분	소속조직	역할	활동기간	활동내용
☐ 경험 ☐ 경력				

*직무활동, 동아리/동호회, 팀 프로젝트, 연구회, 재능기부 등 직무와 관련된 주요 활동을 서술하여 주십시오.

위 사항은 사실과 다름이 없음을 확인합니다.

년 월 일

지원자 : ______________(인)

출처 : 블라인드 채용 가이드북(고용노동부, 한국산업인력공단, 대한상공회의소/2017)

입사지원서의 구성에는 목적과 이유가 있다. 입사지원서 항목은 직무관련 정보들(직무명세서, 업무분장표)을 기반으로 채용직무의 필수요건 및 선발요건(지식, 기술, 태도)을 반영해 설계하며, 관련 부서의 수요에 따라 항목과 평가기준을 수정하여 확정하고, SME(Subject Matter Expert: 주제/직무 전문가)를 통해 타당성을 검증한다.

블라인드 채용은 직무설명자료를 기반으로 유기적으로 연결되어 있다. 이는 기관의 측면에서 조직 적응이나 직무수행과 관련하여 맞춤형 인재를 선발하기 위함이며, 직무수행능력을 평가하기 위해 수행준거를 바탕으로 지식, 기술, 태도, 직업기초능력 등을 구체화, 세분화하였기 때문이다.

[표 4-2] 입사지원서 개발 프로세스

단계	프로세스	내용
1단계	입사지원서 항목 도출 및 초안 개발	• 채용 직무의 내용, 고용형태(정규·계약), 경력구분(신입·경력) 등의 사항을 검토 • 반드시 수집해야 할 최소한의 인적사항 구성 • 직무관련 정보들(직무명세서, 업무분장표 등)을 기반으로 채용 직무의 필수 요건 및 선발 요건 설계 • 직무 특성에 따라 포트폴리오 첨부 양식 개발
2단계	입사지원서 항목 타당성 검증	• 입사지원서 초안의 적절성 검토 위해 채용 직무관련 SME 의견 수렴 • 관련 부서의 요구에 따라 항목과 평가기준을 수정·확정
3단계	입사지원서 평가기준 설계	• 입사지원서 항목과 직무수행 간 관련성 분석 • 편견 및 차별 유발 요소 검토 및 제외 • 주요 항목별 가중치 도출 • SME를 통한 타당성 검증
4단계	입사지원서 최종본 개발	• 입사지원서 최종본 확정

블라인드 채용에서의 서류전형은 채용절차 진행을 위한 최소 인적사항(성명, e-Mail, 휴대전화 등 연락처)만을 수집하고 서류전형 평가를 실시하지 않으며, 최소 요건을 충족한 모든 지원자 전원을 다음 전형 대상자로 선정하는 무서류 전형과는 다르다.

즉, 입사지원서와 자기소개서에 불합리한 차별을 유발할 수 있는 항목(출신지, 가족관계, 사진, 성별, 연령, 학력, 출신학교 등)을 요구하지 않고 직무관련 사항만을 평가하는 방식이다. 또 실제 평가에 있어 구체적인 평가기준을 수립하고 평가자들에 대한 교육을 실시하여 공정한 평가가 이루어지는 것이 중요하다.

직무기술서와 연계하여 블라인드 채용 입사지원서의 각 항목들을 설명하면 먼저, 직무기술서상의 지식을 묻는 교육훈련사항의 경우 채용직무와 관련된 지식, 기술 등을 지원자들에게 작성하게

[표 4-3] 서류전형 평가 프로세스

평가 프로세스	내용
지원자격 확인	• 채용 모집 시 공고한 지원자격 요건의 충족 여부를 확인 • 지원자가 입력한 내용의 중복이나 기입 오류가 없는지 검토
정량적 평가	• 지원서 항목별 평가기준(평가요소, 점수기준, 가중치 등)을 설계하여 정량적 수치에 의해 평가
정성적 평가	• 자기소개서, 경력기술서 등에 대해 정성적으로 평가
가점부여 및 지원자 순위도출	• 채용 관련 법규·지침에서 규정하는 우대사항을 확인, 가점 부여 • 가점이 포함된 결과를 활용하여 지원자에게 순위를 부여
평가결과 검토	• 서류전형에서 제출된 서류 내용의 사실 여부를 검토한 후, 이상이 없으면 결과를 확정
전형 결과 발표	• 결과 확정 후 전형결과를 메일, 문자 등의 수단으로 안내

제1부

제2부

제3부

제4부

제5부

제6부

부록

끔 하며, 표준형, 지식/기술 항목 구분형, 세부분야 수준형으로 작
성양식을 구분하여 평가할 수 있다.

직무기술서의 기술에 해당하는 자격사항의 경우 직무수행에 필
수적인 자격을 기재하게 하는 것으로 이때 자격증은 '표준, 필수자

[그림 4-2] 블라인드 채용 입사지원서의 교육사항 작성양식 예시

표준

교육사항

* 지원직무 관련 과목 및 교육과정을 이수한 경우 그 내용을 기입해 주십시오.

교육구분	과목명 및 교육과정	교육시간
☐ 학교교육 ☐ 직업훈련 ☐ 기타		

▼

지식/기술 항목을 구분하여 작성

교육사항

* (컴퓨터공학)과 관련된 과목 및 교육과정을 이수한 경우 그 내용을 기입해 주십시오.

교육구분	과목명 및 교육과정	교육시간	성적
☐ 학교교육 ☐ 직업훈련 ☐ 기타			

▼

세부분야에 대한 수준을 직접 응답

교육사항

* 아래 분야에 대한 본인의 지식/기술 수준을 상/중/하/없음 중 하나에 체크해주십시오.

분야	상	중	하	없음
컴퓨터 프로그래밍	☐	☐	☐	☐
컴퓨터 하드웨어	☐	☐	☐	☐
컴퓨터 운영체제	☐	☐	☐	☐
컴퓨터 네트워크	☐	☐	☐	☐

* 위 분야와 관련된 과목 및 교육과정을 이수한 경우 그 내용을 기입해 주십시오.

교육구분	과목명 및 교육과정	교육시간	성적
☐ 학교교육 ☐ 직업훈련 ☐ 기타			

격, 제시형, 필수자격 및 직무관련 자격 제시형'으로 나눠지며, 사전에 정해 놓은 자격 여부를 확인하여 공통/기술, 전문으로 분류하여 점수를 부여하는 방식이 일반적이다.

[그림 4-3] 블라인드 채용 입사지원서의 자격사항 작성양식 예시

표준

자격사항

* 지원직무 관련 국가기술/전문자격, 국가공인민간자격을 기입해 주십시오.

자격증명	발급기관	취득일자	자격증명	발급기관	취득일자

필수자격 제시

자격사항

* 아래 자격목록에 제시된 자격증 중 보유하고 있는 자격증을 아래에 기입해 주십시오.

필수자격

정보처리기능사
정보처리기사
정보처리산업기사

자격증명	발급기관	취득일자	자격증명	발급기관	취득일자

필수자격 및 직무관련 자격 제시

자격사항

* 아래 자격목록에 제시된 자격증 중 보유하고 있는 자격증을 아래에 기입해 주십시오.

필수자격			관련자격		
정보처리기능사 정보처리기사 정보처리산업기사			임베디드SW개발 전문가 컴퓨터 프로그래머 1급 컴퓨터 프로그래머 2급 SW기술능력검정시험(TOSTEC)		

자격증명	발급기관	취득일자	자격증명	발급기관	취득일자

* 그 외, 지원직무 관련 국가기술/전문자격, 국가공인민간자격을 기입해 주십시오.

자격증명	발급기관	취득일자	자격증명	발급기관	취득일자

직무기술서의 기술, 태도를 평가할 수 있는 경험 및 경력사항은 지원자의 구체적인 세부 직무 내용을 확인하기 위해 대다수의 기관들이 활용하고 있다. 최근 경험/경력사항은 직무 관련성에 따라서 나눠지며, 서류 및 면접에서 평가하기 위해 지원자들에게 상세하게 작성하도록 요구하고 있다.[18]

직무기술서상의 태도, 직업기초능력, 인재상 등을 평가할 수 있는 자기소개서 문항은 직무기술서를 기반으로 기관의 필요 역량에 부합하는 지원자의 역량을 검증하기 위한 도구이다. 자기소개서 문항은 직무수행능력과 직업기초능력 모두를 평가할 수 있으며 직무기술서상의 직무수행 내용을 기반으로 개발하는 것이 바람직하다.

서류전형 평가 척도 및 기준을 예를 들면 교육사항, 자격증을 정량적으로 평가할 수 있는데, 교육사항의 기재 여부 및 개수, 자격증의 경우 우대사항을 적용하여 관련 직무에 대한 해당 자격증 취득 여부와 자격증 개수를 가점사항으로 반영할 수 있으며, 경험 및 경력 기술서와 자기소개서 항목에 대한 정성적 평가를 시행할 수 있다.

서류전형의 평가는 일반적으로 정량적 평가와 정성적 평가를 합산하는 방식으로 진행한다. 먼저 정량적 평가는 사전에 정해진 방법과 규칙에 따라 계산해 기관별로 기본가중치(직무 특성상 각 항

---

[18] 경험은 일정한 임금 없이 직무와 관련된 활동을 했던 내용으로, 지원자의 학습경험 혹은 과거 학교나 다른 조직 생활에서의 역할, 활동내용 등을 작성하게 한다. 경력은 조직에 소속되어 일정한 임금을 받으면서 일했던 내용으로 구체적으로 직무영역, 활동/경험/수행내용, 본인의 역할 및 구체적 행동, 주요성과 등을 작성하게 하면 된다.

목이 모두 동일한 중요도를 가지고 있다고 판단된 경우)와 변별가 중치(직무 특성상 일부 평가항목이 상대적으로 중요하다고 판단된 경우)로 구분하여 가중치를 부여하고 있다. 그리고 정성적 평가는 자기소개서, 경험 및 경력 기술서, 포트폴리오 등 정량적 평가가 곤란한 서술적 정보에 대해 회사에서 정해 놓은 기준과 척도에 따라 작성 여부를 평가한다.

아래 서류전형 예시의 경우 경력사항이 반영되지 않은 신입 일반직에 적용될 수 있는 사례로, 첫번째의 경우 어느 하나의 항목에 의해 평가결과에 절대적 영향을 미치지 않게 하고 각각의 점수 합계로 지원자들간 결과 역전이 가능하도록 배점을 부여한 것이다. 즉 학교교육은 부족하나 직업교육, 자격증, 자기소개서 점수가 우수한 경우 높은 점수를 받을 수 있도록 배점한 것으로, 이 경우 학교교육 점수만 높다고 하여 서류전형을 통과할 수는 없다.

그 다음의 경우 경력사항을 반영하지 않은 신입 기술직의 경우로 학교교육에 대한 비중을 줄이고 직업교육과 자격증의 배점을

[표 4-4] 신입 일반직(경력 미포함) 서류전형 예시

사례1.

학교교육	직업교육	자격증	자소서	기타우대
40%	20%	20%	20%	10%

사례2.

학교교육	직업교육 (16시간 이상)	자격증 (협의)	자소서	기타우대
20%	30%	30%	20%	10%

늘린 경우인데, 사례2의 경우 기술직임을 감안한 것으로 이해할 수 있으며, 채용대상 직무의 특성을 반영하여 배점을 구성할 수 있다는 사례를 보여준 것이다.

아래 개인별 서류전형 평가표 예시는 위에서 설명한 배점기준을 가지고 실제 서류전형 평가표를 작성해 본 것이다. 평가기준은 서류전형에서 실질적으로 평가할 항목을 적은 것이고, 평가내용은 지원자가 입사지원서에 기재한 내용에 대해 어떻게 평가할 것인지에 대한 내용을 작성해 본 것이다. 인사담당자로서 아래 평가표를 활용하여 자사에 맞는 평가표를 작성, 활용해 보길 바란다.

[표 4-5] 개인별 서류전형 평가표 예시

평가기준	평가내용	점수
가. 학교교육(30점)	▪ 직무관련 교육과목 인정여부 합산 (인정 과목당 3점)/최대 30점 * 과목명검토+내용검토 * 교육과목 인정여부 참고	
나. 직업교육(20점)	▪ 직무관련 직업교육과목 인정여부 합산 (인정 과목당 2점)/최대 20점 * 과목명검토+내용검토 * 담당업무와 직무기술서의 세분류, 능력단위와 매칭 * 16시간 이상, 증빙가능 교육에 한해 인정	
다. 자격증(20점)	▪ 분야별 자격기준 배점/최대 20점 * 별첨2. 분야별 자격배점 기준표	
라. 경력사항(30점)	▪ 직무관련 경력사항 인정여부 합산 * 담당업무 키워드 검토 * 3개월 이상 인정 5점(최대 1.5년) * 담당업무와 직무기술서의 세분류, 능력단위와 매칭 * 인정된 경력의 합산으로 배점 　예) 경영기획 업무 1.5년=30점 　예) 경영기획 업무 2년=30점	
합계(100점)		점

Chapter 2
자기소개서 항목의
개발 및 평가

　블라인드 채용에서 입사지원서의 자기소개서는 단순히 지원자의 일대기를 기술하게 하는 것이 아니라 지원동기(조직, 직무) 및 조직적합성, 직업기초능력 등 신입직원의 직무역량을 평가하기 위한 질문문항으로 구성된다. 최근에는 지원자가 작성한 자기소개서는 평가기준을 통한 평가와 더불어 면접에서 지원자에 대한 이해 자료로 활용하기 위한 질문문항으로도 개발한다.

　일반적으로 자기소개서는 단일질문 방식(Single Question Method)과 다중질문 방식(Multiple Question Method)이 있으며, 어떤 방법을 선택하든 기업의 선발기준과 관련하여 적합한지를 판단할 수 있는 보다 구체적인 정보를 수집할 수 있도록 질문개발이 이루어져야 한다.

[그림 4-4] 자기소개서 문항 및 평가기준 개발, 활용

자기소개서 문항개발	자기소개서 평가기준 개발	자기소개서 평가/활용
자기소개서 평가요소 도출 • 지원동기(조직/직무) • 조직적합성(핵심가치/인재상) • 직무적합성(직무역량)	**평가지표 개발** • 평가의 타당성을 향상시키기 위해 각 질문별로 평가지표를 개발함. • ex)팀워크 　– 자신의 역할에 충실할 뿐만 아니라, 그 이상의 역할을 수행함. 　– 조직 구성원들의 적극적인 참여와 협조를 독려함.	**자기소개서 평가** • 평가자 간 일치도를 향상시키기 위해 아래와 같은 방안을 수립 　– 철저한 평가자 훈련/OT 실시 　– 평가자 간 중복 평정 　– 불일치하는 평정 결과에 대한 세밀한 조정
질문 문항 개발 • 다양한 질문 방식 　– 질문나열식 　– 대표질문식 • 평가요소와 관련된 질문 • 대부분의 지원자들이 응답할 수 있는 질문 • 평가 가능한 질문	**평점기준 개발** • 평가의 일관성을 향상시키기 위해 척도별 평점기준을 개발함. • ex) 4점(뛰어난 수준) 　평가지표를 모두 충족하지만 그 수준이 다소 부족함. • ex) 타사 지원서를 복사하여 지원회사명이 잘못 기술된 경우 최저점	**자기소개서 활용(면접)** • 역량면접 단계에서 지원자가 작성한 FACT를 중심으로 추가 질문을 할 수 있음. • 최종면접(예:임원면접) 단계에서 지원자의 지원동기 및 조직적합성에 대해 추가 질문을 할 수 있다.

자료: 고용노동부·산업인력공단(2015), 『NCS 기반의 능력중심채용 가이드북』

　단일질문 방식은 평가하고자 하는 역량이 잘 발휘되었던 과거의 경험을 묻는 하나의 주질문(Main Question) 형태로 제시한다. 단일질문 방식의 장점은 지원서 양식을 설계하고 답변을 관리하기 편리하며, 단점은 지원자들의 자의적 해석으로 인해 질문의 의도와 다른 답변이 나타날 수 있다는 것이다.

　다중질문 방식은 평가하고자 하는 역량이 잘 발휘되었던 과거의 경험을 묻는 주질문과 탐색질문(Probing Question)의 형태로 제시한다. 탐색질문은 경험행동면접에서 사용하는 STAR기법과 동일하여 주질문에서는 평가하고자 하는 역량 여부에 대해 물으며 이후 어떠한 상황이었느냐(Situation), 해야 할 일들은 어떤 것이

있었느냐(Task), 그래서 지원자가 실제 수행한 행동은 무엇이었느냐(Action), 결과는 어떠했느냐(Result)를 기술하도록 한다. 다중 질문 방식의 장점은 원하는 정보를 구체적으로 수집할 수 있고 채점하기 편리하며, 단점은 지원서 설계와 답변의 관리가 복잡하다는 것이다.

자기소개서 항목의 경우 신입사원 선발기준으로 선정된 역량 이외에 지원동기 및 조직적합성에 대한 질문을 추가하여, 문항을 개발할 수 있으며, 항목을 개발한 이후에는 평가를 위하여 자기소개서 평가자 교육 가이드를 제작하여, 외부전문가를 활용한 평가를 하거나 내부직원들을 평가자로 활용할 수 있다.

평가자 교육 가이드의 내용으로는 자기소개서 평가의 기본 방향, 평가항목에 대한 수준별 배점 기준, 낮은 점수의 착안 포인트, 역량의 평가기준으로 스토리의 적절성, 행동품질, 작성 형식, 평가 역량별 수준의 기준 등이다.

그럼 지금부터는 실제 자기소개서 문항을 어떻게 개발하는지에 대해 사례를 들어 설명하고자 한다. 먼저 자기소개서 문항을 개발하는 목적은 지원자에 대해 평가를 하기 위한 것임을 분명히 해야한다. 평가를 하기 위해서는 사전에 평가체계를 갖춰야 한다. 평가체계란 평가요소를 선정하고 평가요소에 대한 정의, 주요행동 및 행동관찰내용, 평가기준 등을 개발하는 것을 말한다.

평가요소란 자기소개서를 통한 평가요소가 무엇인지를 말하는 것으로 앞서 잠깐 언급했던 조직적합성 예를 들면 인재상이나 핵심가치 등이 있을 수 있으며, 직무적합성, 조직이나 직무 차원에서의 지원동기, 직무기술서상의 직업기초능력 등이 될 수 있다.

평가요소가 선정된 이후에는 문항을 개발해야 하는데, 이때 주의해야 할 것은 평가요소와 관련되어야 하며, 지원자들이 응답할 수 있어야 하며 평가자들이 평가할 수 있어야 한다는 것이다.

자기소개서의 문항구조는 면접의 질문구조와 동일하다는 것도 중요하다. 물론 자기소개서의 질문구조가 면접의 질문구조와 100% 똑같지 않을 수도 있지만 지원자를 평가하는 방법으로 경험면접과 상황면접의 질문방식을 사용할 수 있다는 의미이다.

즉, 평가요소와 관련하여 "~와 관련된 지원자의 최근 경험이나 사례를 기술하시오." 또는 "~한 상황에서 지원자가 취해야 할 행동(또는 취하지 말아야 할 행동)은 무엇이며, 그 이유를 기술하시오." 등의 질문방식을 활용하는 것이다.

먼저, 고객지향이라는 평가요소를 선정하였다면 고객지향의 정의를 만들어야 한다. 예를 들어 고객지향이란 "고객에게 최상의 가치를 제공하기 위해 노력하며, 내부/외부 고객의 기대사항 및 요구에 부합하는 태도와 실행력을 보이면서 공정하게 업무처리를 한다."

그 다음 고객 최우선, 고객 요구 파악, 고객에게 최상의 가치 제공 등의 고객지향과 관련된 주요 행동을 선정하고 주요 행동을 평가할 수 있는 행동관찰 내용을 개발한다. 예를 들어 고객 최우선의 행동관찰 내용으로 "고객을 존중하고, 고객의 입장에서 생각하며 고객을 모든 행동의 최우선으로 생각한다."이며, 고객 요구 파악의 경우 "고객의 요구사항을 적극적으로 경청하고, 고객의 요구와 기대를 정확하게 파악한다.", 그리고 고객에게 최상의 가치 제공은 "고객에게 최상의 가치를 제공하기 위해 적극적으로 노력한다." 등이다.

이에 대한 구체적인 평가(행동) 포인트를 개발하는 것이 바람직한데, 구체적인 예로 "고객의 입장에서 생각하려는 노력의 정도", "고객의 요구사항에 대한 적극적 경청 행동", "고객의 요구와 기대를 정확하게 파악하려는 행동 증거", "추가적인 고객 요구와 기대를 파악하려는 행동", 지원자가 제공한 서비스에 대한 고객 만족도", "사례에서 지원자 행동의 적극성과 능동성 정도" 등이 있다.

평가와 관련해서는 이상의 내용을 가지고 실제 평가자가 평가에 활용할 수 있게 만들어야 하는데, 아래 표는 평가요소와 관련된 지원자의 행동수준을 다섯 가지 수준으로 분류해 놓은 것이다.

그리고 실제 평가를 하는 과정에서 평가자가 활용할 수 있는 평가기준이나 확인사항(Check Point), 자기소개서 평가의 기본방향이나 낮은 점수의 착안 Point 등을 평가자에게 제시함으로써 평가의 신뢰성과 타당성을 높일 수 있을 것이다.

[표 4-6] 입사지원서의 자기소개서 평가 Frame

Level 1.	Level 2.	Level 3.	Level 4.	Level 5.
역량이 없다는 증거가 매우 강함	역량이 없다는 증거가 강함	역량이 있다는 증거가 일부 존재함	역량이 있다는 증거가 강함	역량이 있다는 증거가 매우 강함

[표 4-7] 입사지원서 자기소개서 평가기준 및 확인사항 예시

평가기준	확인사항(Check Point)
Story 적절성	작성한 스토리가 제시한 주제에 적절한 사례이었는가? 실천의 난이도가 높은 사례이었는가?
Story 행동품질	실제 본인의 역할 및 행동이 맞는 사례인가?(사실성/진정성) 실제 본인의 역할 및 행동이 성과에 결정적이었는가?(기여도) 실제 본인의 역할 및 행동의 강도가 높은 수준이었는가?(몰입도)
Story 작성형식	행동의 서술이 구체적인가? 구성이나 작성 흐름이 양호한가? 용어나 형식이 적절한가?

[표 4-8] 자기소개서 평가의 기본방향 및 낮은 점수 착안의 Point

자기소개서 평가의 기본 방향	낮은 점수 착안의 Point
• 제시하는 역량과 질문에 부합하는 사례를 서술한 것인가? • 서술하는 상황이나 행동의 강도가 높은 수준인가? • 본인의 행동을 구체적으로 진실되게 적었는가? • 실제 성과에 연계된 행동특성인가? • 서술하는 형식이나 흐름이 우수한가 등	• 단순 단어 반복, 노래 가사 등은 기본적으로 0점 처리 • 원론적 내용이나 평범한 행동의 서술 • 행동의 구체적 서술보다 일반적 표현으로 일관하는 내용 • 제시 방향과 무관한 엉뚱한 상황이나 사례 • 제시하는 역량의 행동이 아닌 것의 강조 • 동일 내용의 반복 • 구체적이지 못한 진술 • 문맥에 맞지 않는 내용 • 다른 회사의 자기소개서를 복사한 흔적 • 막연한 의역과 성실함만을 강조 등

이상의 내용을 종합적으로 정리해 보면, 자기소개서의 항목을 아래 다섯 가지로 선정하였을 경우 총 100점 만점 기준으로 각각의 평가요소별 20점을 배점하여 자기소개서 평가표를 구성할 수 있으며, 다시 각각의 평가요소별 지원자의 수준으로 구분하여 수준별 점수를 정하여 평가할 수 있다.

[표 4-9] 자기소개서 평가요소별 평가표 구성 예시

합계	조직적합도	직무적합도	의사소통능력	문제해결능력	정보능력
100점	20점	20점	20점	20점	20점

[표 4-10] 평가요소별 평가(행동) 수준별 배점 예시

0점	8점 이하	9~11점	12~14점	15~17점	18~20점
자격미달	Level 1.	Level 2.	Level 3.	Level 4.	Level 5.

* 평가항목별 20점, 총 5개 평가항목의 합계로 개인별 자기소개서 평가점수 결정

이상의 내용을 실제 자소서 평가에 활용할 수 있도록 종합적으로 정리해 보면 아래 표와 같다.

[표 4-11] 자기소개서 활용 평가표 예시

※ 아래 기준에 따라 1~20점 부여 또는 불합격 처리

평가기준	점수
역량이 있다는 증거가 매우 강함	18~20
역량이 있다는 증거가 강함	15~17
역량이 있다는 증거가 일부 존재함	12~14
역량이 없다는 증거가 강함	9~11
역량이 없다는 증거가 매우 강함 - 타사 지원서 복사 - 질문과 전혀 무관한 내용 기술 - 300byte(150자) 미만 작성자	~8
문항 간 내용복사, 자기소개서 문항 중 1개 문항이라도 내용이 없거나 특정기호만 표기, 자기소개서 질문 복사, 노래가사 기재, 키워드만 작성 등 평가가 불가능한 경우	자격미달

세부 평가기준

* 각 문항별로 평가하여 점수 부여
* 자격미달을 1차로 걸렀으나, 평가대상자 중 발견되면 불합격처리
* 1점 대상자는 타사지원서/무관한 내용/300바이트 미만으로 사유기재
* 자기소개서 직업기초능력 항목의 작성 충실도 및 내용 적합성을 기준으로 판단
* 총 5문항으로 문항별 각 20점씩, 총 100점 만점

제1부
제2부
제3부
제4부
제5부
제6부
부록

Chapter 3
필기전형에서 직무수행능력
평가문항의 개발

필기전형이란 채용직무에서 필요한 직무능력을 지필형태로 평가하는 과정으로 능력중심 채용 혹은 블라인드 채용에서 반드시 필기전형을 포함시켜야 하는 것은 아니며, 채용형태, 설계, 일정, 비용 등을 고려하여 기업(기관)에서 판단하여 실시한다. 필기전형은 모든 지원자를 편견 없이 공정하게 평가할 수 있는 블라인드 채용 방법 중 하나이다.

신규로 필기시험 문항을 개발하거나, 기존 문항을 활용하는 경우에는 채용직무 수행에 필요한 직무능력을 제대로 측정할 수 있는지 검토하여 보완 필요가 있으며, 필기전형이 확정되면 채용 공고문에 필기시험 개요, 평가과목 등을 공지하여 지원자들이 사전에 준비할 수 있도록 해야 한다.

기업과 공공기관 신입직원 선발을 위한 필기시험은 인성검사, 직무적성검사, 직업기초능력검사, 직무수행능력 평가(전공, 외국어, 논술 등) 등이 대표적 유형이다. 일반적으로 민간기업은 인성검사, 직무적성검사, 직무수행능력 평가를 주로 실시하며, 공공기관의 경우 인성검사, 직업기초능력검사, 직무수행능력 평가를 주로 실시하고 있다.

필기전형에는 직무능력을 평가할 수 있는 다양한 도구들이 존재하며, 인사담당자는 평가할 직무능력에 맞는 평가도구를 선택하여 필기전형에 적용, 직무능력 평가의 공정성 확보에 중점을 두어야 한다. 이를 위해서는 사전에 평가과목과 평가요소 등을 공개하는 것이 중요하고, 다양한 평가과목 중에는 최대한 중복적인 성격의 필기전형은 지양하는 것이 바람직하다.

검사 위탁기관을 선택할 경우 다음 사항에 유의해야 한다.

- 검사의 타당성 : 적용하려는 검사가 평가하려는 직무능력을 정확히 측정하는가?
- 시행기관의 전문성 : 해당 기관은 검사 시행과 평가에 있어 전문성이 있는가?
- 시행기관의 경험 : 해당 기관은 채용 장면에서 충분한 실적(Reference)을 갖고 있는가?

NCS 필기전형은 기존의 필기전형(인적성검사, 전공지식평가)과는 달리 NCS에 기반하여 평가문항이 개발되며, 실제 업무에 필요한 능력을 측정할 수 있도록 개발해야 한다. NCS필기전형과 기존

제1부

제2부

제3부

제4부

제5부

제6부

부록

필기전형과의 차별성을 살펴보면 기존 필기시험의 경우 직군·직무에 따른 평가요소 구분이 없으며, 인지능력(잠재력) 중심 평가, 속도(Speed) 중심 검사, 탈 맥락적 문제 상황 및 자료(소설, 수필 등) 등이라 할 수 있으며, 이에 대한 개선사항으로 다양한 맥락(Context)의 실제 직무 환경 상황을 고려하여 개발해야 한다는 것이다.

NCS필기전형의 특징 및 장점으로 첫번째, 직무에 필요한 능력을 평가하며 평가능력은 직무수행능력과 직업기초능력으로 구성된다. 두번째, 개연성 측면에서 직무상황이나 조건을 제시한다. 세번째, 행동증거를 요구한다. 이는 '아는 것' 이상의 주어진 상황에서의 조치를 요구하는 것이다. 마지막으로 타당도가 높다. 즉, 평가 결과와 실제 직무 간의 연계성이 높다고 할 수 있다.

아래 그림은 필기전형에 대해 평가영역 설계부터 시행 전까지의 과정을 단계별로 설명한 것이다. 현실적으로 대부분의 필기시험 문항 개발은 보안 문제로 인해 조직 내부에서의 자체개발은 거의 이뤄지지 않고 있다. 주로 위에서 언급했던 검사 위탁기관이 수행하는데 따라서 인사담당자는 아래 그림의 진행과정에서 전체적인 과정과 각 단계별 내용에서 담당자로서 확인할 사항들을 주의 깊게 보면 될 것이다.

필기전형의 결과평가에 대해서는 점수산출방식과 어떻게 결과를 활용할 것인가의 결과적용방식에 대해 설명하겠다. 먼저 필기전형 결과를 점수화하는 방식인 점수산출방식으로는 절대점수 산출방식과 규준점수 산출방식이 있다. 절대점수 산출방식은 필기

[그림 4-5] 필기전형 프로세스

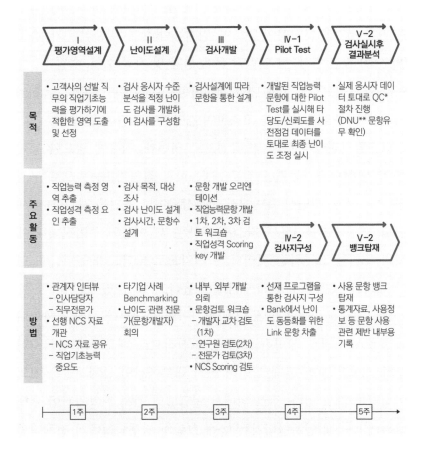

* QC(Quality Control) : 품질관리
** DNU(Do Not Use)문항 : 사용하지 않은 문항

시험의 결과를 정답과 오답의 개수로 단순 산출하는 것인데, 예를 들면 전체 50문항 중 30개가 맞고 20개가 틀린 답이라면 이 경우 100만점으로 산출하면 60점이 되는 방식이다.

또한 평가결과에 대한 지원자간 수준 비교가 용이하도록 규준점

수(Normative Score)를 부여하는 방식이 있다. 이러한 방식은 앞선 지원자가 받은 60점이 전체 지원자에서 어느 정도의 수준인지를 알아보는 데 용이하다. 예를 들면 필기시험의 문제가 난이도가 높아 지원자들의 전체적인 점수가 낮을 경우 60점을 받았더라도 상위 10% 안에 위치할 수 있으며, 반면 난이도가 매우 낮아 평균이 높을 경우 하위 10%에 위치할 수 있는 것이다.

필기시험 전형에 대한 결과적용방식은 기업의 상황에 따라 다양한 방법으로 활용되지만, 일반적으로는 단계별 허들식 방법을 주로 사용한다. 예를 들어 인성검사의 경우 정답이 없으므로 인성검사 자체만으로는 지원자에 대한 능력을 절대적으로 평가하기 어려우므로, 검사에 대한 응답신뢰도[19]가 일정수준 이하이거나 기준등급 미만인 지원자를 탈락(Screen-Out)시키고, 정답이 있는 직무적성검사, 직업기초능력평가, 직무지식검사의 순위로 필기전형 합격자를 선정(Select-In)하는 것을 말한다.

단계별 허들방식의 예를 들면 아래와 같다.

(Step1) 인성검사에 부적합 판정을 받은 인원을 선별

(Step2) 직무적성검사, 직업기초능력평가, 직무지식검사의 순위로
　　　　필기전형 합격자를 선정

---

[19] 응답신뢰도란 지원자가 검사지 문항에 대해 성실하게 응답했는지를 측정하는 것으로 일관성 척도와 거짓말 척도가 있다. 일관성 척도는 동일한 문항에 동일한 응답을 하였는가에 대한 것이며, 거짓말 척도는 '사회적 바람직성'에 대한 것으로 누구나 그렇게 응답을 한다면 거짓말을 한 것으로 생각되는 문항에 응답한 것을 말한다. 예를 들면 "나는 태어나서 지금까지 거짓말을 한 적이 한 번도 없다.", "나는 태어나서 지금까지 친구와의 약속을 한번도 어긴 적이 없다." 등이다.

[그림 4-6] 검사결과 활용 가이드

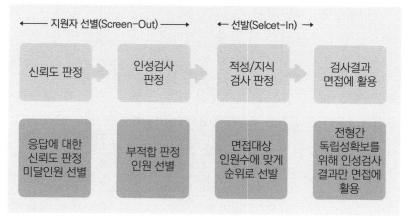

※ 선별(Screen-Out) : 기준에 미달되는 지원자를 탈락시키는 방식
※ 선발(Select-In) : 더 역량 있는 지원자를 선발하는 방식

　신입직원 선발과정에서 기존 필기전형은 지원자들의 기본적인 자질 확인 및 채용의 공정을 유지하는 데 중요한 역할을 하며, NCS기반의 능력중심채용에서는 지원직무와 관련된 지식 및 기술, 태도를 평가할 수 있는 직무수행능력 평가와 직무수행의 기본이 되는 직업기초능력을 평가하게 되며, 인성검사를 필기시험에 포함시켜 운영의 효율성을 높일 수도 있다.

　직무수행능력 평가는 기존 언어, 자료해석, 수리에 대한 인지능력에 대한 평가에서 직무상황에 대한 실질적인 문제해결능력을 평가하는 것이 바람직한데, 실제 직무환경은 다양한 맥락이 존재하고 아는 지식의 양보다는, 맥락적(Context) 상황을 어떻게 해석하여 적용하는가에 따라 성과가 결정되기 때문이다.

　따라서 직무에 필요한 능력(의사소통, 수리, 자원관리 등)을 영역으로 구조화하여 직무상황이나 조건을 제시하여 '아는가'에 그치지 않고 주어진 상황에서의 '조치(말, 행동 등)'를 요구함으로써 평가에서 얻어진 결과와 실제 직무간의 연계성을 높이는 데 그 목적이 있다.

대부분의 직원선발 과정에서 보편적으로 사용되고 있는 적성검사와의 차이점을 구별해 보자면, 먼저, 학문적 소양이 아닌 직무수행에 요구되는 능력을 평가한다는 점 둘째, 직무와 유사한 형태의 과제를 제시하고 문제의 답을 찾는 것이 아닌 직무를 해결하는 능력을 요구한다는 점 셋째, 지식을 아는가에서 한 단계 발전하여 아는 지식을 이용해서 성과나 결과를 만들어 낼 수 있는가를 평가한다는 점 넷째, 자신이 보유한 지식을 상황과 맥락에 따라 선별적으로 사용할 수 있는가를 평가한다는 점 마지막으로 기존 인·적성검사에서는 다루어지지 않았으나 직무수행에 매우 필요한 자원 관리, 조직이해 등의 능력을 포함한다는 점이 있을 수 있다.

문항개발의 원칙은 탈맥락적이고 추상적인 지식평가를 지양하고, 무엇을 아는가보다는 직무를 수행할 수 있는지를 평가하는 데 초점을 맞춰야 하며 부분적으로는 개별 직업기초능력을 각각 구성, 여러 능력들을 묶어서 평가(Cross-sectional Approach)할 수 있어야 한다.

문항의 개발방법은 먼저 옳고 그름 등 판단의 객관적 기준이 존재하거나, 의사소통, 수리 등의 인지적인 능력 평가에 적합한 정답형이 있으며, 조직규범이나 가치에 따라 평가기준이 가변적일 수 있으며, 인성, 조직 적응 등의 능력 평가에 적합한 상황판단형이 있다.

  형태에 따라서는 4지, 5지 선다 등의 선택형, OX형, 서술형 답변, 자기 보고식 척도(예, 자신의 생각이나 신념 등을 반영하여 주어진 척도 위의 한 가지를 선택하는 리커트 척도(Likert Scale) 또는 다양한 행동 대안 중 자신의 생각이나 신념과 가장 유사한 것을 선택하는 입사티브(Ipsative) 방식 등이 있다.) 등이 있을 수 있으며, 반드시 어떠한 형태로 개발해야 한다는 능력별 전형의 유형화는 없으며, NCS 직업기초능력에 대한 필기문항을 개발할 경우 직무수행능력을 가장 잘 예측할 수 있는, 기관의 특성에 가장 잘 부합하는 유형을 선택하는 것이 중요하다.

제1부

제2부

제3부

제4부

제5부

제6부

부록

Chapter 4
면접전형의 이해와
평가과제 개발

면접(Interview)은 '서로 대면하여 만난다.'라는 의미로 직원을 채용하는 여러 전형단계에서 맨 마지막 단계이다. 이전의 서류전형이나 필기전형의 많은 평가도구들이 지원자들을 배제시키거나 탈락(Screen-Out)시키는 것이라면 면접은 지원자를 최종 선발(Select-In)하는 평가도구라고 할 수 있다.

직원의 채용과정에서 가장 일반적인 면접방식은 면접관과 지원자가 서로 얼굴을 맞대고 진행하는 구술면접이다. 구술면접은 면접 대상이 몇 명인가에 따라서 개별면접과 집단면접으로 나누어 볼 수도 있고, 면접이 얼마나 깊이 있게 이루어졌는가에 따라서 심층면접과 일반면접으로 나누어 볼 수도 있다. 또한 질문 제시방식에 따라서 구조화 면접과 비구조화 면접, 그리고 그 중간의 반구조

[그림 4-7] 구조화에 따른 구술면접의 구분

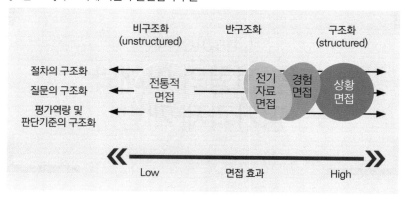

화 면접으로 나누어 볼 수 있다.

구조화 면접은 미리 준비한 질문 리스트의 순서대로 차례차례 질문을 해 나가는 것을 말하며, 일반적으로 구조화 면접이 비구조화 면접에 비해 평가 타당도 및 공정성 면에서 우수하다. 비구조화 면접은 면접관이 질문 내용들을 머리 속에 간직한 채 대화형식으로 질문을 해 나가는 방식이다. 즉 한 가지 질문을 던짐으로써 대화를 시작하고, 답변에 따라 그와 관련된 질문을 추가해 나가며, 필요에 따라 면접관의 의견을 제시하기도 하는 등 가능한 한 보통 대화에 가깝게 진행한다.

이러한 비구조화 면접은 가장 이상적이지만 전문 면접관이 아니면 실시하기 어려우며 분석시간이 많이 걸리므로 반구조화 면접을 실시하는 경우가 많다. 반구조화 면접에서는 미리 준비한 질문리스트를 사용하되 답변내용에 따라서 필요한 질문을 추가하고, 질문순서를 바꾸기도 한다.

제1부

제2부

제3부

제4부

제5부

제6부

부록

[표 4-12] 구조화 면접과 비구조화 면접

특징	비구조화면접	구조화면접
방법	• 평가할 직무능력(역량), 질문이 정해져 있지 않고 면접관이 자유로운 방식으로 진행하는 면접 방식	• 사전에 평가하고자 하는 직무능력(역량), 질문, 절차, 평가기준이 정해져 있는 면접 방식
면접관 역량	• 자유롭게 질문하고 평가	• 정해진 질문과 평가기준을 통해 평가
대표적 유형	• 전통적 면접	• 경험, 상황, 발표, 토론면접 등
장·단점	• 면접위원의 재량에 따라 면접의 공정성 및 타당도에 차이가 발생	• 평가 공정성이 높음 • 타당도가 높음

한 연구에 따르면 인재를 가장 잘 선발할 수 기준은 일반적 지적 능력(예를 들면 IQ)과 구조화된 면접이었다. 그러나 이런 면접은 면접관의 직감과 경험보다는 데이터에 의존하기 때문에 기존의 면접과는 약간 거리가 멀다고 할 수 있다.

사회심리학자인 리처드 니스벳(Richard E. Nisbett)은 일부 면접관들이 자신이 면접으로 다른 자료들보다 더 정확하게 유능한 인재를 뽑을 수 있다고 믿는 것에 대하여 '면접의 환상(Interview Illusion)'이며, 심리적 오류의 일부라고 지적했다. 조직의 발전과 성장을 위한다면 면접관의 직관에 의존하는 면접보다는 각종 조사를 통해 정리한 구조화된 면접을 제한적으로 사용하는 것이 더 효과적일 것이다.

위에서 설명한 구술면접의 질문 제시방식에 따른 구조화 면접과 비구조화 면접, 그리고 그 중간의 반구조화 면접으로 구분하였는데 이외에 경험면접과 상황면접으로 나누어 볼 수 있다. 경험면접은 과거행동면접(BEI, Behavioral Event Interview)라고도 하며 인간의 행동은 반복적이며 재현 가능하기 때문에 과거의 행동을 통해 미래의 행동을 예측할 수 있다는 전제로 지원자의 과거 경험이나 사례를 물어 행동을 관찰하고 평가하는 면접기법이다.

상황면접(SI, Situational Judgement Interview)이란 가상의 직무상황을 지원자에게 제시하고, 그 상황에서 어떻게 행동할 것인지를 질문함으로써 행동의 의도를 관찰하여 평가하는 면접을 말한다. 지원자가 향후 업무수행 과정에서 직면할 수 있는 특정 상황에서 어떻게 행동할 것인지에 대해 질문함으로써 면접관은 지원자의 행동의도를 파악할 수 있으며, 지원자의 직무행동을 예측, 평가하는 면접기법인 것이다. 예를 들어 "상사의 독단적인 리더십 스타일로 인해 갈등을 겪게 된다면 어떻게 대처할 것인지 말씀해 주십시오."라고 묻는 방식이다.

구술면접 이외에 시뮬레이션(Simulation) 면접이 있는데, 지원자에게 직무와 유사한 상황, 예를 들면 기획서를 발표한다든가, 어떤 안건을 가지고 회의를 한다든가, 거래처 직원과 협상을 한다든가 또는 이런 여러 상황들을 혼합한다든가 등을 지원자에게 제시하여 그러한 상황에서 지원자가 어떻게 행동하는가를 관찰하여 평가하는 것이다. 대표적인 시뮬레이션 면접으로는 발표면접(PresenTation), 그룹토의(Group Discussion), 역할연기(Role Play), 서류함기법(In-Basket) 등이 있다. 구술면접과 시뮬레이션 면접은 각 면접방식의 특성과 비용 및 운영 측면을 고려하여 면접기법을 선택하면 된다.

이상에서 설명한 면접들은 면접관이 지원자에게 질의하거나 지원자의 발표와 토론 등에서의 행동을 관찰하여 조직 및 직무적합성을 평가하는 방식이며, 이를 통해 심층적인 질의응답 또는 지원자 간 상호작용을 통하여 직무수행에 필요한 인성적, 직무수행 차원의 역량을 검증하는 것이다.

면접전형의 평가요소(기준) 도출 시 유의사항은 첫째, 면접 시 평가해야 하는 요소들은 직무와 관련되어야 하며, 서류전형, 필기전형 등 면접 외 전형에서 평가한 요소들을 고려하여 결정해야 한다. 둘째, 서류전형 또는 필기전형에서 평가가 이루어진 항목일지라도 중요한 평가요소로 판단되는 경우, 면접전형에서 반복 측정이 필요하다. 셋째, 면접의 특성상 제한 시간에 지원자들을 평가해야 하므로 지나치게 많은 평가요소들을 평가하기보다는 소수의 평

[표 4-13] 구술면접과 시뮬레이션 면접 비교

구분	구술면접	시뮬레이션면접
방법	• 질의 응답을 통해 개인의 성격, 태도, 동기, 가치 등의 특성을 평가	• 과제를 부여한 후, 지원자들이 과제를 수행하는 과정과 결과를 관찰하여 평가
면접위원 역할	• 해당 역량이 드러날 수 있는 적절한 시작(Main) 질문과 심층화(Probing) 질문을 하여 평가	• 평가하고자 하는 역량을 판단할 수 있는 행동들을 정확히 관찰, 기록하고 평가
대표적 유형	• 경험면접, 상황면접 등	• 발표면접, 토론면접, 역할연기, 서류함기법(In-Basket) 등
장점	• 개인의 다양한 인성과 능력평가에 적합	• 개인의 능력적 요소를 평가하는 데 적합

가요소들을 심층적으로 평가하는 것이 바람직하다. 넷째, 면접 시 시간대비 평가요소들이 많은 경우, 이들 요소들 중 상대적 중요도가 높은 요소를 선정하여 진행하는 것이 효과적이다.

면접전형의 결과를 산정하는 방식으로 합산방식과 과락방식이 있다. 먼저 합산방식은 지원자들의 평가점수를 평가요소별 및 평가기법별로 가중 또는 단순 합산하여 상위 점수를 받은 순서에 따라 합격자를 결정하는 것이다. 예를 들면 경험면접의 점수와 발표면접의 점수를 합산 또는 1차 실무진 면접 점수와 2차 임원 면접 점수의 합산하는 방식이며, 이러한 합산방식은 다수의 지원자들 중 소수의 합격자를 선발해야 할 때 주로 활용한다.

과락방식은 지원자들의 평가점수 중 평가요소별 또는 평가기법별 최소 기준을 충족하지 못하는 경우 불합격시키는 방식으로, 예를 들면 평가하는 요소가 다섯 개인 경우 그 중 두 개에서 기준 점수 미만이면 과락시키는 방식이다. 과락방식은 지원자가 최종 합격인원 대비 많지 않은 경우에 주로 활용한다.

지금부터는 앞에서 설명했던 다양한 면접도구를 어떻게 개발하고 운영하는지에 대해 설명하기로 한다. 먼저 경험면접 또는 과거행동면접(BEI, Behavioral Event Interview)은 사람들은 일관되게 행동하며(성격), 이러한 특성은 쉽게 변하지 않으며, 반복되는 재현성을 가지고 있다. 즉 과거의 행동은 미래의 행동을 타당하게 예측할 수 있다는 전제를 가지고 있다.

경험면접의 질문 내용은 평가요소와 관련하여 지원자가 과거에

[그림 4-8] 경험면접의 평가준거

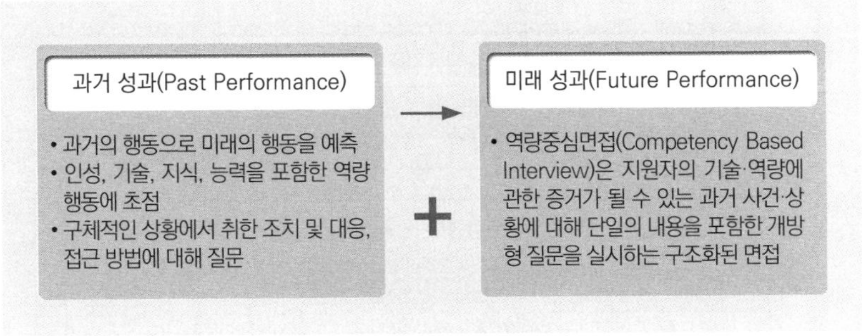

과거 성과(Past Performance)
• 과거의 행동으로 미래의 행동을 예측
• 인성, 기술, 지식, 능력을 포함한 역량 행동에 초점
• 구체적인 상황에서 취한 조치 및 대응, 접근 방법에 대해 질문

미래 성과(Future Performance)
• 역량중심면접(Competency Based Interview)은 지원자의 기술·역량에 관한 증거가 될 수 있는 과거 사건·상황에 대해 단일의 내용을 포함한 개방형 질문을 실시하는 구조화된 면접

수행했던 내용들을 중심으로 질문을 하게 되는 것으로, 일반적인 경험면접 질문의 예를 들면 지원자의 "(평가요소)와 관련된 최근의 경험이나 사례를 말씀해 주시기 바랍니다."라는 형식을 갖는다.

경험면접의 질문 및 판단기준에 대한 개발의 과정은 먼저 평가하고자 하는 역량 및 행동지표를 개발하고, 평가요소와 관련된 과거의 경험이나 사례를 중심으로 질문 및 추가 질문을 개발하며, 이를 평가할 수 있는 평가지표를 개발하는 것이다. 세부적인 내용은 아래 그림을 참고하길 바란다.

참고로 면접질문을 개발하는 경우, 평가영역과 관련된 능력단위요소의 수행준거(Performance Criteria)을 먼저 정리하고, 이 중에서 입사 후 실제 업무에서 활용할 수행준거를 선택하여 질문을 개발하는 데 활용할 수 있다. 자세한 내용은 아래 표를 참고하길 바란다.

[그림 4-9] 경험면접 질문 및 평가기준 개발의 과정

역량 및 행동지표 만들기

• 역량 및 행동지표를 확인하여, 질문을 통해 평가하고자 하는 행동지표를 설정함

면접 질문 만들기

• "...했던 때를 회상해 보고 말씀해...", "...상황에 대해 말씀해..."
• "...했던 사례를 들어 말씀해..."
  – 학교 공부 외에 개인적으로 무언가를 성취한 경험이 있으면 말씀해 주십시오.
  – 어떤 목표를 세우고 이를 달성하기 위해 노력했던 경험이 있으면 이야기해 주십시오.
  – 학교 공부 외에 개인적인 성취경험을 가지고 있다.
  – 어떤 과제를 수행할 때 높은 목표를 세우고, 이를 달성하기 위해 노력한다.
  – 장기적인 성취목표를 세우고 이를 달성하기 위해 노력한다.

추가 질문 만들기

• 평가하고자 한 행동지표들을 확인할 수 있는 추가 질문을 만듦
  (필요하면, STAR-FACT 기법을 활용함)
  – 학교 어떤 목표였습니까?
  – 그 목표를 달성하기 위해 어떤 노력을 했습니까?
  – 어려움을 어떻게 극복하였습니까?

평가지표 만들기

• 평가하고자 한 행동지표가 해당 질문을 통해 드러날 수 있는지를 확인하여, 평가지표를 확정함.

선정된 수행준거로 실제 사용할 면접질문의 개발은 아래의 표와 같이 개발하면 된다.

※ 단, 경력직인 경우는 "~을 해 본 경험이나 사례가 있습니까?"와 같은 형태의 질문이 가능하지만, 직무경험이 없는 신입사원 채용 시에는 능력단위요소별 수행준거를 구현할 수 있는 지식, 기술, 태도를 면접의 평가요소로만 활용할 수 있음.

[표 4-14] 수행준거(Performance Criteria)를 활용한 면접문항 Pool 선정 예시

평가영역		평가문항(수행준거)	
예산 관리	예산소요 파악하기	• 예산의 목적에 따라 사업별 소요예산을 파악할 수 있다.	실제 면접에 활용할 평가문항 정리하기
	예산 조정· 편성하기	• 부서의 예산관리 목표치에 따라 부서별 항목별 금액을 협의·조정할 수 있다.	
	예산계획대비 실적 분석하기	• 예산 계획에 따라 책정된 예산 금액을 올바르게 사용하였는지를 확인할 수 있다.	
경영 실적 분석	점검 계획 수립하기	• 경영계획에 따른 사업핵심 활동에 대한 성과측정 기준을 수립할 수 있다.	
	경영실적 측정하기	• 다양한 수집원을 통해 경영실적 측정을 위한 기초자료를 수집할 수 있다.	
	경영실적 분석하기	• 실적 비교에 의해 차이가 발생한 지표에 대해서는 발생 원인을 규명할 수 있다.	
	경영실적 피드백하기	• 계획 대비 실적 차이가 발생한 지표에 대해 개선방향을 도출할 수 있다.	

[표 4-15] 수행준거를 활용한 면접질문 개발

평가 영역	평가문항	면접질문
예산 관리	• 예산의 목적에 따라 사업별 소요예산을 파악할 수 있다.	• 최근에 어떠한 목표 달성을 위해 필요한 예산을 파악해 본 적이 있습니까? 어떠한 경우였습니까?
	• 부서의 예산관리 목표치에 따라 부서별 항목별 금액을 협의·조정할 수 있다.	
	• 예산 계획에 따라 책정된 예산 금액을 올바르게 사용하였는지를 확인 할 수 있다.	
경영 실적 분석	• 경영계획에 따른 사업핵심 활동에 대한 성과측정 기준을 수립할 수 있다.	
	• 다양한 수집원을 통해 경영실적 측정을 위한 기초자료를 수집할 수 있다.	
	• 실적 비교에 의해 차이가 발생한 지표에 대해서는 발생 원인을 규명할 수 있다.	
	• 계획 대비 실적차이가 발생한 지표에 대해 개선방향을 도출할 수 있다.	

[그림 4-10] STAR기법을 활용한 심층(Probing)질문 예시

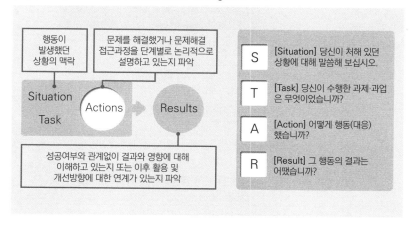

경험면접에서 면접관의 질문에 대한 지원자의 답변 내용이 평가하기에 미흡할 경우 추가적인 질문을 통해 지원자의 답변 내용을 구체화시킬 수 있다. 대표적인 방법으로 STAR 기법을 활용한 심층(Probing) 질문으로 지원자에게 답변과 관련하여 그 당시의 상황(Situation), 해야 할 과제나 업무(Task), 실제 지원자가 한 행동(Action), 행동의 결과(Result)를 순서대로 묻는 형식이다. STAR기법은 지원자 답변에 대해 세부내용에 대한 질문을 추가함으로써 평가역량과 관련한 지원자의 행동을 보다 더 정확하게 평가할 수 있다.

또한 STAR 기법 이외에 경험면접에서 지원자에 대한 추가질문을 할 수 있는데, 그에 대한 예시는 아래 표와 같다.

경험면접에서 STAR기법과 함께 지원자에 대해 자극(Prompting) 질문을 하는 FACT 기법이 있다. FACT란 무엇을 느꼈는가(Feelings), 무엇을 하였는가(Actions), 어떤 상황이었는가(Contexts), 무엇을

[표 4-16] 경험면접 평가에서 추가질문에 대한 예시

구분	평가문항	면접질문
자원 관리 능력	• 업무수행에 필요한 시간, 자본, 시설, 인적자원이 얼마나 필요한지를 확인하고, 이용 가능한 자원을 최대한 수집하여 실제업무에 어떻게 활용할 것인지를 계획하고 할당할 수 있다.	• 지원자가 달성하고자 하는 목표와 관련하여 시간, 자본, 시설, 인적자원을 계획하여 달성한 경험이 있습니까? • 자원을 배분하고 관리하는 데 중요하게 고려한 것은 어떤 것이 있습니까? • 어떻게 자원을 배분하고 관리하셨습니까? • 결과는 어떠했습니까?
정보 능력	• 업무와 관련된 정보를 수집, 분석, 조직, 관리, 활용하는 데 있어 컴퓨터를 사용할 수 있다. 업무와 관련된 정보를 수집하고, 이를 분석하여 의미 있는 정보를 찾아내며, 의미 있는 정보를 업무수행에 적절하도록 조직하고, 조직된 정보를 관리하며, 업무수행에 이러한 정보를 활용할 수 있다.	• 학업이나 프로젝트를 수행하면서 정보를 어떠한 방식으로 수집하셨나요? • 수집한 정보는 어떠한 방식으로 활용하셨나요? • 가장 효과적으로 필요한 정보를 얻고 활용한 사례를 말씀해 주시기 바랍니다.

생각하였는가(Thoughts)에 대한 내용으로 지원자 답변이 모호하고 애매하여 진위 여부에 대해 불확실한 경우 FACT에 대한 추가질문으로 지원자 답변에 대한 구체성을 파악할 수 있다.

상황면접(SI, Situational Judgement Interview)이란 사람들의

[표 4-17] FACT의 내용과 원칙

FACT의 내용	FACT의 원칙

• Feelings(무엇을 느꼈습니까?)
 	
• Actions(무엇을 하셨습니까?)
 	
• Contexts(어떤 상황이었습니까?)
 	
• Thoughts(무엇을 생각하셨습니까?)
	• '왜'라는 질문은 금물
	  – '무엇'/'어떤'이라는 질문 사용
	  – '왜'라고 질문할 경우 사람들은 자신의 실제 행동과 상관없이 옳다고 생각하는 것을 말하려 하게 됨.
	
	• 과거 시제로 질문
	  – 실제 했던 행동에 대한 답을 얻어야 함.
	    (felt, did, said, thought)

행동은 상황에 대한 인식과 행동의도를 통해 잘 예측된다는 전제 하에 지원자에게 상황을 제시하고 지원자의 판단, 판단의 이유, 행

[그림 4-11] 상황면접(SI, Situational Judgement Interview) 기법

행동의도
Behavioral
Intention

Behavioral Intention
Predicts Behavior

실제 행동
Actual
Behavior

[표 4-18] 상황면접의 질문과 스킬

주질문	상황 인식	• 현재의 상황을 어떻게 이해하셨습니까? • 현재 상황이 어떤 문제가 있다고 생각합니까? • 현재의 상황에 어떤 이해관계자들이 관련되어 있다고 생각합니까? • 이러한 상황이 왜 발생했다고 생각합니까?
	상황 판단	• 현재의 상황에서 가장 심각한 문제가 무엇이라고 생각합니까? • 가장 우선적으로 무엇을 하겠습니까? • 가장 중요하게 고려한 요소는 무엇입니까? • 어떤 결과가 나타날 것이라고 생각합니까? • 어떤 영향을 미칠 것이라고 생각합니까?
	행동 의도	• 어떻게 말하겠습니까? • 어떻게 해결하시겠습니까? • 어떻게 대처하시겠습니까? • 어떻게 결정하시겠습니까?

추가 질문	**이유, 근거, 목적** 인식, 판단, 행동의도의 이유, 근거, 목적을 파악하는 데 초점을 두고 질문 • 그렇게 판단한 이유는? • 그러한 문제가 있다고 생각한 이유는? • 그러한 측면들을 고려한 이유는? • 그렇게 하려는 이유는?

제1부

제2부

제3부

제4부

제5부

제6부

부록

동의도 등을 질문하는 방식이다. 경험면접의 경우 경력사원에 적용하기가 좀 더 용이한 반면 상황면접은 지원자가 역량과 관련한 경험이 없을 경우 신입사원 채용에 유용하게 활용할 수 있는 면접기법이라고 할 수 있다.

지금까지 구술면접에서의 경험면접과 상황면접에 대해 설명했다. 구술면접은 말 그대로 면접관의 질문에 대한 지원자의 답변 내용을 가지고 행동을 관찰하여 평가하는 면접기법이며, 이하에서는 지원자의 행동을 직접 관찰하여 평가하는 시뮬레이션(Simulation) 면접에 대해 설명하고자 한다.

시뮬레이션(Simulation) 면접의 정의를 먼저 살펴보면 지원자가 장차 수행해야 할 실제 직무상황 및 조건을 반영한 가상의 문제 상황을 제시하고, 문제해결 과정에서 노출되는 행동이나 반응, 응답 등을 관찰, 기록하여, 문제해결 결과와 함께 종합적으로 지원자를 평가하도록 설계된 평가도구이다.

시뮬레이션 면접은 면접방식에 따라 개인작업, 대인작업, 집단

[그림 4-12] 시뮬레이션(Simulation) 면접의 구조

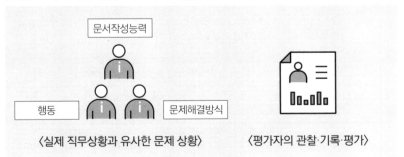

문서작성능력

행동

문제해결방식

〈실제 직무상황과 유사한 문제 상황〉   〈평가자의 관찰·기록·평가〉

작업으로 구분할 수 있다. 먼저 개인작업은 정보의 처리 및 분석, 최선의 문제해결 방안 작성, 의사결정 분석 및 발표 등 일반 사무 처리능력을 평가하는데 개인 서류함기법(In-Basket), 발표면접 (Presentation) 등을 예로 들 수 있다.

대인작업은 상사, 부하, 고객, 그 밖의 관계자와 의사소통, 문제 해결, 동기부여, 절충 등 대안 스킬을 평가하는 것으로 경험면접, 상황면접, 역할연기(Role-Play) 등이 있으며, 개인작업과 대인작 업 모두 개인이 수행하는 개인과제라는 특성을 갖는다.

집단작업은 회의, 위원회, 협상 등 집단 속에서 문제해결이나 과 제를 처리하고 적절한 의사소통 스킬을 발휘하여 시의적절한 의

[그림 4-13] 시뮬레이션(Simulation) 면접의 구분

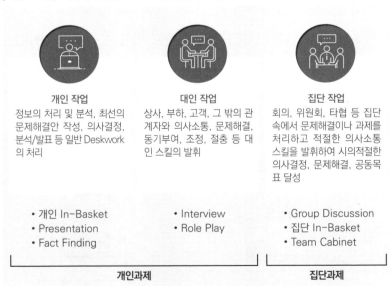

개인 작업
정보의 처리 및 분석, 최선의 문제해결안 작성, 의사결정, 분석/발표 등 일반 Deskwork 의 처리

대인 작업
상사, 부하, 고객, 그 밖의 관 계자와 의사소통, 문제해결, 동기부여, 조정, 절충 등 대 인 스킬의 발휘

집단 작업
회의, 위원회, 타협 등 집단 속에서 문제해결이나 과제를 처리하고 적절한 의사소통 스킬을 발휘하여 시의적절한 의사결정, 문제해결, 공동목 표 달성

- 개인 In-Basket
- Presentation
- Fact Finding

- Interview
- Role Play

- Group Discussion
- 집단 In-Basket
- Team Cabinet

개인과제

집단과제

사결정, 문제해결, 공동의 목표달성을 평가하는 것으로 그룹토의 (Group Discussion), 집단 서류함기법(Group In-Basket), 팀 캐비넷(Team Cabinet) 등이 있으며 여러 명이 동시에 과제를 수행한다는 특징이 있다.

여러 시뮬레이션 면접 중 대표적인 개인과제로는 개인 서류함기법(In-Basket), 역할연기(Role-Play), 발표면접(Presentation) 등이 있으며, 그 주요 내용과 특징은 다음과 같다. 먼저 개인 서류함기법(In-Basket)은 다양한 서류(메모, Mail, 문서 등)들에 제시된 문제들을 지원자들이 하나씩 해결하는 방식으로 실시되며, 지원자들은 짧은 시간 내에 여러 가지 문제들을 해결해야 한다. 소요시간은 60~90분 정도이며, 지원자의 업무관리 능력, 조직관리 능력 등의 평가에 적합하며 혼자서 하는 업무 수행역량 평가에 적합하다.

역할연기(Role-Play)는 일반적으로 1:1 또는 1:2 방식으로 진행되며, 면접관과 지원자는 각자가 사전에 부여받은 역할을 수행해야 하며, 평가자는 평가하고자 하는 역량이 잘 드러날 수 있도록 사전에 계획된 방식으로 지원자를 자극하고 역량 발휘를 유도해야 한다. 소요시간은 30~60분 정도이며, 지원자의 관계능력, 대인능력 등의 평가(부하육성, 코칭/멘토링, 협상력, 조정능력 등)와 상대방이 있는 업무수행 역량평가에 적합하다.

발표면접(Presentation)은 면접관에게 지원자가 구두로 보고하는 형식으로 지원자는 제시된 자료를 분석하여 자료에서의 문제발생 원인을 찾고 해결 방안을 제시하는 데 초점을 두는 면접방식이다. 소요시간은 30~60분 정도이며, 의사소통능력, 표현력, 창의성, 논리적 사고 등의 평가에 적합하며 문제해결 및 기획력이 요구되는 업무 역량 평가에도 적합하다.

여러 시뮬레이션(Simulation) 면접들 중 대표적인 집단 과제로는 집단 서류함기법(Group In-Basket), 팀 캐비넷(Team Cabinet), 그룹토의(Group Discussion) 등이 있으며, 그 주요 내용과 특징은 다음과 같다.

집단 서류함기법(Group In-Basket)은 집단(그룹)별로 특정 과제를 부여하고 그 상황 속에서 팀원들 간의 의사소통 및 공동작업, 상호작용을 통해 문제를 해결하게 하는 과제이다. 지원자들은 짧은 시간 동안에 많은 분량의 정보를 이해하고, 다양한 과제를 수행해야 한다. 면접관들은 지원자들의 상호작용을 관찰하여 역량을 평가해야 한다. 소요시간은 90~120분 정도이며, 공동작업에서의 상호작용을 평가하고 문제해결, 성과지향, 의사소통, 전략적 사고, 문제인식 및 해결, 협조성, 조정/통합, 리더십, 업무조직화 능력 등을 평가한다.

팀 캐비넷(Team Cabinet)은 집단(그룹)별로 특정 과제를 부여하고 그 상황 속에서 팀원들 간의 의사소통 및 공동작업, 상호작용을 통해 문제를 해결하도록 하는 과제이다. 지원자들은 (정보량은 적지만) 다양한 의견이 가능한 과제에 대해 상호 합의를 이루어야 한다. 과제수행의 결과와 함께 수행 과정에 대한 지원자 간 상호평가가 이루어진다. 소요시간은 60~90분 정도이며, 공동작업에서의 상호작용을 평가하는 데 적합(동료들 간의 평가 반영)하며, 문제해결, 적극적 경청, 표현력, 판단력, 분석력, 리더십 등의 역량을 평가한다.

그룹토의(Group Discussion)는 여러 명의 지원자들이 각자 또는 전체의 Mission을 달성하기 위하여 회의하는 방식으로 진행된다. 역할 있는 집단토론과 역할 없는 집단토론으로 구분할 수 있으며, 면접관들은 그룹토의의 진행자 또는 관찰자로 참여하면서 지원자의 역량을 평가한다. 소요시간은 30~60분 정도이며, 표현력, 적극적 경청, 논리적/합리적 판단력 등을 평가하며, 다른 사람들과의 상호작용이 요구되는 업무수행 역량을 평가하는 데 적합하다.

여기까지는 면접에 대한 이해 차원에서 신입사원 채용장면에서 사용하는 다양한 면접기법들을 소개했다. 지금부터는 이러한 면접

[그림 4-14] 그룹토의(GD)에서 역할에 의한 분류 예시

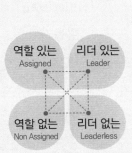

• 개개인에게 특정 역할 부여
  – 참가자 A: 마케팅 팀장
  – 참가자 B: 영업 팀장
  – 참가자 C: 생산 팀장

• 그룹으로 구분하여 역할 부여
  – 찬성 vs 반대
  – A팀 vs B팀 vs C팀

• 정해진 역할 없이 동등한 입장에서 같은 자료를 바탕으로 토의

역할 있는 Assigned | 리더 있는 Leader
역할 없는 Non Assigned | 리더 없는 Leaderless

• 의장 역할의 리더
  – 토의에 참여하여 결론 도출에 영향을 미침

• 사회자 역할의 리더
  – 의사결정에 관여하지 않고 토의 진행자의 역할 수행

• 리더없이 모든 참가자가 동등한 입장에서 토의 참여
  – 토의가 진행되면 자연스레 리더 등장

기법을 어떻게 개발하는가에 대해서 주요 면접기법을 위주로 설명하고자 한다.

우선 경험면접은 일반적으로 지원자의 역량에 관한 증거가 될 수 있는 과거의 사건이나 상황에 대해 단일의 내용을 포함한 개방형 질문을 실시하는 구조화된 면접으로 개발한다. 경험면접의 핵심은 개인의 과거 역량발휘 경험을 통해 미래의 역량발휘를 예측하는 것으로서, 개인의 성격, 특성은 행동을 결정하며, 사람은 쉽게 바뀌지 않는다는 철학적 명제에 근거한다. 따라서 과거의 행동은 미래의 행동을 타당하게 예측할 수 있다는 것이며, 면접의 질문내용은 과거에 수행했던 내용들을 중심으로 접근하게 된다.

경험면접의 주질문(Main Question)을 개발하는 과정은 먼저, 역량 및 행동지표를 확인하여, 질문을 통해 평가하고자 하는 행동지표를 설정하고, 행동지표와 밀접하게 관련된 역량 발현의 대표적인 행동 예를 만드는 것이다. 그 다음 과거의 경험이나 사례와 관련되어 면접질문을 만들고 STAR(Situation, Task, Action, Result) 기법을 활용하여 평가하고자 한 행동지표를 확인할 수 있는 추가질문을 만든다. 마지막으로 평가하고자 하는 행동지표가 해당 질문을 통해 드러날 수 있는지를 확인하여, 평가지표를 확정하는 것이다.

경험면접 주질문 개발 시 고려해야 할 요소들은 질문 자체는 명확하고 간결해야 하며, 오해의 소지가 있어서는 안 된다는 것이다. 질문의 의도가 분명해야 하며, 면접관 간에도 오해의 소지가 없도록 해야 한다.

하나의 질문은 하나의 역량에 초점을 두는 것을 원칙으로 한다. 또한 특별한 목적이 없다면 주질문만으로도 질문의 전체 의도가 파악될 수 있도록 한다.

주질문과 탐침질문은 개방형으로 작성한다. 하나의 주질문에 2~3개의 핵심적인 추가질문을 포함한다. 이때 추가질문은 STAR-FACT 기법을 참고하되, 지원자의 경험이 판단기준에 해당되는지를 파악할 수 있는 질문이어야 한다.

타당한 질문을 개발하기 위해서는 각각의 판단기준에서 뛰어난 사람과 그렇지 않은 사람을 잘 구분해 줄 수 있는 질문(과거경험)을 찾아내야 한다. 필요하다면 지원자가 현재 가지고 있는 가치, 신념, 태도를 물어볼 수도 있다. 단, 너무 화려하고 진실성이 없게 느껴질 때에는 관련된 경험을 함께 묻도록 한다. 단편적인 사실만을 묻거나, 너무 단기적인 상황만을 묻는 질문은 피해야 한다.

질문 개발 시에는 직접 지원자의 입장에서 질문에 대한 답변을 해보고 다음의 요소를 검토한다.

- 지원자들이 정상적 경험수준에서 답변이 가능한가?
- 지원자들의 다양한 답변이 가능한가?
- 판단기준이 적합한가?

평가지표는 평가하고자 하는 역량의 행동지표를 면접 질문(과제)을 통해 드러날 수 있는 구체적 행동들로 전환한 것을 의미하며, 개발의 원칙은 다음과 같다. 첫째, 역량모델의 행동지표를 구체화한다. 둘째, 구체적 행동지표를 평가지표로 전환한다. 이때 해당 면접

질문에서 평가하고자 하는 행동들이어야 하며, 지원자 수준에서 구체적 행동으로 드러날 수 있어야 한다. 또한 긍정적 행동지표와 부정적 행동지표를 별도로 개발하는 것이 바람직하며, 역량 보유수준에 의한 변산이 크게 나타나야 한다.

이상 구조화된 경험면접 개발의 원칙을 정리하면 첫째, 주질문의 일반성으로 주질문은 지원자들이 들었을 때 어렵지 않다고 느끼면서 다양한 응답이 나올 수 있도록 일반적이고 포괄적이어야 한다. 둘째, 주질문 및 탐침질문의 명확성으로 주질문과 탐침질문의 구성은 면접관 및 지원자 모두 쉽게 이해할수록 질문의 초점(Focus)이 명확해야 한다. 셋째, 탐침질문의 충분성으로 질문을 통해 판단하고자 한 행동특성을 충분히 평가할 수 있도록 탐침질문을 충분히 준비해야 한다. 넷째, 탐침 전개의 자연스러움으로 탐침질문의 전개를 자연스럽게 하여 전체 면접의 진행과정이 매끄럽고 효과적으로 진행될 수 있도록 해야 한다. 마지막으로 판단기준(Behavioral Anchor)의 구체성으로 판단기준을 명확히 하여 면접관들이 평가를 쉽게 할 수 있도록 한다.

다음 시뮬레이션 면접에서 대표적 집단과제로서 그룹토의(GD) 면접에 대한 개발방법을 살펴보면, 주제선정→과제설계→과제개발→판단기준의 절차를 거치는데, 일반적으로 주제선정에 있어서는 조직이나 기업의 특성을 파악하여, 해당 역량의 발휘가 요구되는 상황을 설정한다. 이후 해당 역량이 잘 드러날 수 있도록 과제구성 및 설계(Plot 및 Storyboard 개발)를 하고 일반적인 자료 수집을 통해 과제 자료구성 및 타당성을 검토한 후 최종적으로 각 과제에 맞는 역량별 판단기준을 개발한다.

그룹토의(GD) 과제 개발 시 고려 요소로는 첫째, 토론의 주제로 너무 잘 알려진 주제나 사회적으로 민감한 주제는 바람직하지 않다. 최근의 이슈라든가 너무 알려진 주제는 지원자들이 준비해 올 가능성이 크며, 윤리적 이슈 또는 정치적 이슈 등은 사회적 논란의 소지가 있다. 둘째, 토론의 과제가 단순히 '누가 더 좋은 아이디어를 산출하는가'로만 구성되어서는 안된다. 토론 과제는 반드시 갈등의 요소를 포함하고 있어야 한다. 셋째, 주어진 자료가 상황을 이해하고 문제를 해결하는 데 충분해야 하며, 개인의 기초적인 지식의 발휘를 요구할 수는 있으나, 불필요한 추측을 하도록 해서는 안된다. 반대로 자료제공을 하지 않거나 매우 부족할 경우, 지식에 의해 토론의 주도권이 영향을 받게 된다.

발표면접(PT) 과제도 그룹토의(GD) 과제와 마찬가지로 주제선

[그림 4-15] 그룹토의 과제의 운영구조 예시(6인 평가 시)

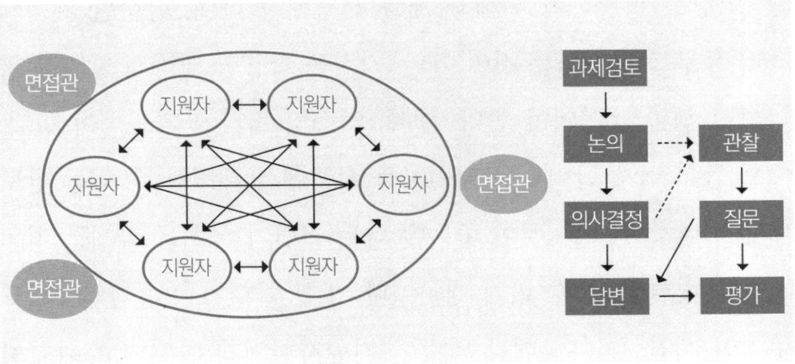

정→과제설계→과제개발→판단기준 개발의 절차를 거치는데, 일반적으로 주제선정에 있어서는 직군별 특성을 파악하여, 해당 역량의 발휘가 요구되는 상황들을 설정한다. 이후 해당 역량이 잘 드러날 수 있도록 과제구성 및 설계(Plot 및 Storyboard 개발)를 하고 현장에서의 자료 수집을 통해 과제자료 구성 및 타당성을 검토한 후 최종적으로 각 과제에 맞는 역량별 판단기준을 개발한다.

발표면접(PT) 과제는 해당 직무의 특성을 포함하되 다음과 같은 요소들을 고려하여 개발이 이루어져야 한다. 첫째, 사원 또는 대리급(3년차 이내)이 수행할 수 있는 과제로 선정해야 한다. 신입직원 선발은 보통 5년 이후까지 예측하는 데 목적이 있으며, 과장 이상에서 수행하는 과제는 난이도가 높거나 요구되는 역할이 다를 수 있다. 둘째, 지나치게 실무적인 과제는 피해야 한다. 경력직 선발과 구분하여 현업에 대한 경험이 없이는 이해하기 어렵거나 해결하기 어려운 과제는 피해야 한다. 셋째, 역량 발휘에 초점을 두어야 한다. 단순히 주어진 과제를 잘 해결하는지를 보려는 것이 아닌, 역량을 평가하기 위해 과제를 선정해야 하며, 단순한 지식의 과다 유무를 평가하는 것이 아닌, 지식을 활용한 역량의 발휘를 평가하기 위한 것이어야 한다. 넷째, 역량의 평가가 가능해야 한다. 예를 들어 과제 난이도는 지원자들 수준에서 해결할 수 있는 한도 내에서 다소 어려운 것이 좋은데 너무 어렵거나 쉬운 과제는 지원자들을 변별해 낼 수 없기 때문이다. 또한 발현가능성 측면에서도 주어진 시간 동안에 해당 역량이 지원자들에게 발현되고 관찰될 수 있어야 한다. 마지막으로 제공자료의 충분성으로 주어진 자료가 상황을 이해하고 문제를 해결하기에 충분해야 한다. 개인의 기초적인 지식의 발휘를 요구할 수는 있으나, 불필요한 추측을 하도

[그림 4-16] 발표면접에서 운영과제에 의한 분류 예시

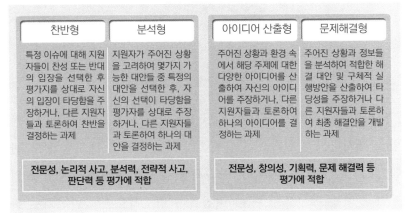

찬반형	분석형	아이디어 산출형	문제해결형
특정 이슈에 대해 지원자들이 찬성 또는 반대의 입장을 선택한 후, 평가지를 상대로 자신의 입장이 타당함을 주장하거나, 다른 지원자들과 토론하여 찬반을 결정하는 과제	지원자가 주어진 상황을 고려하여 몇가지 가능한 대안들 중 특정의 대안을 선택한 후, 자신의 선택이 타당함을 평가자를 상대로 주장하거나, 다른 지원자들과 토론하여 하나의 대안을 결정하는 과제	주어진 상황과 환경 속에서 해당 주제에 대한 다양한 아이디어를 산출하여 자신의 아이디어를 주장하거나, 다른 지원자들과 토론하여 하나의 아이디어를 결정하는 과제	주어진 상황과 정보들을 분석하여 적합한 해결 대안 및 구체적 실행방안을 산출하여 타당성을 주장하거나 다른 지원자들과 토론하여 최종 해결안을 개발하는 과제
전문성, 논리적 사고, 분석력, 전략적 사고, 판단력 등 평가에 적합		**전문성, 창의성, 기획력, 문제 해결력 등 평가에 적합**	

[표 4-19] 발표면접에서 준비방식에 의한 분류 예시

단기 준비형 (Self-contained Preparation)	• 지시와 준비, 발표, 관찰 및 평가가 짧은 기간 내에 동일한 장소에서 이루어지는 방법 – 평상시 지식, 순발력, 이해력 등을 평가하는 데 적합
장기 준비형 (Advanced - Preparation)	• 피평가자가 평가일로부터 며칠 또는 몇 주 전에 과제수행과 관련된 지시 또는 자료를 받고 준비하는 방법 – 보다 심도 깊은 전문성 및 문제 해결력을 평가하는 데 적합

[표 4-20] 발표면접에서 발표방식에 의한 분류 예시

발표자료 활용	• 발표시, PPT(빔프로젝트), OHP, 포스트잇, 화이트보드 등을 활용하여 발표토록 하는 방식 – 프리젠테이션 스킬을 평가할 수 있지만 시간 소요가 많음
발표자료 미활용	• 발표시 아무런 준비자료 없이, 본인이 작성한 발표노트를 활용해 발표하는 방식 – 평가하고자 하는 역량에 중점을 둘 수 있지만, 시간 소요가 적음

[그림 4-17] 발표면접 과제의 운영구조

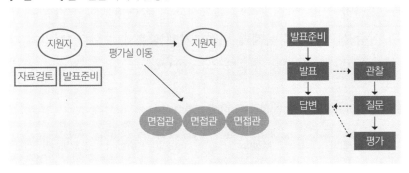

록 해서는 안되기 때문이다.

역할연기(Role-Play Interview)는 지원자에게 특정의 업무상황을 제시하고 지원자가 상황에 대처하는 행동과 태도를 보고 관찰, 평가하는 면접과제이다. 따라서 역할연기 면접에서는 항상 일정한 상황을 제시하게 되고, 면접관이 의도적으로 압박하기도 한다. 만약 화난 고객을 대응하는 상황이 제시되면, 면접관이 화난 고객역할을 하면서 피면접자의 반응 행동을 관찰하게 된다. 이러한 면접방식을 다른 말로 표현하면 시뮬레이션 면접(Interview Simulation)이라고도 하며, 상황면접(Situational Interview)이라고도 부른다.

다시 말하면 역할연기 면접에서는 지원자에게 가상의 갈등상황을 제시하며, 그 상황에 대처하고 문제를 해결하는 과정에서 관찰된 행동들을 가지고 역량을 평가하게 된다. 역할연기 면접에서 지원자는 낮은 성과, 잦은 결근, 타인과의 갈등 등과 같은 문제를 논의하기 위해 부하직원과 면담을 하는 감독자의 역할을 수행할 수

제1부
제2부
제3부
제4부
제5부
제6부
부록

도 있고, 공동의 프로젝트를 수행하기 위해 동료와 이슈를 논의하고 문제를 해결하고 관계자를 면담하는 프로젝트 리더 역할을 수행하기도 하며, 새로운 아이디어나 정보의 제공, 의사결정의 정당화 등을 목적으로 상사의 역할을 수행하기도 하고, 곤란한 고객을 다루어야 하는 고객서비스 부서원으로 역할을 수행하기도 한다. 이렇듯 각각의 제시 상황은 매우 다양하며 그 난이도 수준도 다양하다.

상황이 다양하기 때문에 역할연기 면접은 1:1 상황만 있는 것은 아니다. 두 당사자들의 분쟁을 조정하거나, 두 개의 부서가 이해관계가 얽혀 있을 경우에 부서장을 불러서 민감한 사안에 대해 조정, 통합을 해야 하는 경우와 같이 1:2 상황도 가능하다. 팀장으로서 부하직원들 간의 갈등을 중재하고 화해시켜야 할 경우도 있으며, 임원으로서 두 개의 부서 및 부처 간의 이해관계가 복잡하게 얽혀 있는 문제를 조정, 통합해야 하는 것이 좋은 예시이다. 이런 경우를 '1:2 역할연기 면접'이라고 한다.

역할연기 면접은 주로 업무적 혹은 대인적 차원의 갈등해결, 상대방에 대한 자문 및 조언, 의견 제시가 이루어지는 상황에 적합하므로 부하직원을 가진 관리자, 감독자의 선발이나, 신입사원의 경우 고객과 빈번한 접촉이 있는 영업 직무 등의 인력 선발에 적합하다.

역할연기 면접에서 측정하는 역량은 주로 갈등의 원인이 되는 문제를 해결하고 제시된 해결방안을 상대방에게 설득해야 하므로 갈등해결, 문제해결, 조정, 통합, 설득력과 같은 역량을 평가할 수 있다. 또한 갈등을 해결하기 위해서 상대방에 대한 이해도 필수적인 요소이므로 대인이해 및 고객 지향과 같은 역량도 평가할 수 있다.

역할연기 면접에서는 변별력을 높이기 위해 면접관이 흔히 압박 면접의 질문을 구사하는 경우가 보통이다. 면접관이 피면접자에게 의식적, 인공적으로 충격을 주어 긴장상태에서의 반응과 행동을 관찰한다. 즉 스트레스를 유도해 후보자가 긴장이나 불안한 상황에서 면접을 진행하기도 한다.

역할연기 면접에서는 면접관이 직접 역할연기도 하면서 지원자를 관찰하기도 하지만, 역할연기 수행만 전문적으로 하는 사람을 투입할 수도 있다. 역할연기 면접에서 중요한 점은 역할연기 수행자나 면접관이 피면접자 누구에게나 동일한 수준의 역할연기와 질문을 수행해야 한다.

그러기 위해서 역할 연기자는 특별한 훈련을 받아야 한다. 어떤 지원자에게는 낮은 강도의 불만 수준을 표출하고, 또 다른 지원자에게는 높은 수준의 불만을 표현한다면 면접 평가의 형평성에 문제가 생길 수도 있기 때문이다.

역할 연기자는 경우에 따라 전문 배우를 활용하는 경우가 있는데, 특히 고위급, 고위직에 선발될 지원자들을 평가할 때 투입하는 경우가 있다. 그 외의 경우에는 비용이나 효율성 측면에서 대부분 면접관이 역할연기를 하게 된다. 이때는 면접관이 역할연기를 하면서, 지원자의 행동을 관찰·기록하는 평가자의 역할까지 2중의 역할을 수행해야 하는데, 이 때문에 고도의 전문성이 필요하며 특별한 훈련을 받게 된다.

추가적으로 면접관이 일부러 지원자의 말꼬리를 잡기도 하고, 지원자를 비난하기도 하고, 고의로 약점이나 핸디캡 등을 들춰내는 압박면접을 역할연기 면접에 가미하게 되면, 면접관의 역할연기와 질문은 더욱 일관성이 요구된다.

따라서 역할연기 면접은 임기응변의 역할연기가 아니라, 고도로 구조화된 면접방식(Structured Interview)이어야 한다. 실제 면접에 임해서 면접관들이 명심해야 할 것은 면접 가이드의 지침을 명심보감처럼 절대적으로 고수해야 한다는 것이다.

면접 가이드에는 표준적인 질문만이 아니라, 돌발상황이나 지원자의 반응에 따른 압박 또는 예외적 대처요령에 대해서도 모두 제시되는 것이 원칙이다. 면접 가이드에 나와 있는 역할과 질문 내용을 모든 지원자에게 공통으로 적용해 오류를 최소화해야 한다. 그리고 의사소통이나 임기응변이 뛰어나 면접관을 능수능란하게 다루는 1%에 속하는 아주 고수의 예외적인 피면접자에게 현혹되지 않는 요령도 필요하다. 이와 같이 충실한 면접 가이드의 개발, 면접관 훈련이 상대적으로 중요한 면접이 역할연기 면접이다.

Chapter 5
면접관 교육(평가자 교육)

　블라인드 채용이 확대되면서 면접관 또는 평가자에 대한 교육의 수요도 증가하고 있다. 그리고 직무수행과 무관한 개인정보를 요구하거나 채용의 공정성을 침해하지 못하게 하는 개정 채용절차법의 적용 대상이 상시 30명 이상 근무 사업장으로 확대됨으로써 앞으로 블라인드 채용에 대한 면접관 교육의 수요는 기존 공공부문에서 민간으로 확대될 가능성이 클 것으로 예상된다.

　먼저 채용절차법 개정의 주요내용을 살펴보면, 구인자가 구직자에게 직무수행과 관련 없는 용모, 키, 체중, 출신지역, 혼인여부, 재산, 직계존비속과 형제자매의 학력, 직업, 재산에 관한 개인정보 요구를 금지하고 만약 수집이 금지된 개인정보를 요구할 경우 최대 500만원의 과태료를 부과할 수 있다.

다만 법에 적시된 사항 이외에 다른 개인정보를 요구할 수 있는데, 이력, 경력, 학력, 자격, 기술, 학교 내의 활동사항, 현재 거주지, 본인 확인을 위한 증명사진 등으로 이는 채용 여부를 결정하는데 기초적인 정보로 보기 때문이다. 부채는 원칙적으로 수집금지 대상이지만 금융 관련 업무에 종사할 직원을 채용할 때처럼 직무수행에 반드시 필요한 경우에는 신용정보조회 등을 통해 예외적으로 허용된다.

블라인드 채용과 관련된 면접관 교육에서 채용절차법 개정 시행에 대해 제일 먼저 언급하는 이유는 무엇일까? 그 이유는 처벌이 점점 강화될 것이고 결과적으로 채용절차법을 준수하지 않는 인사담당자와 회사의 입장이 곤란한 상황에 처할 수 있기 때문이다.

이미 2018년 4월부터 한국산업인력공단 NCS센터에서는 '블라인드 면접 신고센터'를 운영하고 있다. 면접관이 지원자에게 출신지, 가족관계, 출신학교 등에 대한 면접 질문을 하는 경우 또는 면접 시 개인정보 노출사례가 있는 등 블라인드 면접 위반 시 블라인드 면접 신고센터(NCS홈페이지, www.ncs.go.kr)에 신고할 수 있으며, 신고가 접수되면 해당 기관은 조사를 받고 해당되는 사항이 있다면 이에 대한 적절한 조치를 취해야만 한다. 따라서 블라인드 면접 시행 이전에는 면접관 교육에서 '평가자로서 교육'이 주요 내용이었지만 지금은 블라인드 면접 진행 과정에서의 면접관 유의사항과 같은 내용이 추가된 것이다.

즉, 채용절차법 그리고 블라인드 면접에서의 위반사항 등 면접

과정에서 지원자에 대한 개인신상에 대한 질문을 하지 말라는 내용을 사전에 면접관들에게 교육시키는 것으로 핵심적인 내용은 개인신상에 대해 물어서도 안되며 단서를 붙여 질문하면 안된다는 것이다. 단서를 붙인다는 것은 "여자로서 ~할 수 있겠습니까?", "키가 작아 보이는데 또는 체중이 많이 나가 보이는데 직장생활에 지장이 없을까요?", "나이가 많아 보이는데 직장의 동료들과 잘 지내실 수 있나요?" 등을 예로 들을 수 있다.

참고로 블라인드 면접관 교육과 관련하여 채용절차법과 상관은 없지만 최근 성희롱과 관련된 민원이 가끔 신문이나 방송에 나오고 있다. 평가와 직접적인 관련이 없지만 조직의 이미지 관리 차원에서 면접관 교육 시 성희롱 예방교육도 함께 실시하는 것이 좋을 듯하다.

면접관 교육의 목적은 우수한 면접관 육성을 통해 면접의 신뢰도와 타당도를 높이는 것이며, 이를 통한 기대효과는 다음과 같다. 첫째, 면접관 개인의 차원에서 면접에 대한 자신감을 확보하여 면접위원에 대한 거부감을 제거하고 면접을 통해 우수인재를 선발함으로써 회사에 대한 기여도를 높일 수 있다. 둘째, 조직차원에서 조직 내 핵심역량에 대한 이해, 확산의 결과물로서 적합한 인재(Right People)를 선발할 수 있으며, 조직 내 전문 면접관 Pool 확보로 면접 및 평가역량을 강화할 수 있다. 셋째, 지원자 차원에서는 선발의 공정성 인식을 통한 선발 의사결정의 수용성을 제고함으로써 조직에 대한 지원자들의 이미지가 좋아지므로 우수인재

지원을 확대할 수 있다.

이를 위해서는 조직 차원에서 면접체계 전반에 대한 매뉴얼을 제작하여 면접관 교육, 면접실시 가이드, 면접운영 가이드로 활용할 수 있다. 면접 매뉴얼은 면접체계, 면접관 자세 및 스킬, 면접 평가역량 및 행동지표, 면접 진행 프로세스, 면접질문 및 판단기준, 면접 평가표 등으로 구성된다.

먼저, 면접체계는 개선된 면접 방식 및 구조화된 면접에 대한 이해를 제공하며, 면접관 자세 및 면접 스킬에서는 면접관이 가져야 할 자세 및 언어적, 비언어적 의사소통 스킬, 면접관의 질문 스킬 및 평가 스킬, 면접관의 오류 및 극복방안, 면접관 평가성향 진단지 및 채점표(자기진단을 통해 면접오류 극복 유도) 등을 제공한다. 면접 평가역량 및 행동지표에는 면접 평가역량, 역량정의, 하위요소, 하위요소 정의, 행동지표 등을 제공하며, 면접진행 프로세스와 관련해서는 면접 프로세스 및 질문 프로세스, 면접 단계별 면접관의 역할과 멘트를 제공해 준다. 면접질문 및 판단기준에서는 평가역량별 질문 세트(Main Question, Probing Question), 평가요소 및 평가 척도를 제공해 주며, 마지막 면접 평가표는 평가표의 구성과 작성방법에 대한 것을 제공한다.

면접관 교육의 목적은 평가에 대한 신뢰성과 타당성을 높이는 것이다. 요즘은 'AI'라는 기법으로 시스템(또는 프로그램)이 지원자를 평가하는 경우가 증가하고 있지만 근본적으로 면접은 사람이 평가하는 것이다. 그런데 사람은 저마다의 성향과 특성이 있기 때문에 같은 사람을 평가하더라도 면접관에 따라 평가결과가 달라지기 때문에[20] 면접관 교육 시 면접관의 성향진단을 통한 결과를 분석하여 면접관으로서의 적합성을 파악할 수 있을 뿐 아니라 개인별 피드백을 통해 면접관들의 평가역량을 향상시키고 평가에 대한 오류를 감소시킬 수 있다.

면접관 평가성향의 대표적인 예로는 자기 중심적 평가성향, 일부 단서에 근거한 평가성향, 첫인상에 근거한 평가성향, 관대화 평가성향, 비일관적 평가성향 등이 있다. 먼저 자기 중심적 평가성향은 자기 자신의 기준에 근거하여 지원자를 평가하려는 성향이며, 일부 단서에 근거한 평가성향은 일부 특징적 장점, 단점만으로 전체를 평가하려는 성향을 말한다. 첫인상에 근거한 평가성향은 지원자의 초기 첫인상에 근거하여 전체를 평가하려는 성향이며, 관대화 평가성향은 지원자들에 대해 일반적으로 좋은 점수를 주려는 성향이다. 마지막으로 비일관적 성향은 개인의 정신상태나 상황에 따라 판단의 기준이나 평가의 결과가 달라지는 것을 말한다.

아래 표는 면접관의 평가성향과 평가오류 극복 방안을 정리한 것이다. 참고하기를 바란다.

면접관의 평가성향에 따른 오류 이외에 관찰의 차이, 판단의 차

---

[20] 심리학자들에 따르면 면접관들의 판단은 평소에 가진 편견, 그 날의 컨디션에 영향받기 쉽고, 후광효과나 대조효과에 의해 왜곡되기 쉬우며, 애초에 면접관은 유능해 보이는 사람들보다는 자기와 비슷한 사람을 뽑으려는 경향이 있기 때문에, 면접을 통해 유능한 사람이 뽑히기보다는 면접관과 취향이 맞는 사람이 뽑힐 확률이 높다.

[표 4-21] 면접관 평가성향 : 오류의 종류와 극복 방안

유형	특징	대응 방법
최근 효과	‣ 면접 종료에 가까운 시점의 정보에 대한 인상이 과대하게 영향을 미침	• 역량의 근거들을 있는 그대로 메모한다. • 관찰이나 질문이 다 끝난 뒤, 기록된 근거에 의해서만 평가한다.
초기 효과	‣ 면접 초반의 정보가 그 이후의 정보에 비해 지나치게 영향을 미침	• 역량의 근거들을 있는 그대로 메모한다. • 관찰이나 질문이 다 끝난 뒤, 기록된 근거에 의해서만 평가한다.
선택적 지각	‣ 자신의 성격 이론이나 인간관, 조직관 등에 따라 정보를 선택적으로 인식, 수용하는 경향(자신이 관심 있는 것에 초점을 두는 경향)	• 평가해야 할 역량이 무엇인지 평가 관련 자료를 통해 명확하게 확인하고, 역량을 하나씩 평가한다.
후광 효과	‣ 면접자가 지원자의 어느 한 가지 장점이나 또는 단점을 기준으로 다른 것까지 함께 평가해 버리는 경향	• 관찰에 기록하여 평가한다. • 전반적 인상을 규정짓지 않는다. • 해당 질문의 목표가 되는 역량의 정의와 행동지표, 평가포인트만을 중심으로 생각하고 판단한다.
유사성 효과	‣ 자신과 유사한 사고나 행동을 나타내는 반응 내용이나 근거에 대해 긍정적/공감적인 자세로 해석, 판단하는 경향	• 관찰에 기록하여 평가한다. • 전반적 인상을 규정짓지 않는다. • 해당 질문의 목표가 되는 역량의 정의와 행동지표, 평가포인트만을 중심으로 생각하고 판단한다.
중심화 경향	‣ 지원자간 평가 결과의 차이를 극소화하려는 경향 ‣ 면접자의 리스크를 최소화하려는 소극적 동기 ‣ 면접자로서의 자신감 부족	• 각 점수에 해당하는 역량 수준을 중심으로 생각한다. • 자신의 평가능력/기술에 대해 의심을 피하고 자신감을 갖는다.
비교 경향	‣ 두드러지게 높거나 낮은 특정 지원자에 대한 평가 결과가 다른 지원자의 평가시에 작용하여, 객관적 기준에서 벗어나게 되고 과도한 영향을 미침	• 선발을 위한 평가이므로 개인간의 의미 있는 차이는 반드시 반영되어야 한다는 점, 그리고 지원자 개개인의 개성과 특징이 응답 근거상에 반영되어 있다는 점을 상기한다.
관대화 경향	‣ 사실 근거에 관계없이 지원자 모두에게 극단적으로 긍정적 관점을 적용하여 평가함 ‣ 프로세스나 기준보다는 인식의 틀이 문제임	• 개인의 관대화 경향성과 관대화의 정도를 인식하고, 이러한 경향을 항상 유의한다(점수 조정을 통한 문제 해결).

[표 4-22] 면접관의 오류 원인

오류의 원천	오류의 원인
관찰의 차이 (무엇을 관찰했는가?)	• 무엇을 관찰해야 할지 모를 경우 (인재상이 명확하지 않을 때) • 인재상에 대한 이해가 다를 경우 (인재상에 대한 이해가 부족할 때)
판단의 차이 (어떤 기준으로 판단했는가?)	• 준거가 명확하지 않을 경우 (준거가 없을 때) • 준거가 다른 경우 (눈높이가 다를 때) • 준거에 대한 해석이 다를 경우 (준거에 대한 이해가 부족할 때)

이로 인한 오류도 발생할 수 있다. 관찰의 차이란 면접관이 무엇을 관찰해야 할지 모를 경우 즉, 인재상이나 평가기준이 명확하지 않을 경우에 발생하며, 오류를 줄이기 위해서는 사전에 평가기준 및 요소 행동지표 등을 준비하여 면접관들에게 교육을 시키는 것이 중요하다.

면접의 운영과 관련하여 좋은 면접이란 평가의 객관성, 정확성, 타당도가 높아야 한다. 면접의 객관성이란 지원자에 대해 공정한 평가를 의미하며 객관성을 높이는 방법으로는 복수의 면접위원을 활용하고, 면접위원간 편견을 배제하기 위한 조정작업이 필요하며, 면접위원 간의 독립성을 보장해야 한다. 또한 직무수행과 관련성이 없는 불필요한 개인정보를 배제하고 평가해야 하며 평가결과에 대한 객관적인 근거를 확보해야 한다.

또한 평가결과가 정확하기 위해서는 면접관이 지원자에 대한 구체적 행동수준을 파악하기 위한 질문을 할 수 있어야 하며, 이를 평가할 수 있는 스킬이 있어야 한다. 그리고 사전에 정확한 평가를 위한 평가요소 및 평가방법 등 평가도구를 준비해야 한다.

우수한 지원자의 선발 정도를 의미하는 면접의 타당도를 높이기 위해서는 면접과정에 대한 자료화, 문서화를 통해 면접관의 자세나 스킬, 면접의 평가과제, 면접과정 등에 대한 지속적인 검토를 통해 면접결과의 신뢰도와 타당도를 높이는 작업을 해야 한다.

면접을 준비하는 과정에서는 평가와 관련하여 지원자의 직무관련성 위주로 평가해야 하는데 이를 위해 인재상을 포함한 직무 관련성을 높일 수 있는 평가기준, 질문개발, 과제개발이 필요하며, 질문내용의 표준화, 판단기준의 표준화, 평가의 표준화 및 면접 진

[표 4-23] 면접단계의 가치판단 요인

구분	확보 전략
면접의 객관성	• 복수 면접위원 확보 • 편견 배제를 위한 조정 • 면접위원간의 판단의 독립성 • 불필요한 개인정보 배제 • 객관적 증거 수집
판단의 정확성	• 응시자의 구체적 응답 요구 • 면접관 면접스킬 확보 • 표준화된 판단기준 제시·활용
면접 타당도	• 면접 과정에 대한 자료화, 문서화 • 면접 결과의 신뢰도·타당도 검증

[표 4-24] 면접단계 개발

면접의 직무 관련성	• 평가항목의 기관(기업) 인재상 반영 • 질문 · 판단 기준의 직무 관련성
면접의 표준화	• 질문 내용의 표준화 • 판단 기준의 표준화 • 일관된 면접 진행 프로세스 • 채점의 표준화

행의 표준화와 같은 작업을 해야 한다.

면접을 실질적으로 실행하기 위해서는 아래 표에 있는 면접운영 프로세스의 내용을 구체적으로 숙지하는 것이 좋다. 진행 과정에서 실수를 줄이기 위해 사전에 각 단계별 체크 리스트 및 일정표를 작성하여 진행 사항을 확인하는 것도 좋은 방법이다.

면접의 운영과 관련하여 제일 중요한 것은 면접위원을 구성하는 것이다. 이전에는 내부 직원이나 임원을 면접관으로 선정하였으나 평가의 전문성을 향상시키려는 경우와 최근 블라인드 채용에서의 공정성을 확보하기 위해 외부 면접관을 활용하는 사례가 증가하고 있다.

심한 경우에는 면접관의 구성을 100% 외부 면접관으로 하는 곳도 있는데, 실제 외부 면접관의 경우 그 회사의 조직문화나 직무수행에 대한 이해가 부족하므로 내부와 외부 면접관의 비율을 적절히 배분하는 것이 필요하다.

그리고 내부 면접관의 경우에는 사전에 면접관 교육을 실시하는 것이 바람직하다. 면접의 평가는 평가기준, 평가도구, 평가자 세가지로 구성되어 있다. 이 세가지 모두 신뢰도와 타당도 높게 운영되어야 할 것이다. 이 중에서 제일 중요한 것은 아마도 평가자일 것이다. 내부 면접관은 외부의 전문 면접관과 다르게 평가에 대한 이해가 부족할 수 있기 때문에 평가에 대한 기본적인 개념과 평가도구에 대한 이해도를 높이는 것이 필요하며 이러한 역할을 하는 것이 면접관 교육인 것이다.

평가 이외에도 면접관의 이미지가 조직의 이미지를 대표하기 때문에 면접관의 적절치 못한 태도는 조직의 이미지를 나쁘게 만들 것이다. 반대로 면접관의 좋은 태도는 만약 지원자가 탈락을 하더라도 기업에 대한 좋은 이미지를 유지시킬 수 있을 것이다. 따라서 조직을 대표하는 면접 서비스 제공자로서의 교육도 필요하다.

그리고 최근 블라인드 채용으로 인한 면접 시 유의사항을 전달

[표 4-25] 면접운영 프로세스

구분	내용
운영 인원 확보	• 면접 설계에 따라 필요 인원 결정, 내부 또는 외부 인원을 가용 가능 • 외부 인원 활용시, 위탁업체와 논의
면접관 교육 진행	• 면접에 대비해 면접위원 및 예비 면접위원을 대상으로 면접관 교육 실시
면접 전 사전 점검사항	• 면접 전형시 필요 자료 프린트 및 제본(면접질문지, 평가표, 입사지원서 사본, 조별 인원 배치 명단) • 면접 장소 안내지 • 명찰 준비(면접지원자, 면접위원, 그 외 관계자) • 간식 및 음료 준비(선택)
(면접 당일) 면접 시작 전	• 면접장소 안내자료 부착 • 면접기법 준비 및 배치 • 지원자 참석 인원 및 확인 • 면접위원 참석 확인 및 연락 • 대기실 좌석 및 면접위원 좌석 및 배치 확인 • 보안서약서 작성 안내(선택)
면접 중	• 면접 오리엔테이션 • 지원자 대상 면접준비실 및 면접대기실, 면접실 안내 • 면접위원 대상 면접실 안내 • 면접기법 배포 및 회수, 면접준비실 내 감독
면접 후	• 면접장소 안내자료 제거 • 면접기법 수거 매수 확인 및 평가표 회수(보안) • 면접비 수령 안내

하고, 성희롱 질문 방지 등을 위해서는 면접 시행 이전에 면접관 교육을 반드시 실시하는 것이 필요하다. 아래 표 면접관 교육 모듈의 예시는 4시간을 기준으로 학습내용을 정리한 것이다. 실질적으로 4시간의 면접관 교육으로 면접관의 평가 스킬을 향상시키는 것은 쉽지 않다.

또한 면접이라는 것이 1년에 한 번 내지 두 번 정도 시행되는 것이 보통의 경우이므로 학습의 효과도 높지 않다. 따라서 면접 전 진행 및 유의사항 위주로 교육을 진행하려면 1~2시간 이내로 교육과정을 편성하여 운영하면 된다. 실제 많은 회사나 공공기관들이 면접에 대한 진행 및 유의사항 위주로 교육을 실시하고 있다.

[표 4-26] 면접관 교육 모듈 예시(4시간 기준)

모듈	학습내용	교육시간
Ⅰ.선발 및 면접에 대한 이해	• 선발 관련 최근 동향 • 블라인드 면접의 의미 • 선발 프로세스와 타당도 • 선발 프로세스에서의 면접의 역할	30분
Ⅱ.면접기법에 대한 이해	• 기법별 면접 유형 • 기법별 특징 및 장단점 • 블라인드 면접 유형별 의미 • 활용기법에 대한 논의	50분
Ⅲ.면접 질문 및 평가 스킬	• 블라인드 면접 질문 및 평가 방법 • 시뮬레이션 면접 질문 방법 • 지원자 평가를 위한 가이드	60분
Ⅳ.면접 진행 스킬	• 면접위원 태도와 채용 브랜드 • 블라인드 면접 진행 유의사항 • 면접 프로세스별 진행 요령 및 유의사항 • 면접위원 오류 성향 및 극복 방안	60분
Ⅴ.면접 동영상 실습	• 동영상 활용 면접 평가 실습	40분

전문적인 면접관 양성을 위해서는 아래 면접관 교육의 내용과 시간을 늘리거나, 기업의 정규 직원 교육 프로그램이나 승진자 대상 프로그램에 면접관 교육을 포함시키는 것도 한 가지 방법이 될 수 있다.

제5부
직업기초능력의 평가

Chapter 1. NCS 직업기초능력과 선발 매트릭스(Matrix)

Chapter 2. 의사소통능력(Communicative competence, 意思疏通能力)

Chapter 3. 수리능력(Mathematical capacity, 數理能力)

Chapter 4. 문제해결능력(Problem-solving ability, 問題解決能力)

Chapter 5. 자기개발능력(Self-development capacity, 自己開發能力)

Chapter 6. 자원관리능력(Resource management ability, 資源管理能力)

Chapter 7. 대인관계능력(Interpersonal ability, 對人關係能力)

Chapter 8. 정보능력(Intelligence capability, 情報能力)

Chapter 9. 기술능력(Technical ability, 技術能力)

Chapter 10. 조직이해능력(Organizational adaptation ability, 組織理解能力)

Chapter 11. 직업윤리(Vocational ethics, 職業倫理)

Chapter 1
NCS 직업기초능력과
선발 매트릭스(Matrix)

이 책의 실질적인 활용을 위해 알아야 할 두 가지 개념이 있다. 먼저, NCS 직업기초능력은 10가지 영역 34개 하위요소로 구성되어 있다는 것이다. 둘째, 이러한 직업기초능력은 서류전형의 입사지원서 및 자기소개서 평가, 필기전형의 직업기초능력 필기시험, 논술시험 등의 평가요소뿐만 아니라 면접전형에서 구술면접 및 시뮬레이션(Simulation) 면접 등 다양한 면접과제들에 대한 평가요소로 활용된다는 점이다.

이러한 점을 언급하는 이유는 NCS 직업기초능력이 채용, 선발의 모든 과정에서 핵심적인 평가요소로서 역할을 하고 있음에도 불구하고 공공기관이나 공기업의 채용, 선발에 있어 인사담당자들이 NCS 직업기초능력을 이전에 실시하였던 인·적성검사를 대체하는 평가도구로 인식하고 있는 경우가 대부분이기 때문이다. 결과적으로 현재 NCS 직업기초능력은 공공기관이나 공기업의 전체 채용, 선발 과정에서 필기시험으로만 제한되어 활용하는 경우가 많다.

실제적으로 블라인드 채용이나 선발 과정에서 사용되는 직업기초능력을 구체적으로 살펴보면, 서류전형 단계의 입사지원서 자격증 항목에서 기초외국어능력과 관련하여 TOEIC, TOEFL, TEPS(이상 영어), JPT, JLPT(이상 일본어), HSK(중국어)와 같은 외국어 시험의 성적표로 평가할 수 있으며, 컴퓨터 활용능력과 정보처리능력 관련해서는 컴퓨터활용능력1·2급, 정보처리자격증, ITQ(Information Technology Qualification), 정보처리기사, 사무자동화산업기사, MOS(Microsoft Office Specialist) 등의 자격증으로 평가할 수 있다.

자기소개서 항목에서는 시간자원관리능력, 예산관리능력, 물적자원관리능력, 인적자원관리능력, 팀워크능력, 리더십능력, 갈등관리능력, 고객서비스능력과 관련하여 지원자의 과거 경험이나 사례를 묻거나 직무상황을 제시하고 행동의 의도를 파악하여 평가할 수 있으며, 이는 면접전형의 구술면접 평가항목과 유사하다고 할 수 있다. 이밖에 경험 및 경력기술서에서는 자기개발능력과 관련하여 하위요소인 자기관리능력과 경력개발능력을 평가할 수 있다.

앞서 언급한 일반적 수준에서의 직업기초능력 필기전형 평가는 문제해결능력(94%, 이하 출제율), 의사소통능력(88%), 수리능력(84%), 조직이해능력(58%), 자원관리능력(54%), 대인관계능력

(48%), 직업윤리(48%), 정보능력(46%), 기술능력(32%), 자기개발능력(32%)을 4지 선다 또는 5지 선다 형식으로 문제를 출제하여 평가할 수 있다.

지원자의 인성적인 측면의 평가는 인성검사를 통하여 국제감각능력, 자아인식능력, 자기관리능력, 팀워크능력, 리더십능력, 갈등관리능력, 고객서비스능력, 근로윤리, 공통체윤리 등을 평가할 수 있으며, 전공 필기시험을 통해 지원 직무와 관련된 기술이해능력, 기술선택능력, 기술응용능력을 평가할 수 있다.

이 밖에 논술 및 보고서 작성 등의 시험을 통하여 문서작성능력, 시간자원관리능력, 예산관리능력, 물적자원관리능력, 인적자원관리능력, 사고력, 문제처리능력, 도표작성능력 등을 평가할 수 있다.

마지막으로 면접전형에서는 지원자의 직업기초능력에 대해 보다 다양한 면접도구를 활용하여 평가할 수 있다. 구체적으로 살펴보면 시뮬레이션(Simulation) 면접 위주의 1차 면접에서는 그룹토의(Group Discussion)를 통해 경청능력, 팀워크능력, 언어구사력 등을, 발표면접(Presentation)에서는 문서작성능력, 언어구사력, 사고력, 도표작성능력 등을, 서류함기법(In-Basket)에서 문서작성능력, 언어구사력, 시간자원관리능력, 예산관리능력, 물적자원관리능력, 인적자원관리능력 등을 평가할 수 있다.

2차 면접 중 실무진(직무) 면접에서는 구술면접을 통해 지원자의 경청능력, 언어구사력, 컴퓨터활용능력, 정보처리능력, 조직체제이해능력, 경영이해능력, 업무이해능력, 기술이해능력, 기술선택능력, 기술응용능력 등 서류전형과 필기전형에서 평가했던 요소들을 실제 지원직무의 직무수행능력과 관련하여 평가할 수 있다. 또한 회사에 따라 다르게 적용하지만 2차 면접에서 외국어 면접을 실시하는 경우도 있는데, 이 경우 언어구사력과 기초외국어능력을 평가하게 된다.

마지막 최종 면접단계인 임원면접에서는 지원자의 전반적 조직적응 능력과 관련된 조직체제이해능력, 경영이해능력, 자기관리능력, 리더십능력, 근로윤리 및 공동체 윤리 등을 평가할 수 있다. 이상에서 설명한 NCS 직업기초능력에 대한 채용단계별 평가도구 및 평가요소는 아래 표를 참고하기 바란다.

위에 언급한 직업기초능력의 전형단계별 평가방법에 대해서는 먼저 어떠한 평가요소가 어떠한 평가도구로 매칭(Matching)될 수 있는가에 대하여 선발 Matrix에 대한 이해가 있어야 한다. 선발 Matrix는 아래 표에 나와 있는 것과 같이 NCS 직업기초능력과 관련하여 10개 영역의 34개 하위요소가 선발이나 채용과정에서 어떠한 평가도구로서 평가를 할 수 있는지를 표시한 것이다.

물론 위에 표시한 내용들이 모든 선발과정에 100% 적용된다기보다는 하나의 예시로 이해하는 것이 바람직하다. 그럼에도 불구하고 여기서는 어떻게 선발요소와 선발도구가 서로 매칭되는가에 대한 개념을 이해하는 것이 중요하다.

만일 귀하가 인사담당자라고 가정한다면 어떻게 신입사원을 선발하겠는가? 어떠한 신입사원을 뽑아야 하며, 수많은 지원자 중에서

[표 5-1] 블라인드 채용의 단계별 평가도구 및 평가요소 예시

NCS 직업기초능력 기반의 채용 Process

직업기초능력은 10가지 개발영역과 34개의 하위능력이 있으며, 이를 채용 Process에 적용시키면 아래 표와 같습니다.

채용공고 → 서류전형 → NCS 직업기초능력 평가 → 1차 면접 → 2차 면접 → 3차 면접 → 합격자 발표

	서류전형	필기전형	면접전형			
RJP *직군별 채용공고 (직군 내 직무별 능력을 표기하는 방식)	**NCS 입사지원서** 기초외국어능력 컴퓨터 활용능력 정보처리능력 **NCS 경력기술서** 경력개발능력 **NCS 역량기반 지원서** 시간자원관리능력 예산관리능력 물적자원관리능력 인적자원관리능력 팀워크능력 리더십능력 갈등관리능력 고객서비스능력 **NCS 직무기반 지원서** 경력개발능력 *서류전형에서 평가요소별 NCS 요소를 심도 있게 반영	**NCS 인성검사** 국제감각능력 자아인식능력 자기관리능력 팀워크능력 리더십능력 갈등관리능력 고객서비스능력 근로윤리 공동체윤리 **NCS 직무능력평가** 문서이해능력 시간자원관리능력 예산관리능력 물적자원관리능력 사고력 문제처리능력 기초연산능력 기초통계능력 도표분석능력 공동체윤리 (상황판단) **전공필기** 기술이해능력 기술선택능력 기술응용능력 **논술(WP)** 문서작성능력 시간자원관리능력 예산관리능력 물적자원관리능력 사고력 문제처리능력 도표작성능력	**NCS AC과제** **GD** 경청능력 언어구사력 **PT** 문서작성능력 언어구사력 사고력 도표작성능력 **IB** 문서작성능력 언어구사력 시간자원관리능력 예산관리능력 물적자원관리능력 인적자원관리능력 **RP** 언어구사력 갈등관리능력 협상능력	**실무진면접** 경청능력 언어구사력 컴퓨터 활용능력 정보처리능력 조직체제이해능력 경영이해능력 업무이해능력 기술이해능력 기술선택능력 기술응용능력 *과제 문답형 역량 면접 (상황판단, 직군별, 직무별) *현업부서에 의한 실기면접 **외국어면접** 언어구사력 기초외국어능력	**임원면접** 경청능력 언어구사력 조직체제이해능력 경영이해능력 *과제은행(질문) 임원면접 *NCS 직업기초 능력 평가과제 *평가요소기준 NCS 공통+기업별	*최종합격 반영 비율에 NCS 관련 평가비율 강화

☞ 고객사 인사담당자는 위 직업기초능력에 대한 채용 Process에 자사의 직무역량을 결합한 채용 Process를 설계해야 합니다.

어떻게 원하는 인재를 선발할 수 있겠는가? 물론 이 과정에서 지원 직무에 적합한 지원자들을 모집할 수 있는 채용공고를 작성하고 채용공고에 따른 신뢰성 있고 타당성 있는 선발도구의 개발 및 효율

[표 5-2] NCS 직업기초능력의 선발 Matrix

> **NCS 직업기초능력 기반의 선발 Matrix**

직업기초능력은 10가지 개발영역과 34개의 하위능력이 있으며, 이를 선발 Matrix에 적용시키면 아래 표와 같습니다.

개발영역	하위단위	자격	경력	역량	직무	인성검사	적성검사	전공필기	논술 WP	GD	PT	IB	RP	실무진	외국어	임원	비고
의사소통능력	문서이해능력						○										언어이해
	문서작성능력								○	○	○						
	경청능력						○							○		○	Communication Skill
	언어구사력							○		○	○	○	○		○	○	Communication Skill
	기초외국어능력	○													○		자격증(TOEIC, TOFLE, etc.), Interview
자원관리능력	시간자원관리능력			○			○					○					상황판단
	예산관리능력			○			○					○					상황판단
	물적자원관리능력			○			○					○					상황판단
	인적자원관리능력			○			○					○					상황판단
문제해결능력	사고력						○			○		○					상황판단
	문제처리능력						○					○					상황판단
정보능력	컴퓨터 활용능력	○													○		자격증(정보처리기사 등), Interview
	정보처리능력	○													○		자격증(정보처리기사 등), Interview
조직이해능력	국제감각능력					○											Openness
	조직체제이해능력														○		○	
	경영이해능력														○		○	
	업무이해능력														○			
수리능력	기초연산능력						○										응용계산
	기초통계능력						○										응용계산
	도표분석능력						○										자료해석
	도표작성능력								○		○						
자기개발능력	자아인식능력					○											
	자기관리능력					○											인성검사(Bright + Dark Side)
	경력개발능력		○		○												
대인관계능력	팀워크능력			○		○											
	리더십능력			○		○											
	갈등관리능력			○		○							○				
	협상능력												○				
	고객서비스능력			○		○											
기술능력	기술이해능력							○						○			
	기술선택능력							○						○			
	기술적용능력							○						○			
직업윤리	근로윤리					○											정직성 or integrity
	공동체윤리					○	○										상황판단

구분: NCS 10대 직업기초능력
채용 Process — 서류전형(자격·경력·역량·직무) / 필기전형(인성검사·적성검사·전공필기) / 면접전형(논술 WP · AC과제: GD·PT·IB·RP · Interview: 실무진·외국어·임원)

제1부 제2부 제3부 제4부 제5부 제6부 부록

성 있는 선발도구의 전형단계별 배치 등을 고려해야 할 것이다.

구체적으로 설명하면, 먼저 지원직무와 관련하여 지원의 적중률 즉, 허수지원자를 최대한 배제하기 위해서는 (허수지원자의 수가 많아질수록 채용에 대한 비용이 증가하기 때문에) 가급적 채용공고문의 내용이 지원직무의 내용을 충실하게 설명하여야 한다.

블라인드 채용에서는 지원자들을 대상으로 채용 이전에 직무설명자료를 사전에 공개하게 되어 있는데, 직무설명자료에는 지원직무와 관련된 NCS의 직무체계를 대분류-중분류-소분류-세분류로 구분하고 있으며, 여기서는 세분류를 직무로 생각하면 된다.

직무체계에 대한 소개 이후에는 모집기관의 소개 및 주요 직무수행내용, 능력단위 그리고 직무수행을 위한 지식(K), 기술(S), 태도(A) 및 직업기초능력을 수행준거(Performance Criteria)를 기준으로 작성하게 되어 있는데, 수행준거란 한 마디로 직무관련 ~을(를) 할 수 있는가?이며 ~을(를) 잘할 수 있는지에 대한 지식(K), 기술(S), 태도(A)를 나열한 것이다.

직무설명자료가 중요한 이유는 채용이나 선발과정에서 평가의 기준이 되기 때문이다. 블라인드 채용의 입사지원서는 지원직무와 관련하여 지원자의 직무관련 교육사항, 자격사항, 경험 및 경력을 기재하게 되어 있는데 이를 묻는 항목이 직무설명자료의 능력단위이다.

즉, 입사지원서에서는 능력단위와 관련한 지원자의 학교 및 기타 교육, 능력단위와 관련된 지원자의 자격사항, 능력단위와 관련된 지원자의 경험 및 경력 사항을 평가하며, 경험 및 경력 사항에 대해서는 경력 및 경험 기술서를 통해 구체적으로 작성하도록 되어 있다.

직업기초능력의 경우 자기소개서에 반영하여 평가하는데, 일반적으로 조직적합성(지원동기)과 직무적합성을 물음과 동시에 직업기초능력 10개 영역 및 34개 하위요소 중 기관의 인재상과 직무(핵심) 역량과 매칭하여 3~4개의 문항으로 구성하여 평가한다.

필기전형에서는 직무설명자료 중 전공필기 시험의 경우 직무설명자료의 지식과 기술에 대해 평가하며, 직업기초능력 평가의 경우 직무설명자료에 나와 있는 5~6개의 직업기초능력에 대해 4지 선다 또는 5지 선다 형식으로 50문제 내외로 시험을 보는 것이 일반적인 유형이다.

면접전형에서는 직무설명자료의 태도를 중심으로 평가하는데, 직무수행과 관련된 태도뿐만 아니라 직업기초능력과 관련된 태도를 경험면접(또는 과거행동면접), 상황면접(SI)과 그룹토의(GD), 발표면접(PT), 서류함기법(IB), 역할연기(RP) 등의 과제면접 등을 통해 평가한다.

지금까지 블라인드 채용과 관련하여 전형단계별 평가도구에 대해 간단하게 언급하였는데, 평가요소와 평가도구는 어떠한 방식으로 선정되는가? 먼저, 평가요소에 대한 이해가 필요하다. 평가요소는 어떻게 선정하는 것인가? 직무설명자료에 있는 내용들이 평가의 기준들이 된다고 설명하였는데 평가의 기준 이외에 갖는 또 다른 의미는 무엇인가?

평가의 기준은 블라인드 채용의 관점에서 '직무'의 내용이라고 할 수 있다. 여기서 직무란 입사 후 '실질적으로 지원자가 해야 할 일들'을 의미이다. 단순히 해야 할 일을 의미하는 것이 아니라 '일을 잘 할 수 있는 요소들'인 것이다. 이러한 일을 잘 할 수 있는 요소를 선정하는 작업을 '선발모델링'이라고 한다.

선발모델링은 선발이나 채용의 과정에서 어떠한 사람을 뽑아야 하는지에 대하여 사전에 정리를 해 놓는 것이다. 블라인드 채용의 경우 직무설명자료가 그러한 역할을 하는 것이며, 일반적인 채용의 경우 '역량(Competency)'이 그러하다. 그래서 선발모델링을 '역량모델링(Competency Modeling)'이라고 한다.

역량모델링이란 기업이나 조직 내 특정 직무에서 성과를 올린 사람들이 갖는 특성을 추출하고, 이들 중에서 직무수행 과정 중에서 일관되게 높은 성과를 올리기 위해 강하게 요구되는 특징들을 모아 놓은 것이다. 역량모델링은 이러한 모델들을 만들어 가는 과정이며, 조직의 목적 달성에 필요한 지식(K), 기술(S), 태도(A)를 정의한 것이다. 블라인드 채용에서 직무설명자료는 NCS(National Competency Standards)를 기반으로 선발모델링을 한 것으로 이해할 수 있으며, 국가가 기업이나 조직을 대표하여 이를 표준화한 것이다.

인사담당자로서 NCS를 기반으로 채용이나 선발에 필요한 직무설명자료가 완성되었다면, 그 다음으로 선발 매트릭스(Matrix)를 개발해야 한다. 이는 평가요소와 선발도구를 매칭시키는 작업을 말하는데, 위 표에서 보는 바와 같이 10개의 직업기초능력 영역 34개 하위요소별로 평가 가능한 선발도구와 연결하는 작업이다.

의사소통능력을 예를 들어 설명하면 의사소통의 하위요소인 문서작성능력의 경우 논술(보고서 작성 포함), 그룹토의(GD), 발표면접(PT) 서류함기법(IB), 역할연기(RP)로 평가가 가능하며, 언어구사력의 경우에는 그룹토의(GD), 발표면접(PT) 서류함기법(IB), 역할연기(RP) 이외에도 실무진 면접, 외국어 면접, 임원 면접에서도 평가가 가능하다.

선발 매트릭스를 개발할 때 고려해야 할 것은 평가 측면에서 접근해야 한다는 것이다. 첫 번째 실제 평가가 가능한 것인가?의 문제로 평가의 신뢰성과 타당성이 있는가를 검토해야 하며, 실제 관찰 및 측정할 수 있어야 한다. 예를 들어 문서의 작성능력을 평가하는데 보고서를 읽고 해석하라고 한다면 타당성이 결여된 평가라고 할 수 있다.

만약 평가환경(평가자, 평가시간 등)에 따라 동일한 지원자의 평가결과가 변한다면 신뢰성이 없는 평가라고 할 수 있다. 또한 효율성의 측면으로 선발의 타당성 측면에서 면접이 가장 높은 타당도를 보이고는 있지만 실제 채용이나 선발의 상황에서 (지원자가 많은 경우) 모든 지원자를 면접을 통해 선발한다면 시간이나 비용 면에서 비효율이 발생하므로 비용이나 시간을 고려한 선발률 관리가 필요한 것이다.

선발 매트릭스 개발이 완료된 이후에 인사담당자는 실제 채용이나 선발에 적용할 선발도구를 프로세스 관점에서 설계해야 한다. 이 경우 채용이나 선발의 프로세스 설계의 원칙은 다양하지만 그

핵심은 선발의 타당성과 신뢰성을 극대화하는 것을 목표로 한다. 채용이나 선발 프로세스 설계 시 주요 원칙 몇 가지를 설명하면 다음과 같다.[21]

첫째, 단계적 프로세스 적용으로 선발과정은 100m 허들을 넘듯이 한 단계씩 진행되어야 한다. 둘째, 증분적 타당도로서 각 선발방식은 낮은 타당도 방식에서 높은 타당도 방식으로 진행되어야 한다. 증분적 타당도의 경우 채용이나 선발에 있어 타당성, 신뢰성 측면보다는 효율성 측면과 관련이 있으며, 전형단계별로 다른 평가기준을 측정해야 타당도가 증가한다는 주장도 있지만, 하나의 평가기준을 다양한 평가방법과 단계에서 측정하는 것도 타당도를 증가시키는 방법일 수도 있다.

셋째, 적절한 선발률 산정으로 전형단계별 통과율은 각 선발단계별 위치, 비용, 시간, 응시자 비율 등을 고려해야 한다는 것으로 이 역시 채용이나 선발의 효율성 측면이 높다고 하겠다.

이 밖에 채용이나 선발 과정에서의 기법들은 상호 구분되는 영역을 평가해야 한다는 선발 영역의 독립성 원칙, 선발의사 결정은 지원자에 대한 긍정적 요소의 평가(Positive Approach)와 부정적 요소의 평가(Negative Approach)가 함께 적용되어야 한다는 이원적 요소 평가의 원칙, 각 선발단계별 의사결정이 다른 단계의 의사결정과 독립적이어야 한다는 독립적 의사결정 등이 있다.

---

[21] 이에 대해서는 제2부 채용·선발 과정의 설계 Chapter2. 과학적 선발시스템의 구축방안 참조

마지막으로 채용이나 선발 프로세스에서 인사담당자가 도출해야 할 결과물들은 위에서 설명한 선발 매트릭스와 실제 적용할 채용단계별 평가내용, 평가표 등이 있다.

　이상으로 NCS 직업기초능력을 가지고 채용과 선발에 필요한 평가요소 및 선발 매트릭스의 개념을 살펴보았다. 다음 장부터는 직업기초능력의 10가지 영역과 34가지 하위요소들이 채용과 선발의 관점에서 어떻게 평가요소로서 활용되는가와 실제 채용이나 선발 현장에서 어떻게 평가하는지를 구체적으로 살펴보고자 한다.

Chapter 2
의사소통능력
(意思疏通能力)

- Communicative competence -

　의사소통능력은 NCS 직업기초능력 10개 영역 중 하나로, 업무를 수행함에 있어 글과 말을 통해 상대방의 의견을 듣거나 자신이 뜻한 바를 표현할 때 그 의미를 정확하게 파악하고 전달할 수 있는 능력을 의미한다.

　좀 더 구체적으로 설명하면 직업기초능력으로서 의사소통능력은 상대방과 대화를 나누거나 문서를 통해 의견을 교환할 때, 상대방이 뜻한 바를 정확하게 파악하고 자신의 의사를 효과적으로 전달할 수 있는 능력을 말한다. 또한 글로벌 시대에 필요한 외국어 문서이해능력 및 의사표현능력도 포함한다. 의사소통능력의 하위 요소로서 문서이해능력, 문서작성능력, 경청능력, 의사표현능력 및 기초외국어능력이 있다. 실질적으로 의사소통능력은 블라인드 채용을 실시하는 공공기관이나 공기업 이외에도 다른 사람들과 함께 조직생활을 해야 하는 상황이라면 반드시 필요한 능력이다.

그러면 선발이나 채용 과정에서 의사소통능력은 어떻게 평가를 할 것인가? 의사소통능력은 실제로 여러 가지 방법으로 평가가 가능하다. 기초외국어능력의 경우 입사지원서 상의 외국어 자격증으로 평가할 수 있으며, 자기소개서의 작성내용으로 지원자의 의사표현능력과 문서작성능력을 평가할 수 있다. 그리고 필기시험에서 각종 문서를 제시하고 이를 제대로 이해하는지에 대한 문서이해능력을 평가할 수 있으며, 논술시험이나 보고서 작성을 통해 자기소개서와 마찬가지로 의사표현능력과 문서작성능력을 평가할 수 있다.

[표 5-3] 의사소통능력의 하위요소

하위요소	내용	세부요소
문서이해능력	업무에 필요한 문서를 확인하고 읽으며, 내용을 이해하고 요점을 파악하는 능력	문서정보의 이해 및 수집 문서정보평가
문서작성능력	업무와 관련해 뜻한 바를 글을 통해 문서로 작성하는 능력	문서의 정보확인 및 조직 목적과 상황에 맞는 문서 작성
경청능력	업무를 수행할 때 다른 사람의 말을 주의 깊게 들으며 그 내용을 이해하는 능력	음성 정보와 매체 정보 듣기 및 내용 이해
의사표현능력	업무를 수행할 때 상황에 맞는 말과 비언어적 행동을 자신이 뜻한 바를 효과적으로 전달하는 능력	목적 및 상황에 맞는 정보 조직 및 전달 대화에 대한 피드백과 평가
기초외국어능력	업무를 수행할 때 외국어로 의사소통을 할 수 있는 능력	일상생활에서의 회화 활용

의사표현능력의 경우 필기시험 이전까지는 글쓰기 위주의 의사
표현능력을 주로 평가했다면, 면접에서는 지원자의 말하기 위주의
의사표현능력을 평가하며 면접 과제에 따라 경청, 문서이해 및 문
서작성능력, 기초외국어능력을 평가할 수 있다.

예를 들어 그룹토의(Group Discussion)의 경우 다른 사람들
의 이야기를 잘 듣는가 즉, 경청이 중요한 평가요소이며, 발표면접
(Presentation)이나 서류함기법(In-Basket)에서는 주어진 과제를
제대로 이해하고 작성했는지에 대한 문서이해능력과 문서작성능
력 그리고 본인이 작성한 내용을 면접관(평가자)에게 효과적으로
설득하는 의사표현능력을 평가할 수 있다.

역할연기(Role-Play)에서도 마찬가지로 주어진 과제에서 상황
과 자신의 역할을 제대로 이해하고 있는지에 대한 문서이해능력과
상대방 역할연기자에 대해 자신의 입장을 효과적으로 설득할 수
있는지에 대한 의사표현능력을 평가하게 된다.

위의 설명에서처럼 의사소통능력 하나만으로도 입사지원서의
서류전형에서부터 필기전형, 면접전형까지 모든 채용 및 선발과정
에서 다양하게 평가할 수 있음을 알 수 있다. 이하에서는 의사소통
능력의 하위요소에 따른 실제 평가방법을 구체적으로 살펴보고자
한다.

우선 문서이해능력의 경우 직무수행과 관련된 여러 종류의 문
서, 예를 들어, 공문서, 기획서, 기안서, 품의서, 보고서, 보도자료,
설명서, 비즈니스 레터(e-Mail), 비즈니스 메모 등의 내용들 즉, 문

서 각각에 따른 용도가 무엇이고 이들 문서의 형식 및 구성요소를 사전에 잘 알고 있는지를 평가하는 것이다.

이를 위해 실제 직무상황에서 필요한 문서에 대해 문서 종류별로 사용 목적을 구분할 수 있는지, 그 문서에 들어갈 내용은 어떤 것들이 있는지, 형식은 어떻게 갖춰야 하는지에 대해 필기시험 형식으로 지원자를 평가할 수 있다. 예를 들어 공문서가 무엇을 하기 위해 작성하는 문서이고 어느 기관에 제출하고 누가 작성하는지, 처리과정은 어떻게 해야 하는지에 대해 문제를 개발할 수 있고, 보고서의 종류 및 내용 중 잘못되거나 누락된 것에 대해 이해하고 있는지에 대한 문제 등을 개발할 수 있을 것이다.

면접전형에서는 과제를 통해 지원자의 문서이해능력을 평가할 수 있다. 면접과제의 경우 블라인드 채용 이전에는 일반적인 사회 이슈를 가지고 과제를 개발했지만 최근에는 직무상황에서 일어날 수 있는 상황을 가지고 토의 과제, 발표 과제, 역할연기 과제 등을 개발하는 사례가 증가하고 있다. 예를 들어 우리 회사에서 창립 20주년 행사를 하는 데 있어 어떠한 이벤트를 할 것인가, 어떠한 직원이 이벤트 책임자로서 적합한가, 예산은 어느 정도가 적당한가, 계획 및 일정은 어떻게 만들 것인가에 대해 토론을 시키거나 발표를 시킬 때 지원자가 이러한 행사의 취지 및 진행과 관련된 맥락을 명확하게 이해하고 있는지를 평가할 수 있도록 과제를 개발하는 것이 중요하다.

문서작성능력의 경우에는 문서이해능력보다 좀 더 다양한 방법으로 평가할 수 있다. 예를 들면 입사지원서상에 자기소개서를 작성하게 한다든지, 필기전형에서 논술 및 보고서를 작성하게 한다든지, 면접전형에서 과제면접 수행 중 발표자료를 작성하게 하여 평가할 수 있다.

자기소개서의 경우 지원자에 대한 다양한 질문을 만들면 되는데, 블라인드 채용 이전에는 지원동기, 성장배경, 성격의 장·단점, 입사 후 포부 등 지원자의 전반적인 사항에 대해 작성하게 하였다. 하지만 최근에는 조직적합성, 직무적합성, 직무수행에 필요한 실질적인 능력이 어떠한지를 평가하는 사례가 증가하고 있다. 이 경우 문서작성능력에 대한 평가이므로 평가요소와 관련된 지원자의 행동이나 태도의 수준을 평가하기보다는 문서작성능력에 대한 문장의 구성력, 단어의 사용, 맞춤법 등을 평가하게 된다,

의사소통능력에 대해서도 자기소개서 질문 문항을 개발할 수 있다. 의사소통능력을 평가한다는 것은 다른 사람들과의 실질적인 소통능력이 어떠한가를 평가한다는 측면에서 "과제 혹은 업무를 수행하면서 타인과의 의사소통에서 어려움을 겪었을 때 자신이 가장 중요하게 생각하는 것은 무엇이며, 이를 바탕으로 어떻게 문제를 해결했는지 구체적으로 기술하시오." 또는 "과제나 업무수행 중 타인을 설득하기 위해 자신만이 가지고 있는 효과적인 방법이 무엇이며, 이를 실천한 사례나 경험을 기술하시오."라고 물어볼 수 있을 것이다.

필기전형에서 논술시험이나 보고서 작성 등을 통해 지원자의 문

서작성능력을 심도있게 평가할 수 있는데 일반적으로 지원자에게 자료를 제시하고 과제를 작성하게 하는 것이 일반적이며, 블라인드 채용에서는 자료나 과제를 일반적인 사회적 이슈나 상식보다는 지원직무와 관련된 자료나 과제를 제시하고 있다.

보고서 작성의 경우에는 실제 업무수행을 가정하여 보고서를 작성하게 하는데 어떠한 자료를 주고 요약보고서를 작성하라고 할 수 있으며, 보도자료나 홍보자료를 작성하게 할 수도 있으며, 사업 진행과 관련된 사업보고서를 작성하게 할 수 있다.

작성방법에서도 평가의 목적에 따라 만연체로 작성하라고 할 수 있고, 개조식[22]으로 작성하라고 할 수 있다. 일반적으로 논술시험의 경우 만연체로 작성하라는 경우가 대부분이며, 개조식의 경우 보고서 작성 시 많이 사용되고 있다. 문서작성에 대한 평가이므로 평가항목 및 내용은 아래 [표]와 같다. 평가의 성격에 따라 항목의 내용과 평가비중을 정하여 활용하면 된다.

문서이해능력과 문서작성능력이 문서와 관련된 의사소통능력이라면 경청능력의 경우 듣는 능력을 말한다. 즉, 업무를 수행할 때 다른 사람의 말을 주의 깊게 들으며 그 내용을 이해하는 능력을 의미한다. 그러면 경청능력은 채용이나 선발과정에서는 어떻게 평가하는가? 일반적으로 경청능력은 면접전형 중에서도 그룹토의 과정에서 평가를 한다. 토의를 하면서 다른 지원자의 말을 얼마나 잘

---

[22] 글을 쓸 때에, 앞에 번호를 붙여 가며 짧게 끊어서 중요한 요점이나 단어를 나열하는 방식

[표 5-4] 문서작성능력의 평가항목 및 내용 예시

평가방법	평가요소	평가내용
논술시험 또는 보고서 작성	이해·분석력	• 주어진 주제에 대한 정확한 이해, 분석 능력 • 제시문에 대한 정확한 이해, 분석(독해)능력 • 논술문이 논제에 충실한 정도 • 제시문을 적절히 활용한 정도
	논증력	■ 근거설정능력 • 주장에 대한 적절하고 분명한 논거제시 여부 • 주장과 논거의 논리적 타당성 • 논제에 대한 분명한 견해 표현 • 표현 견해가 제시문의 논의에 의거해 적절한 뒷받침 ■ 구성조직능력 • 전체 논의 전개에 정합성 및 일관성 유지 • 전체 논의 전개에 있어 논리적 비약 여부 • 글의 전체적인 흐름이 체계적이고 조직적으로 전개
	표현력	■ 표현의 적절성 • 문장표현의 매끄럽고 자연스러움, 적절한 비유 등 • 단락구성 및 어휘사용 • 맞춤법, 답안지 작성법

듣는가, 자기의견을 너무 주장하지 않는가, 다른 지원자의 의견을 무시하지는 않는가를 주로 평가한다.

실제 면접에서 경청능력의 행동지표는 다른 사람의 말을 주의 깊게 듣고 적절하게 반응하는가? 목적과 상황에 맞는 말과 비언어적 행동을 통해 아이디어와 정보를 찾고, 이를 효과적으로 전달하는가이다. 행동지표는 지원자에 대한 실질적인 평가요소이며, 평가표에 활용할 경우 아래 [표]의 내용을 활용할 수 있을 것이다.

경청능력이 듣는 능력이라고 하였다면 이제는 말하는 능력인 의사표현능력을 설명하고자 한다. 의사표현능력은 자신이 이야기하고자 하는 것들에 대해 얼마나 효과적으로 상대방을 설득시킬

[표 5-5] 경청능력의 행동지표

평가방법	평가요소	행동지표
그룹토의	경청능력	• 다른 사람의 말을 주의 깊게 듣고 적절하게 반응하는가? • 목적과 상황에 맞는 말과 비언어적 행동을 통해 아이디어와 정보를 찾고, 이를 효과적으로 전달하는가?

수 있는가에 대한 능력으로 자신의 생각을 얼마나 논리정연하고 일관성 있게 적절한 단어와 표현을 사용하여 전달하는가 이외에도 비언어적 행동(시선, 제스처, 목소리 톤, 강약) 및 면접에 임하는 지원자의 자세 등이 포함된다.

따라서 의사표현능력은 직무를 수행하는 데 있어 단순히 말하는 능력만을 평가하는 것이 아니라 사람들과 함께 일하면서 사람들에 대한 전반적인 태도나 행동을 평가하는 것이다. 이에 대한 실제 면접 장면에서의 평가, 특히 개별면접 장면에서의 평가사례는 아래 행동지표들을 보면 이해할 수 있을 것이다.

개별면접의 경우 가장 일반적인 형태의 면접으로 실무진 면접이나 임원 면접 등이 있는데, 의사표현능력의 경우 실무진 면접단계에서 평가요소로 활용하는 것이 바람직하다. 아래 두 가지 사례를 구분하여 보여주는 이유는 개별면접에서 의사표현능력을 평가하는 데 있어 기본적인 평가내용은 비슷하지만 평가를 실시하는 기관별로 일부 평가요소들이 다를 수 있기 때문이다.

면접의 형태에 따라 의사표현능력의 행동지표가 다를 수 있다. 실제로 그룹토의에서의 의사표현능력 평가요소와 발표면접에서의 평가요소가 다른데 그 이유는 면접과제별로 의사표현의 형태가 다르기 때문이다. 그룹토의의 경우 면접 시 여러 다른 지원자와 함께 회의를 하는 장면에서의 의사표현에 대한 행동이나 태도를 평가하는 것이고, 발표면접의 경우에는 주어진 과제를 어떻게 해결하고 대안을 제시하는가에 대한 행동을 평가하는 것이다.

즉, 그룹토의의 경우 다른 사람들과의 의사소통과 관련하여 의사표현에 대한 태도와 행동을 평가하며, 발표면접의 경우 직무의 수행과 관련된 개인이 가지고 있는 의사소통과 관련된 의사표현에 대한 태도와 행동을 평가하는 것이다. 이에 대해서는 그룹토의와 발표면접이 실제 면접장면에서 사용되는 행동지표의 사례를 살펴보면 이해할 수 있을 것이다.

[표 5-6] 의사표현능력의 개별면접 행동지표 사례

사례1.

평가방법	평가요소	행동지표
개별면접	의사표현 능력1	• 자신의 생각을 논리정연하고 일관성 있게 전달하는가? • 적절한 비언어적 행동(시선, 제스처, 목소리 톤, 강약)이 적정한가? • 자신의 의도에 맞는 적절한 단어와 표현을 사용하는가?

사례2.

평가방법	평가요소	행동지표
개별면접	의사표현 능력2	• 면접에 임하는 자세는 올바른가? • 경청 및 질문의도의 파악 정도 • 답변의 논리성 • 올바른 언어를 통한 명확하고 정확한 표현, 용어구사의 적절성 • 효과적인 의사전달(음성, Eye-Contact 및 손동작 등을 사용하는가?)

제1부

제2부

제3부

제4부

제5부

제6부

부록

의사표현능력은 다른 평가요소와 비슷한 방식으로 평가하게 되는데, 일반적으로 평가요소와 관련하여 제시한 행동지표와 지원자의 태도와 행동이 얼마만큼 일치되는가에 대해서 평가하게 된다. 구체적으로 5점 척도를 예를 들어 설명하면, 5점 척도이므로 1~5점 사이에 지원자를 평가하고 1점이 낮은 점수이고 5점으로 갈수록 높은 점수라고 가정해 보자. 이 경우 1점을 받는 경우는 지원자가 제시된 평가지표와 반대되는 부정적 행동을 보이고 있다. 2점의 경우 제시된 행동지표가 전혀 관찰되지 않는다. 3점의 경우 일부 유사한 행동을 보인다. 4점의 경우 거의 유사한 행동이 관찰되었다. 5점의 경우 제시된 행동지표와 동일한 행동을 보이고 있다

[표 5-7] 의사표현능력의 그룹토의 면접 행동지표 사례

사례1.

평가방법	평가요소	행동지표
그룹토의	의사표현 능력1	• 경청 및 상대편 발표내용의 파악 정도 • 답변의 논리성, 구체성 • 올바른 언어를 통한 명확하고 정확한 표현, 용어구사의 적절성 • 효과적인 의사전달(음성, Eye-Contact 및 손동작 사용 여부)

사례2.

평가방법	평가요소	행동지표
그룹토의	의사표현 능력2	• 토론에 적극적으로 참여한다. • 경청 및 상대편 발표내용을 제대로 파악한다. • 답변이 논리적, 구체적이며 간결하다. • 올바른 언어를 통한 명확하고 정확한 표현을 한다. • 용어구사의 적절성 및 효과적인 의사전달을 한다. (음성, Eye-Contact 및 손동작 사용여부)

라는 기준을 사전에 설정하여 평가한다.

참고로 그룹토의 면접에서는 위에서 설명한 의사소통능력 중 경청능력, 의사표현능력 이외에도 협조성이라는 중요한 평가요소가 있다. 협조성이란 공동의 목표를 달성하기 위해 유용한 정보를 동료들과 공유하고 자발적으로 협력을 제공하는 역량을 의미한다.

협조성이 중요한 평가요소인 이유는 두 가지로 설명할 수 있는데 첫째, 채용이나 선발과정에서 우수한 인재를 선발한다는 것은 조직의 목표를 달성하는 데 있어서 다른 사람들과 함께 협력할 수 있는 사람을 뽑는다는 것이고 둘째, 그러한 사람을 채용, 선발하는 과정에서는 회의와 같은 직무상황을 통해 그러한 유사한 행동 및 태도의 특성을 갖는 인재를 선발한다는 것이다.

협조성에 대한 주요한 행동과 태도를 긍정적인 측면과 부정적 측면으로 구분해 살펴보면, 먼저 긍정적 측면의 행동과 태도로는 '문제상황에 대한 공동의 목표를 강조한다', '자신의 실수나 오만에 대해 인정하고 수정하려 한다', '상대방의 옳은 주장에 대해 인정하고 칭찬한다', '구성원들의 토의 참여(예, 의견제시)를 유도한다', '상대방이 기여할 수 있도록 돕는다', '앞 사람의 이야기를 발전시킨다' 등이 있다.

그리고 부정적 측면의 행동과 태도는 긍정적 측면의 행동과 태도와 반대되는 것으로 '자신의 의견에 대한 지적에 대해 민감하게 반응한다', '대결적인 구도를 만들어 간다', '상대방의 의견을 무조건 반대한다', '상대방의 이야기가 끝나면 자기 이야기를 하는 데 급급하다', '합의점 도출보다 자신의 의견이 채택되는 데 급급하다', '상대방의 문제점을 지적하는 데 치중한다' 등이 있다.

　그룹토의에서는 이상의 경청, 의사표현능력, 협조성이 대표적인 평가요소라고 말할 수 있다. 이 외에 그룹토의에서 의사소통능력과 관련하여 지원자의 긍정적 행동과 부정적 행동을 소개하고자 한다. 긍정적 행동이란 그룹토의에서 바람직한 태도와 행동을 하는 것을 의미하는 것이며 이러한 바람직한 태도와 행동을 많이 보일수록 높은 점수를 받을 수 있다. 반대로 부정적 행동은 바람직하지 못한 태도와 행동으로 이러한 부정적 행동은 평가에서 감점(-)요인으로 작용하게 된다.

　의사소통능력 중 그룹토의에서의 주요 의사표현능력은 '듣는 능

[표 5-8] 협조성의 그룹토의 면접 행동지표

평가방법	평가요소	행동지표
그룹토의	협조성	■ 긍정적 측면의 행동과 태도 • 문제상황에 대한 공동의 목표를 강조한다. • 자신의 실수나 오만에 대해 인정하고 수정하려 한다. • 상대방의 옳은 주장에 대해 인정하고 칭찬한다. • 구성원들의 토의 참여(예, 의견제시)를 유도한다. • 상대방이 기여할 수 있도록 돕는다. • 앞 사람의 이야기를 발전시킨다. ■ 부정적 측면의 행동과 태도 • 자신의 의견에 대한 지적에 대해 민감하게 반응한다. • 대결적인 구도를 만들어 간다. • 상대방의 의견을 무조건 반대한다. • 상대방의 이야기가 끝나면 자기 이야기를 하는 데 급급하다. • 합의점 도출보다 자신의 의견이 채택되는 데 급급하다. • 상대방의 문제점을 지적하는 데 치중한다.

력'으로 다른 사람들과 상호작용을 하는 데 평가에 초점을 두었다면, 발표면접에서는 개인의 의사표현능력에 초점을 두고 있다. 언어구사력, 커뮤니케이션 스킬(Communication Skill), 비언어적 행동 등이 발표면접에서의 주요 행동지표를 한 마디로 요약하면 '말하는 능력' 즉 설득력인 것이다. 설득을 효과적으로 하는 태도와 행동이 발표면접에서의 주요 평가지표인 것이다.

발표면접이라고 하면 대부분 지원자의 경우 발표내용에 중심을 두게 된다. 즉 발표하고자 하는 내용에 너무 많은 신경을 쓴 나머

[표 5-9] 그룹토의에서 긍정적 행동과 부정적 행동

평가방법	긍정적 행동	부정적 행동
그룹토의	적극적 발언(발언의 양의 많음) 타인을 이해시키고 설득하려는 노력 타인들의 공감적 반응을 이끌어 내는 발언 핵심위주의 발언 근거 있는 이의 제기 다른 사람을 배려하려는 표현과 행동 발언기회의 양보 다른 사람의 발언에 대한 공감적 표현/행동 다른 사람의 아이디어를 발전시키는 행동 토론의 진전에 기여하는 행동(정리, 시간관리, 조정 등) 타인들의 기여와 참여를 촉진하는 행동	발언의 빈도 주장의 강도 부족 (소심한 또는 자신 없는 발언) 쉽게 자기주장을 철회하거나 포기하는 행동 공감을 얻지 못하는 발언 핵심 없이 긴 발언이나 중언부언하는 발언 이야기의 맺음 없이 왔다 갔다 하는 발언 근거 없는 비판 근거 없는 수용 다듬어지지 않은 거칠거나 공격적인 표현과 행동 다른 사람의 발언을 중단시키는 행동 다른 사람의 발언을 무시하는 행동(곧바로 자기 의견제시) 다른 사람의 발언을 기억하지 못함 다른 사람의 발언을 반복하는 무임승차 맥락을 벗어나거나 옆길로 새는 발언 진행을 무시하는 발언

지 실제 본인의 발표장면에서는 주요한 평가기준인 행동이나 태도를 소홀히 하는 경우가 많다. 물론 발표면접 평가가 의사표현능력 하나만을 평가하는 것이 아니기 때문에 발표면접의 전체 평가요소를 보고 판단해야 되지만 의사표현능력과 관련된 아래 표의 행동지표들을 주로 평가한다고 이해하는 것이 바람직하다.

참고로 발표면접에서 의사표현능력 이외에 분석력이라는 중요한 평가요소가 있다. 분석력이란 자료를 구성요소나 부분으로 분할하여 부분의 확인, 부분 간의 관계의 확인 및 부분들의 구성원리를 찾아내는 능력을 의미한다. 어려운 설명이라 이해하기 힘들 수

[표 5-10] 의사표현능력의 발표면접 행동지표 사례

사례1.

평가방법	평가요소	행동지표
발표면접	의사표현 능력1	• 언어구사력 : 목적과 상황에 맞게 정보를 조직화하여 자신의 입장이나 의견을 정확하고 이해하기 쉽게 표현하며, 논리적이고 설득력 있게 전달한다. • 커뮤니케이션 스킬 : 적절한 목소리, 톤, 어조, 어휘를 사용한다. • 비언어적 행동 : 청자와 적절한 Eye-Contact을 유지하고 효과적인 제스처를 사용한다.

사례2.

평가방법	평가요소	행동지표
발표면접	의사표현 능력2	• 전달방식 : 자신이 제시한 방안에 대해 적극적으로 의견을 피력하고 논리적으로 상대방을 설득시킨다. • 커뮤니케이션 스킬 : 적절한 목소리, 톤, 어조, 어휘를 사용한다. • 비언어적 행동 : 청자와 적절한 Eye-Contact을 유지하고 효과적인 제스처를 사용한다.

사례3.

평가방법	평가요소	행동지표
발표면접	의사표현 능력3	• 복잡한 정보를 조직화하여 아이디어를 명확하고 간결하게 　제시한다. • 자신의 아이디어를 논리적으로 전개시켜 나간다. • 상대방의 반응이나 생각의 흐름을 적절히 파악하고 자신의 　의사를 분명하게 파악한다. • 자신의 아이디어를 효과적으로 전달하기 위한 전략을 적절 　히 사용한다.

사례4.

평가방법	평가요소	행동지표
발표면접	의사표현 능력4	• 자신의 아이디어를 논리정연하고 일관성 있게 전달한다. • 전달하고자 하는 내용에 맞는 적절한 비언어적 행동(시선, 　제스처, 목소리 톤, 강약)을 사용한다. • 상대방의 반응이나 생각의 흐름을 적절히 파악하고 자신의 　아이디어를 효과적으로 전달하기 위한 적절한 단어와 표현 　을 사용한다.

있지만 면접에서 분석력과 관련된 행동지표는 '복잡한 과제를 체계적인 방법으로 처리할 수 있는 작은 단위로 세분화한다', '다양한 방법과 기법을 활용하여 복잡한 문제와 과정을 체계적으로 분해한다', '제시된 자료들을 정량적 및 정성적 측면에서 파악하여 정확한 결론을 도출해 낸다', '제시된 상황, 정보들을 체계적으로 비교하여 유사점, 차이점, 시사점 등을 파악한다' 등이다.

발표면접에서는 위에서 설명한 의사표현능력, 분석력 이외에도 논리력, 사고력 등 다른 평가요소와 함께 평가를 하지만 2가지가 가장 중요한 평가요소라고 할 수 있다.

발표면접에서 의사소통능력과 관련하여 지원자의 긍정적 행동과 부정적 행동을 소개하고자 한다. 긍정적 행동이란 발표면접에서의

[표 5-11] 분석력의 발표면접 행동지표

평가방법	평가요소	행동지표
발표 면접	분석력	• 복잡한 과제를 체계적인 방법으로 처리할 수 있는 작은 단위로 세분화한다. • 다양한 방법과 기법을 활용하여 복잡한 문제와 과정을 체계적으로 분해한다. • 제시된 자료들을 정량적 및 정성적 측면에서 파악하여 정확한 결론을 도출해 낸다. • 제시된 상황, 정보들을 체계적으로 비교하여 유사점, 차이점, 시사점 등을 파악한다.

바람직한 태도와 행동을 의미하는 것이며 이러한 바람직한 태도와 행동을 많이 보일수록 높은 점수를 받을 수 있다. 반대로 부정적 행동은 바람직하지 못한 태도와 행동으로 이러한 부정적 행동은 평가에서 감점(-)요인으로 작용하게 된다. 면접을 앞두고 면접관 교육을 하게되는 경우 면접관들에게 이러한 긍정적 행동과 부정적 행동을 사전에 알려준다면 평가를 좀 더 효과적으로 할 수 있다.

마지막으로 의사소통능력 하위능력별 평가내용으로서 지식(K), 기술(S) 상황(C)을 소개하고자 한다. 아래 표의 자료는 'NCS 홈페이지(https://www.ncs.go.kr)'의 'NCS 및 학습모듈 검색'에서 '직업기초능력' 중 '의사소통능력' '교수자용 파일'(직업기초능력프로그램 : 교수자용 매뉴얼)을 다운받은 것이다.

그 중에서 '내용체계 및 시간'의 내용 중 '의사소통 하위능력별 교육내용으로서의 지식, 기술, 상황'을 '평가내용'으로 수정한 것이다. 여기에는 의사소통능력의 하위요소에 대한 교육내용으로 지식(K), 기술(S), 상황(C)을 나열해 놓았는데, 인사담당자 입장에서 의사소

[표 5-12] 발표면접에서 긍정적 행동과 부정적 행동

평가 방법	긍정적 행동	부정적 행동
발표 면접	주장이 논리적으로 일관적이고 매끄럽다. 주장의 이유, 근거가 분명하다. 강조점이 있고, 주장이 명쾌하다. 자신이 작성한 Material에 의존하지 않는다. 주장이 임팩트(설득력)가 있다. 면접관들을 몰입하게 만든다. 면접관들과 눈을 맞추며 말한다. 시선처리가 매끄럽고 여유가 있다. 발표의 속도, 고저, 강약이 적절하다. 적절한 제스처를 사용한다. 주어진 발표 시간을 크게(1분 내) 벗어나지 않는다. 끝까지 에너지를 유지한다.	논리가 없거나 부족하다. 주장의 근거, 이유 없이 나열식이다. 핵심과 강조점이 없어서, 무엇을 주장하는지가 불분명하다. 책을 읽듯이 자신이 작성한 Material에 의존한다. 지루하게 느껴진다. 내용이 이해되지 않는다. 시선 처리가 부자연스럽다. 시종일관 긴장되어 있다. 너무 빠르거나 너무 천천히 말한다. 고저, 강약 없이 일정하다. 움직임이 없고 제스처를 전혀 사용하지 않는다. 너무 빨리 끝나거나 너무 늦게 끝난다 (2~3분 이상). 목소리 톤이 낮고 힘이 없다. 뒤로 갈수록 에너지가 감소한다.

통능력의 평가와 관련하여 유용하게 활용할 수 있기 때문이다.

즉, 지식 및 기술은 필기시험 평가내용의 기준으로, 상황의 경우에는 상황면접 또는 자기소개서 질문 문항을 개발하거나 시뮬레이션 면접 과제를 개발하는 과정에서 직무상황을 설정하는 근거 자료로 유용하게 활용할 수 있으므로 실제 평가과제를 만드는 데 사용해 보기를 권장한다.

[표 5-13] 의사소통능력 하위능력별 평가내용으로서의 지식, 기술, 상황

하위 능력		평가 내용
문서 이해 능력	K(지식)	– 문서이해의 개념 및 중요성 – 문서의 종류 및 양식 이해 – 문서이해의 구체적인 절차와 원리 – 문서를 통한 정보 획득 및 종합 방법의 유형
	S(기술)	– 문서의 종류에 따른 문서 읽기 – 문서에서 핵심내용 파악 – 주어진 정보의 관련성과 의도 파악 – 문서 읽기를 통한 정보 수집, 요약, 종합
	C(상황)	– 상사의 지시문이나 메모를 읽는 경우 – 업무 처리를 위한 기술매뉴얼을 확인하는 경우 – 고객의 예산서와 주문서를 확인하는 경우 – 업무 보고서를 통해서 정보를 획득하는 경우 – 메일이나 공문을 처리해야 하는 경우
문서 작성 능력	K(지식)	– 체계적인 문서작성의 개념 및 중요성 – 목적과 상황에 맞는 문서 작성의 유형 – 문서의 종류와 양식 이해 – 문서 작성의 구체적인 절차와 원리 – 논리적인 문장 전개 방법의 유형 – 효과적인 내용 구성 방법의 유형
	S(기술)	– 문서의 종류에 따른 적절한 문서 작성 – 문서 작성에 적합한 문체와 어휘 사용 – 논리적인 체계를 사용한 문서 작성 – 문서 작성에서 강조점 표현 방법 – 논리적인 문장 전개 – 목적에 적합한 적당한 분량 설정 – 시각적 표현과 연출 – 작성한 문서의 수정
	C(상황)	– 업무 중 프로젝트나 연구과제의 결과를 문서로 제시하는 경우 – 소비자와 고객의 요구를 문서화하는 경우 – 동료와 정보와 의견을 공유하는 경우 – 산출물을 디자인하고 제시하는 경우 – 상사의 지시와 전화메시지를 기록하는 경우 – 상대방에게 메일이나 공문을 발송하는 경우

하위 능력		평가 내용
경청 능력	K(지식)	- 경청능력의 중요성과 개념 - 대화과정에서 효과적인 경청 방법의 이해 - 상대방의 말을 듣는 바람직한 자세의 이해 - 지시사항에 대한 적절한 반응 방법의 이해 - 지시사항을 재확인하는 방법의 이해
	S(기술)	- 상대방의 말을 주의 깊게 듣고 반응 - 상대방의 의도 파악 - 대화과정에서 숨은 의미를 파악 - 대화과정에서 상대방 격려 - 대화과정에서 상대방과 친밀감과 신뢰감 조성 - 대화과정에서 적절한 시선 처리 - 비언어적인 신호를 파악 - 상대방의 입장 이해 - 상사의 지시사항을 듣고 확인
	C(상황)	- 업무 수행과정에서 상사의 지시를 받는 경우 - 제품판매, 서비스문의 등으로 고객을 대하는 경우 - 조직 구성원과 회의하는 경우 - 업무 결과에 대한 상대방의 의견을 듣는 경우 - 업무 수행 과정에서 상대방과 의견을 조율해야 하는 경우
의사 표현 능력	K(지식)	- 정확한 의사전달의 중요성 - 의사표현의 기본 원리 - 효과적인 의사표현 방법의 유형 - 설득력 있는 화법의 특징 및 요소 - 상황과 대상에 따른 화법의 이해 - 비언어적 의사표현 방법 이해
	S(기술)	- 주제, 상황, 목적에 적합한 의사표현 - 자신 있고 단정적인 의사표현 - 간단명료한 의사표현 - 중요한 부분을 반복하여 제시 - 목소리의 크기, 억양, 속도의 변화 - 상황에 대한 적절한 질문 - 대화를 구조화하는 기술 - 적합한 이미지와 어휘, 표현 사용 - 상황에 적합한 비언어적 의사 표현
	C(상황)	- 업무 중 상사의 지시를 확인하는 경우 - 소비자와 고객에게 제품을 소개하고 판매하는 경우 - 동료와 정보와 의견을 공유하는 경우 - 업무 결과를 발표하는 경우 - 업무 수행 과정에서 상대방에게 질문하는 경우 - 회의에서 상대방을 설득시키는 경우

제1부

제2부

제3부

제4부

제5부

제6부

부록

하위 능력		평가 내용
기초 외국어 능력	K(지식)	– 기초적인 외국어 회화에 대한 지식 – 비언어적 의사 표현 방법의 유형 – 외국 문화에 대한 이해
	S(기술)	– 기초적인 외국어로 된 자료 읽기 방법 – 외국인을 대하는 방법 습득 – 기초적인 외국어 회화 기술 – 사전 활용 방법 습득
	C(상황)	– 업무 상황에서 외국어로 된 메일을 확인하는 경우 – 외국어로 된 관련 자료를 읽는 경우 – 외국산 제품의 사용방법을 확인해야 하는 경우 – 외국인으로부터 걸려온 전화를 받는 경우 – 외국인 고객을 상대하는 경우

Chapter 3
수리능력(數理能力)

- Mathematical capacity -

 수리능력은 NCS 직업기초능력 10개 영역 중 하나로, 업무를 수행함에 있어 사칙연산, 통계, 확률의 의미를 정확하게 이해하고 이를 업무에 적용하는 능력이다.

 NCS 직업기초능력으로서 수리능력이란 업무 시 필요한 기초적인 사칙연산과 통계 방법을 이해하고, 도표의 의미를 파악하거나 도표를 이용하여 결과를 효과적으로 제시할 수 있는 능력을 말한다. 수리능력은 기초연산능력, 기초통계능력, 도표분석능력, 도표작성능력으로 구분할 수 있다.

 각각의 능력을 좀 더 자세하게 설명하면 먼저, 기초연산능력이란 '직장생활에서 필요한 기초적인 사칙연산과 계산방법을 이해하고 활용하는 능력'을 의미한다. 특히 기초연산능력은 직장생활에서 다단계의 복잡한 사칙연산을 수행하고, 연산결과의 오류를 수정하는 것이 요구된다는 측면에서 필수적으로 요구되는 능력이라 할 수 있다.

구체적으로 기초연산능력은 ①업무상 계산을 수행하고 결과를 정리하는 경우, ②업무비용을 측정하는 경우, ③고객과 소비자의 정보를 조사하고 결과를 종합하는 경우, ④조직의 예산을 작성하는 경우, ⑤업무수행 경비를 제시하여야 하는 경우, ⑥다른 상품과 가격비교를 하여야 하는 경우 등에서 필요한 능력이라 할 수 있다.

기초통계능력이란 '직장생활에서 평균, 합계, 빈도와 같은 기초적인 통계기법을 활용하여 자료의 특성과 경향성을 파악하는 능력'을 의미한다. 특히 기초통계능력은 직장생활에서 다단계의 복잡한 통계기법을 활용하여 결과의 오류를 수정하는 것이 요구된다는 측면에서 필수적으로 요구되는 능력이라 할 수 있다.

구체적으로 기초통계능력은 ①고객과 소비자의 정보를 조사하여 자료의 경향성을 제시하는 경우, ②연간 상품 판매실적을 제시하여야 하는 경우, ③업무비용을 다른 조직과 비교하여야 하는 경우, ④업무 결과를 제시하여야 하는 경우, ⑤상품판매를 위한 지역 조사를 실시하여야 하는 경우 등에서 필요한 능력이라 할 수 있다.

도표분석능력이란 '직장생활에서 도표(그림, 표, 그래프 등)의 의미를 파악하고, 필요한 정보를 해석하는 능력'을 의미한다. 특히 도표분석능력은 직장생활에서 접하는 다양한 도표를 분석하여 내용을 종합하는 것이 요구된다는 측면에서 필수적으로 요구되는 능력이라 할 수 있다.

구체적으로 도표분석능력은 ①업무수행 과정에서 도표로 주어진 자료를 해석하는 경우, ②도표로 제시된 업무비용을 측정하는 경우, ③조직의 생산가동률 변화표를 분석하는 경우, ④계절에 따른 고객의 요구도가 그래프로 제시된 경우, ⑤경쟁업체와의 시장점유율이 그림으로 제시된 경우 등에서 필요한 능력이라 할 수 있다.

도표작성능력이란 '직장생활에서 도표(그림, 표, 그래프 등)를 이용하여 결과를 효과적으로 제시하는 능력'을 의미한다. 특히 도표작성능력은 직장생활에서 다양한 도표를 활용하여 내용을 강조하여 제시하는 것이 매우 중요하다는 측면에서 필수적으로 요구되는 능력이라 할 수 있다.

구체적으로 도표작성능력은 ①업무결과를 도표를 사용하여 제시하는 경우, ②업무의 목적에 맞게 계산결과를 묘사하는 경우, ③업무 중 계산을 수행하고 결과를 정리하는 경우, ④업무에 소요되는 비용을 시각화해야 하는 경우, ⑤고객과 소비자의 정보를 조사하고 결과를 설명하는 경우 등에서 필요한 능력이라 할 수 있다.

수리능력은 모든 직업인들에게 공통적으로 요구되는 기초 직업능력으로서 직장에서 업무를 수행하는 직업인에게 기본적이며 중요한 능력이다. 업무를 수행하다 보면 적절한 자료와 방법을 결정하고, 연산을 수행하며, 기초적인 통계기법을 사용하고 결과를 이해하며, 도표의 형식이나 내용을 이해하고 이를 작성할 수 있는 일들이 빈번하게 발생하기 때문이다.

[표 5-14] 수리능력의 하위요소

하위요소	내용	세부요소
기초연산 능력	업무를 수행함에 있어 기초적인 사칙연산과 계산 방법을 이해하고 활용하는 능력	• 연산 방법 선택 • 연산 수행 • 연산 결과와 방법에 대한 평가
기초통계 능력	업무를 수행함에 있어 필요한 백분율, 평균, 확률과 같은 기초적인 통계 기법을 활용하여 자료의 특성과 경향성을 파악하는 능력	• 통계 기법 선택 • 연산 수행 • 통계 결과와 기법에 대한 평가
도표분석 능력	업무를 수행함에 있어 도표(그림, 표, 그래프 등)의 의미를 파악하고 필요한 정보를 해석하는 능력	• 도표에서 제시된 정보 인식 • 정보 해석 • 해석한 정보의 적용
도표작성 능력	업무를 수행함에 있어 필요한 도표(그림, 표, 그래프 등)를 효과적으로 제시하는 능력	• 도표 제시 방법 선택 • 도표를 이용한 정보 제시

따라서 직장인으로서 연산이나 통계와 직접적으로 관련된 업무를 수행하지 않더라도 기본적인 연산이나 통계, 도표의 분석 및 작성을 수행해야만 하기 때문에 직원을 선발하는 경우 업무상황에서 요구되는 사칙연산과 기초적인 통계방법을 이해하고 도표의 의미를 파악하거나 도표를 이용해서 결과를 효과적으로 제시하는 수리능력에 대한 평가가 필수적이다.

다시 정리하면 수리능력의 평가는 "직장생활에서 요구되는 사칙연산과 기초적인 통계방법을 이해하고, 도표의 의미를 파악하거나 도표를 이용해서 결과를 효과적으로 제시하는 능력"으로, 이를 평가하기 위해서는 세부적으로 수리능력의 중요성, 기본적인 통계방법 설명, 도표분석 및 작성의 중요성이 포함되어야 한다.

다른 NCS 직업기초능력이 채용이나 선발과정에서 자기소개서,

필기시험, 면접 등을 통해 다양하게 평가하는 것과는 다르게 수리능력은 평가방법이 다양하지 않다. 일반적으로 필기시험 방식으로 평가를 하게 되며, 수리능력이 필요한 직무상황을 제시하여 상황에 따른 지식과 기술을 평가한다.[23]

예를 들어, 기초연산능력은 ①업무상 계산을 수행하고 결과를 정리해야 하는 상황, ②업무비용을 측정해야 하는 상황, ③고객과 소비자의 정보를 조사하고 결과를 종합해야 하는 상황, ④조직의 예산안을 작성해야 하는 상황, ⑤업무수행 경비를 제시해야 하는 상황, ⑥다른 상품과 가격 비교를 하는 상황 등을 제시하고 이러한 상황에 필요한 지식이나 기술을 평가한다.

이때 지식적인 내용으로는 수의 개념, 단위, 체제, 업무에 필요한 연산 기법의 유형, 다양한 계산방법의 이해, 계산 결과 제시방법의 이해, 결과 제시 단위 사용방법의 이해 등이 있다. 기술적인 내용으로는 수치화된 자료의 해석, 업무에 필요한 사칙연산 수행, 연산 결과에 적합한 단위 사용, 계산 결과를 다른 형태로 제시, 계산 수행방법에 대한 평가, 계산 결과의 오류 확인, 계산 결과의 업무와의 관련성 파악 등이 있다.

기초통계능력은 ①고객과 소비자의 정보를 조사하여 자료의 경향성을 제시해야 하는 상황, ②연간 상품 판매실적을 제시해야 하

---

[23] 2018년 NCS 시행기관 중 84%의 기관이 필기시험 단계에서 직업기초능력 평가 시 수리능력을 출제하였으며, 전체 10개의 직업기초능력 중 출제빈도 3위를 기록하였음.

는 상황, ③업무비용을 다른 조직과 비교해야 하는 상황, ④업무 결과를 제시해야 하는 상황, ⑤상품판매를 위한 지역 조사를 실시해야 하는 상황 등을 제시할 수 있다.

이때 지식적인 내용으로 경향성의 개념, 기초적인 통계방법의 이해, 그래프의 이해, 기초적인 통계량과 분포의 이해, 통계자료 해석방법의 종류를 평가할 수 있으며, 기술적인 측면에서는 빈도, 평균, 범위에 대한 계산을 통한 자료 제시, 계산 결과에 대한 효과적인 표현, 데이터를 측정하는 방법 선택, 계산 수행방법에 대한 평가, 계산 결과의 오류 확인, 계산 결과의 업무와의 관련성 파악 능력을 평가할 수 있을 것이다.

도표분석능력은 ①업무 수행 과정에서 도표로 주어진 자료를 해석해야 하는 상황, ②도표로 제시된 업무비용을 측정해야 하는 상황, ③조직의 생산 가동률 변화표를 분석해야 하는 상황, ④계절에 따른 고객 요구도가 그래프로 제시된 상황, ⑤경쟁업체와의 시장 점유율이 그림으로 제시된 상황 등을 제시하고 지식적인 측면에서 도표의 종류, 도표 분석 방법의 이해, 도표 제목 해석 원리, 시각화 자료 이해, 도표로부터 정보 획득 방법의 이해, 도표 종류별 장단점 이해 등을 평가할 수 있으며, 기술적인 내용으로 도표의 구성요소 파악, 표(Table), 다이어그램(Diagram), 차트(Chart), 그래프 분석, 제시된 도표의 비교·분석, 도표로부터 관련 정보 획득, 도표의 핵심내용 파악, 도표의 정보와 업무와의 관련성 파악 능력 등을 평가할 수 있을 것이다.

도표작성능력은 ① 업무 결과에 대하여 도표를 사용하여 제시하는 상황, ②업무의 목적에 맞게 계산 결과를 묘사한 상황, ③업무 중 계산을 수행하고 결과를 정리하는 상황, ④업무에 소요되는 비용을 시각화해야 하는 상황, ⑤고객과 소비자의 정보를 조사하고 결과를 설명해야 하는 상황 등을 제시하고, 지식적인 내용으로 도표 작성 목적, 도표 작성 절차의 이해, 도표의 종류, 도표를 활용한 표현 방법의 이해, 도표를 이용한 핵심내용 강조방법의 유형, 시각화 표현 방법 이해 등을 평가할 수 있다. 기술적인 내용으로 도표로 전달한 내용 결정, 도표의 종류에 따른 효과적인 표현, 도표 내용에 적절한 제목 진술, 도표로 제시할 결과 주요내용 요약, 정확한 단위 사용, 내용을 효과적으로 전달할 크기, 형태 파악, 다양한 이미지에 대한 효과적인 활용 능력 등을 평가할 수 있다.

　수리능력의 다른 필기시험 평가방식으로 서술형 및 논술형 평가가 있는데, 이는 주어진 주제에 대하여 자유롭게 기술하게 함으로써 지원자를 평가하는 방법이다. 이 중에서 서술형이라고 하면, 그 해답이 예를 들어 3-4행 정도로 좀 더 간단한 대답이 나올 수 있는 것을 가리키며, 논술형은 답안지 양식에 맞춰 각자의 생각을 논리적으로 비교적 길게 답해야 하는 형식을 가리킨다. 이 방식은 객관식 필기시험 방식보다 지원자들의 수가 상대적으로 적고, 응용력, 종합력, 표현력 등 고도의 수리능력을 측정하는 데 적합한 평가 방법이다. 다만 채점의 객관성을 확보하는 것이 중요한 과제이다.

　이 외에 수리능력은 다른 능력을 평가하는 데 있어 간접적인 능력으로 함께 평가가 가능하다. 예를 들어 발표면접(Presentation), 서류함 기법(In-Basket) 등의 시뮬레이션(Simulation) 면접에서 과제를 분석, 발표하는 과정에서 기초연산능력, 기초통계능력, 도표분석능력, 도표작성능력 등을 활용하여 과제를 수행하는 경우가 많기 때문이다.

이 경우 지원자에 대한 수리능력의 직접적인 평가보다는 문제해결능력의 사고력과 문제처리능력, 의사소통능력의 문서이해능력, 문서작성능력, 언어구사력 등을 평가하는 과정에서 지원자가 다양한 수학적 사고와 도구를 활용하고 있는지 즉, 사칙연산 및 계산방법, 제시된 자료에서 평균, 합계, 빈도와 같은 기초적인 통계기법을 활용하여 자료의 특성과 경향성을 파악하고, 도표(그림, 표, 그래프 등)를 이용하여 자신의 의견을 효과적으로 제시하는가를 관찰, 평가하는 것이다.

마지막으로 수리능력 하위능력별 평가내용으로서 지식(K), 기술(S) 상황(C)을 소개하고자 한다. 아래 표의 자료는 'NCS 홈페이지(https://www.ncs.go.kr)'의 'NCS 및 학습모듈 검색'에서 '직업기초능력' 중 '수리능력' '교수자용 파일'(직업기초능력프로그램 : 교수자용 매뉴얼)을 다운받은 것이다.

그 중에서 '내용체계 및 시간'의 내용 중 '수리능력 하위능력별 교육내용으로서의 지식, 기술, 상황'을 '평가내용'으로 수정한 것이다. 여기에는 수리능력의 하위요소에 대한 교육내용으로 지식(K), 기술(S), 상황(C)을 나열해 놓았는데, 인사담당자 입장에서 수리능력의 평가와 관련 유용하게 활용할 수 있기 때문이다.

즉, 지식 및 기술은 필기시험 평가내용의 기준으로, 상황의 경우에는 상황면접 또는 자기소개서 질문 문항을 개발하거나 시뮬레이션 면접 과제를 개발하는 과정에서 직무상황을 설정하는 근거 자료로 유용하게 활용할 수 있으므로 실제 평가과제를 만드는 데 사용해 보기를 권장한다.

[표 5-15] 수리능력 하위능력별 평가내용으로서의 지식, 기술, 상황

하위능력		평가내용
기초연산능력	K(지식)	• 수의 개념, 단위, 체제 • 업무에 필요한 연산 기법의 유형 • 다양한 계산방법의 이해 • 계산결과 제시방법의 이해 • 결과 제시 단위 사용 방법의 이해
	S(기술)	• 수치화된 자료의 해석 • 업무에 필요한 사칙연산 수행 • 연산 결과에 적합한 단위 사용 • 계산 결과를 다른 형태로 제시 • 계산 수행 방법에 대한 평가 • 계산 결과의 오류 확인 • 계산결과의 업무와의 관련성 파악
	C(상황)	• 업무상 계산을 수행하고 결과를 정리하는 경우 • 업무비용을 측정하는 경우 • 고객과 소비자의 정보를 조사하고 결과를 종합하는 경우 • 조직의 예산안을 작성하는 경우 • 업무수행 경비를 제시해야 하는 경우 • 다른 상품과 가격 비교를 하는 경우
기초통계능력	K(지식)	• 경향성의 개념 • 기초적인 통계방법의 이해 • 그래프의 이해 • 기초적인 통계량과 분포의 이해 • 통계자료 해석방법의 종류

제1부

제2부

제3부

제4부

제5부

제6부

부록

하위 능력		평가내용
기초 통계 능력	S(기술)	• 빈도, 평균, 범위에 대한 계산을 통한 자료 제시 • 계산결과에 대한 효과적인 표현 • 데이터를 측정하는 방법 선택 • 계산 수행 방법에 대한 평가 • 계산 결과의 오류 확인 • 계산결과의 업무와의 관련성 파악
	C(상황)	• 고객과 소비자의 정보를 조사하여 자료의 경향성을 제시하는 경우 • 연간 상품 판매실적을 제시하는 경우 • 업무비용을 다른 조직과 비교해야 하는 경우 • 업무 결과를 제시하는 경우 • 상품판매를 위한 지역 조사를 실시하는 경우
도표 분석 능력	K(지식)	• 도표의 종류 • 도표 분석 방법의 이해 • 도표 제목 해석 원리 • 시각화 자료 이해 • 도표로부터 정보 획득 방법의 이해 • 도표 종류별 장단점 이해
	S(기술)	• 도표의 구성요소 파악 • 표·다이어그램·차트·그래프 분석 • 제시된 도표의 비교, 분석 • 도표로부터 관련 정보 획득 • 도표의 핵심내용 파악 • 도표의 정보와 업무와의 관련성 파악
	C(상황)	• 업무 수행 과정에서 도표로 주어진 자료를 해석하는 경우 • 도표로 제시된 업무비용을 측정하는 경우 • 조직의 생산 가동률 변화표를 분석하는 경우 • 계절에 따른 고객 요구도가 그래프로 제시된 경우 • 경쟁업체와의 시장점유율이 그림으로 제시된 경우
도표 작성 능력	K(지식)	• 도표 작성 목적 • 도표 작성 절차의 이해 • 도표의 종류 • 도표를 활용한 표현 방법의 이해 • 도표를 이용한 핵심내용 강조 방법의 유형 • 시각화 표현 방법 이해

하위 능력		평가내용
도표 작성 능력	S(기술)	• 도표로 전달한 내용 결정 • 도표의 종류에 따른 효과적인 표현 • 도표 내용에 적절한 제목 진술 • 도표로 제시할 결과 주요내용 요약 • 정확한 단위 사용 • 내용을 효과적으로 전달할 크기, 형태 파악 • 다양한 이미지에 대한 효과적인 활용
	C(상황)	• 업무 결과를 도표를 사용하여 제시하는 경우 • 업무의 목적에 맞게 계산 결과를 묘사하는 경우 • 업무 중 계산을 수행하고 결과를 정리하는 경우 • 업무에 소요되는 비용을 시각화해야 하는 경우 • 고객과 소비자의 정보를 조사하고 결과를 설명하는 경우

제1부

제2부

제3부

제4부

제5부

제6부

부록

Chapter 4
문제해결능력
(問題解決能力)

- Problem-solving ability -

 NCS 직업기초능력으로서 문제해결능력이란 업무를 수행함에 있어 문제 상황이 발생했을 경우, 창조적이고 논리적인 사고를 통하여 이를 올바르게 인식하고 적절하게 해결하는 능력을 말한다. 여기서 '문제 해결'은 목표와 현상을 분석하고, 이 분석 결과를 토대로 과제를 도출하여 최적의 해결책을 찾아 실행, 평가해 가는 활동을 의미한다.

 모든 직업인들에게 공통적으로 요구되는 기초 직업능력으로서 문제해결능력은 직장생활에서 문제 상황이 발생하였을 경우, 창조적이고 논리적인 사고를 통하여 이를 올바르게 인식하고 적절히 해결하는 능력을 의미한다.

 오늘날과 같이 기업 환경이 격변하는 시대적 상황 속에서 직업인들은 해결해야 할 많은 문제를 안고 있다. 또한 급변하는 현재의 직업생활 환경은 과거의 성공 체험이 전혀 도움이 되지 않으며, 새로운 문제를 신속히 발견하고 정확한 해결책을 창출할 수 있는 문제해결능력의 향상을 요구하고 있다. 오늘날 복합적으로 나타나는 문제들은 한 가지 형태로 나타나지 않으며, 다양한 형태의 문제에 대처하기 위해서는 직업인으로서 문제해결능력이 필수적이다.

직장생활에서 각 개인은 끊임없이 문제해결능력을 발휘하는 상황을 마주하게 되고, 해결하기를 원하지만 해결해야 되는 방법이나, 해답을 얻는 데 필요한 일련의 행동을 알지 못하는 문제 상태에 봉착하기도 한다. 이때 문제를 인식하고 문제를 방치하지 않고 도전하여 해결하려는 능력을 보유하고 있어야만 한다.

이와 같은 문제해결능력을 가진 직원을 선발하기 위해서는 다음과 같은 사항에 주안점을 두고 평가하는 것이 필요하다.

문제해결능력은 문제 해결을 위해 사실과 의견을 구분하고 유용한 의견과 타당한 의견을 제시하는 사고력과, 문제 발생 시 사실과 대안을 확인하고 원인을 분석하며 다양한 대안을 제시하여 처리하는 문제처리능력으로 나눌 수 있다.

문제해결능력은 채용, 선발 과정에서 가장 많이 사용되는 평가요소이다. 예를 들면 입사지원서의 자기소개서 평가, 필기시험에서의 직업기초능력 평가, 논술시험, 기획서 및 보고서 작성 등이 있다. 또한 구술면접에서 경험면접(또는 과거행동면접), 상황면접 등이 있으며, 그룹토의, 발표면접, 서류함기법 등의 시뮬레이션 면접 등

제1부

제2부

제3부

제4부

제5부

제6부

부록

[표 5-16] 문제해결능력의 하위요소

하위요소	내용	세부요소
사고력	업무와 관련된 문제를 인식하고 해결함에 있어 창조적, 논리적, 비판적으로 생각하는 능력	• 창의적 사고 • 논리적 사고 • 비판적 사고
문제처리능력	업무와 관련된 문제의 특성을 파악하고, 대안을 제시, 적용하고 그 결과를 평가하여 피드백하는 능력	• 문제 인식 • 대안 선택 • 대안 적용 • 대안 평가

전형단계별 다양한 평가도구들의 평가요소로 활용되고 있다.

사고력을 자기소개서로 평가한다면 창의적 사고를 지원자에게 물을 수 있는데, 창의적 사고란 기본적으로 이전에 없었던 것을 새롭게 만들어 내거나 불편했던 것들을 개선해 가는 능력으로 정의를 내릴 수 있으며, 이를 기반으로 자기소개서 항목을 만들어 본다면 아래 표와 같다.

논리적 사고와 비판적 사고는 자기소개서를 통해 지원자를 평가하기 어렵기 때문에 자기소개서 항목으로 사용하기보다는 필기시험이나 면접을 통해 평가한다.

사고력을 필기시험으로 평가한다면 우선 지원자가 사고력의 하위요소 즉, 창의적 사고, 논리적 사고, 비판적 사고와 관련된 능력을 가지고 있는가를 평가하는 것으로, 다른 직업기초능력의 하위요소 평가와 마찬가지로 사고력이 필요한 상황을 제시하고 이를 잘 수행하기 위한 지식이나 기술을 가지고 있는가를 평가하는 것이다.

[표 5-17] 사고력에 대한 자기소개서 문항 예시

하위요소	세부요소	자기소개서 문항 예시
사고력	창의적 사고	최근 학업이나 업무를 수행하면서, 창의적인 아이디어로 더 좋은 성과를 달성했던 경험을 기술하시오. • 왜 그 아이디어가 창의적이었습니까? 일반적인 경우와 다른 점은 무엇입니까? • 얼마나 좋은 성과를 달성한 것입니까? 주변 사람들의 반응은 어떠했습니까?
		지금까지 살아오면서 일상 생활 속에서 어떤 문제점을 찾아 개선한 경험을 기술하시오. • 그렇게 개선해서 무엇이 얼마나 좋아졌습니까? 그 혜택을 보는 사람들은 누구입니까? • 다른 사람들은 그런 생각을 전혀 못한 것입니까? 왜 그렇다고 생각합니까?
		학교나 회사 생활을 하면서 기존과는 다른 획기적(창의적)인 방식을 시도하여 좋은 성과를 거두었던 경험이 있다면 기술하시오. • 기존 방식과 새로운 방식의 차이점은 무엇입니까? 각각의 장단점은 무엇입니까? • 평소 그런 경험을 자주하는 편입니까?
		평소에 생활하면서 불편했던 점을 개선했던 경험이나 사례중 가장 기억에 남는 것은 있다면 기술하시오. • 그러한 개선점을 생각하게된 계기는 무엇입니까? • 주변 사람들의 반응은 어떠했습니까? 반대하는 사람들은 어떻게 설득하셨습니까?

사고력이 필요한 상황을 예로 들면, 업무를 수행함에 있어서 창의적으로 생각해야 하는 경우, 업무의 전후관계를 논리적으로 생각해야 하는 경우, 업무 내용이나 상사의 지시를 무조건 수용하지 않고 비판적으로 생각해야 하는 경우, 업무와 관련해서 자신의 의사를 합리적으로 결정해야 하는 경우, 업무와 관련된 새로운 프로세스를 개발해야 하는 경우, 업무와 관련해서 문제가 발생하였을 때 합리적으로 해결해야 하는 경우 등이 있다.

주어진 상황에 따라 평가하는 사고력 관련 지식의 내용은 창의적인 사고의 개념, 창의적 사고의 구성요소, 창의적 사고의 개발 원리, 창의적 사고를 개발하는 방법, 논리적인 사고의 개념, 논리적인 사고의 구성요소, 논리적인 사고의 개발 원리, 논리적인 사고를 개발하는 방법, 비판적인 사고의 개념, 비판적 사고의 구성요소, 비판적 사고의 개발 원리, 비판적 사고를 개발하는 방법 등이 있다.

사고력과 관련된 기술적인 평가 내용으로는 주변 환경에 대해서 유심히 관찰하고 기록, 특정한 문제상황에서 가능한 많은 양의 아이디어를 산출, 고정적인 사고방식이나 시각 자체를 변화시켜 다양한 해결책 발견, 발상의 전환을 통해서 다양한 관점을 적용, 다듬어지지 않은 아이디어를 보다 치밀한 것으로 발전시킴, 핵심적인 아이디어를 식별, 사고의 오류가 무엇인지를 확인하여 제시, 아이디어간의 관계 유형을 파악하여 제시, 아이디어를 비교, 대조해서 순서화하여 제시, 사실과 의견을 구분하여 제시, 신뢰할 수 있는 정보자료를 획득, 문제를 다양한 관점에서 검토하여 정리, 주장이나 진술에 포함된 편견을 발견하여 제시하는 능력 등이 있다.

위에서 제시한 사고력 관련 기술의 평가는 필기시험뿐만 아니라 면접에서도 적용 가능하다. 예를 들면, 특정한 문제상황에서 가능한 많은 양의 아이디어를 도출하는 능력은 그룹토의(GD)를 통해 지원자의 여러가지 아이디어를 도출하는 과정을 평가할 수 있다.

고정적인 사고방식이나 시각 자체를 변화시켜 다양한 해결책을 발견하거나 발상의 전환을 통해서 다양한 관점을 적용하고 다듬어

[표 5-18] 사고력의 그룹토의 행동지표

평가방법	평가요소	행동지표
그룹토의	사고력	• 주어진 이슈의 내용을 명확하게 파악하고 있다. • 창의적, 논리적, 비판적 사고를 통해 가능한 대안을 도출한다. • 문제에 대한 명확한 판단기준으로 대안을 평가하고 선택할 수 있다.

지지 않은 아이디어를 치밀한 것으로 발전시키는 능력은 발표면접 (PT)를 통해서 평가할 수 있다. 사고의 오류가 무엇인지를 확인하여 제시하거나 아이디어 간의 관계 유형을 파악하여 제시하거나 문제를 다양한 관점에서 검토하여 정리하는 능력은 발표면접을 통해서도 평가할 수 있을 것이다.

사고력이 문제를 해결할 수 있는 기본적인 역량이라면 실제 문제를 처리할 수 있는 능력은 말 그대로 문제처리능력이다. 문제처리능력은 업무와 관련된 문제의 특성을 파악하고, 대안을 제시, 적용하고 그 결과를 평가하여 피드백(Feed-Back)하는 능력을 의미한다. 이에 대한 세부요소로는 문제 인식, 대안 선택, 대안 적용, 대안 평가 등이 있다.

일반적으로 채용이나 선발의 전형단계 중 입사지원서의 자기소개서에서는 문제처리능력과 관련하여 세부요소에 대한 평가보다는 문제처리능력 자체에 대해 평가하는 경우가 많다.

문제처리능력은 직장생활을 하는 데 가장 중요한 능력이라 할 수 있으며, 위에 소개한 자기소개서 평가 이외에도 필기시험이나 면접전형에서 다양하게 평가할 수 있다. 이하에서는 문제처리능

[표 5-19] 문제처리능력에 대한 자기소개서 문항 예시

하위요소	자기소개서 문항 예시
문제처리 능력	자신의 전문적인 지식 및 기술을 활용하여 주어진 과제나 업무의 문제 상황을 효과적으로 해결했던 경험에 대해 구체적으로 기술해 주십시오.
	예상하지 못한 문제에 부딪쳐 계획대로 과제나 업무가 진행되지 못했을 때, 이를 해결하기 위해 포기하지 않고 노력했던 경험이 있다면 구체적으로 기술해 주십시오.
	직장생활을 하면서 문제처리능력이 중요한 이유와 자신이 문제처리능력이 있다는 것을 사례나 경험을 통해 기술하시오.
	평상 시 생활하면서 불편했던 점을 개선했던 경험이나 사례 중 가장 기억에 남는 것은 무엇이고, 그렇게 생각하는 이유와 다른 사람들은 왜 그러한 생각을 못했는지에 대해서 기술해 주십시오.

력과 관련하여 필기시험이나 면접에서의 다양한 평가방법을 설명하고자 한다.

먼저 필기시험의 경우 객관식 지필시험 이외에도 기획서, 보고서 작성 및 논술시험 등을 통해 평가할 수 있다. 객관식 지필시험의 경우에 직무상황에서 일어날 수 있는 다양한 경우들을 제시하여 지원자가 이를 해결할 수 있는 지식이나 기술, 태도적인 측면을 가지고 있는지 평가할 수 있다.

이때 사용되는 직무의 상황은 업무 수행 중 발생하는 문제를 적절히 해결해야 하는 경우, 변화하는 주변 환경과 현장 상황을 파악해서 업무의 핵심에 도달해야 하는 경우, 주어진 업무를 처리하는 서류를 다루는 경우, 문제해결을 위한 사례를 분석, 개발, 적용해야 하는 경우, 공정 개선 및 인원의 효율적인 운영이 필요한 경우 등이 있다.

이러한 문제상황을 해결하기 위한 지식적 요소들은 문제의 개념을 파악하는 능력으로 지원자가 문제처리를 위한 바람직한 상태와 현 상태의 괴리를 이해하고 있는가, 발생형 문제, 탐색형 문제, 설정형 문제 등 문제의 유형에 대해 구분할 수 있는가, 문제의식의 장해 요인, 문제해결을 위한 요소, 문제해결의 기본적 사고, 문제해결의 장애요소, 문제해결의 절차, 문제해결 절차의 기법의 이론에 대해 지원자의 이해 정도를 평가한다.

기술적 능력의 평가내용으로는 해결해야 할 문제를 체계적으로 상세히 기술할 수 있는가, 문제해결에 필요한 자료를 수집하고 정리할 수 있는가, 실행 가능한 대안들을 나열, 적절한 기법을 사용하여 문제의 전후맥락을 파악하고 제시, 잠재적 장애요소를 파악하고 대응방안을 수립, 효율적이고 효과적인 해결안을 제시, 문제점들간의 상관관계와 중요도를 도출, 문제해결에 필요한 능력들을 실증적으로 제시, 대안에 따라 영향을 받게 될 사람, 부서의 이해관계를 제시, 합리적 방법으로 최적대안을 평가, 선정하여 실행, 문제를 해결할 창의적 아이디어와 혁신적 조치를 제안할 수 있는 능력을 가지고 있는가를 평가하는 것이다.

위에 열거한 평가내용에 대해 많은 지원자를 동시에 평가하는 경우 객관적 지필시험을 통해 평가하는 것이 효율적이긴 하지만 적은 지원자를 대상으로 좀 더 심층적인 평가를 시도한다면 기획서나 보고서 작성 또는 논술시험의 형태로 평가를 하는 것이 바람직하다. 지원자들에게 발생형 문제, 탐색형 문제, 설정형 문제 등 문제의 유형을 먼저 설정하고 그에 따른 다양한 자료를 제시하여 문체처리와 관련된 다양한 기술적인 능력들을 평가하는 것인데, 경우에 따라서는 지원자가 작성한 답안지를 면접 자료로 활용할 수도 있다.

문제처리능력은 면접전형에서도 다양한 도구로 지원자를 평가할 수 있다. 먼저, 개별면접 차원에서 경험행동면접(BEI)은 지원자의 문제처리능력과 관련된 경험이나 행동 사례를 물어볼 수 있으며, 상황면접에서는 직무에서의 문제 상황들을 지원자에게 제시하고 어떻게 행동할 것인지를 묻는 것이다.

이를 통해 경험행동면접에서는 지원자의 과거 경험이나 사례를 통해 행동수준을 평가하는 것이며, 상황면접에서는 지원자의 행동의도를 파악하여 문제해결능력과 관련한 지원자의 행동수준을 평가하는 방식이다.

과제면접에는 대표적으로 발표면접과 서류함기법이 있는데, 서

[그림 5-1] 기획서 및 보고서 작성+면접의 구조(예시)

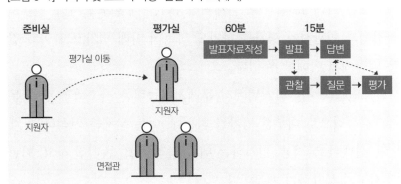

류함기법은 발표면접 과제가 모여 있는 즉, 여러 개의 발표면접을 동시에 수행하는 과제라고 이해할 수 있다. 다시 말하면 동시에 수행해야 할 과제 수가 발표면접은 1개이고, 서류함기법은 3~4개 정도라고 생각하면 된다. 발표면접은 지원자 1인이 수행하는 과제이지만 서류함기법은 1인이 수행하는 경우와 3~4인이 함께 수행하는 방식이 있는데 이를 집단 서류함기법(Group In-Basket)이라고 한다.

면접도구에 따른 과제수가 다르기는 하지만, 제시하는 과제의 형태는 객관식 지필시험이나 보고서 및 논술시험과 유사하다. 평가의 진행은 지원자에게 직무와 상황과 처리해야 할 과제를 제시하고 지원자가 과제를 수행하기 위한 준비시간(발표면접의 경우 15~30분, 서류함기법의 경우 50~90분)을 주고 이후 10분 내외의 시간 동안 지원자가 수행한 과제에 대해 발표와 질의, 응답의 시간을 갖는다.

발표면접과 서류함기법에서 평가하는 문제처리능력에 대한 행동지표는 아래 표와 같다. 문제처리능력은 세밀한 일처리, 업무의 완결성과 연관시켜 평가를 하기도 하는데 아래 평가표도 이와 같은 맥락에서 이해할 수 있다.

발표면접과 서류함기법에서 문제처리능력은 사고력과 함께 문제해결능력으로 대부분 평가를 하는데, 이는 문제를 인식하고, 대안을 선택하고, 적용, 평가하는 데 창의적 사고, 논리적 사고, 비판적 사고가 중요하기 때문이다.

[표 5-20] 문제처리능력의 서류함기법(In-Basket)과 발표면접에서 행동지표 사례

사례1.

평가방법	평가요소	행동지표
발표면접 서류함 기법	문제처리 능력	• 업무가 바른 방향으로 정확하고 철저하게 진행되고 있는지 주의 깊게 관찰한다. • 해결과제 및 업무처리 프로세스 등을 사전에 철저하게 계획하여 일정이 지연되지 않도록 한다. • 일을 처리하는 과정에서 오류가 발생하지 않도록 다양한 노력을 기울인다. • 각종 정보나 데이터의 정확성을 이중으로 확인한다.

사례2.

평가방법	평가요소	행동지표
발표면접 서류함 기법	문제처리 능력	• 상황인식 : 제시상황에 대한 명확한 인식을 바탕으로 문제해결 실마리를 찾는다. • 맥락적 사고 : 상황과 제시 대안간 연계성을 확보하고 일정한 맥락으로 논지를 전개한다. • 실행의지 : 당면한 문제에 대해 주도적, 적극적, 책임감 있는 태도로 해결하고자 노력한다.

마지막으로 문제해결능력 하위능력별 평가내용으로서 지식(K), 기술(S) 상황(C)을 소개하고자 한다. 아래 표의 자료는 'NCS 홈페이지(https://www.ncs.go.kr)'의 'NCS 및 학습모듈 검색'에서 '직업기초능력' 중 '문제해결능력' '교수자용 파일'(직업기초능력프로그램 : 교수자용 매뉴얼)을 다운받은 것이다.

그 중에서 '내용체계 및 시간'의 내용 중 '문제해결능력 하위능력별 교육내용으로서의 지식, 기술, 상황'을 '평가내용'으로 수정한 것이다. 여기에 문제해결능력의 하위요소에 대한 교육내용으로 지식(K), 기술(S), 상황(C)을 나열해 놓았는데, 인사담당자 입장에서 문제해결능력의 평가와 관련 유용하게 활용할 수 있다.

즉, 지식 및 기술은 필기시험 평가내용의 기준으로, 상황의 경우에는 상황면접 또는 자기소개서 질문 문항을 개발하거나 시뮬레이션 면접 과제를 개발하는 과정에서 직무상황을 설정하는 근거 자료로 유용하게 활용할 수 있으므로 실제 평가과제를 만드는 데 사용해 보기를 권한다.

[표 5-21] 문제처리능력의 발표면접 행동지표 사례

사례1.

평가방법	평가요소	행동지표
발표면접	문제해결 능력	• 문제 원인을 정확하게 파악하고 있는가? • 문제 해결의 적극적 의지가 있는가 • 발생한 문제를 해결하기 위해 창의적, 논리적, 비판적 사고 (문제의식)력을 가지고 있는가?

사례2.

평가방법	평가요소	행동지표
발표면접	문제해결 능력	• 자료를 구체적으로 분석하고 이해한다. • 현 상황에 발생할 수 있는 문제점을 예측하여 해결 대안을 제시한다. • 제시 대안과 함께 이에 대한 타당한 근거를 제시한다.

[표 5-22] 문제해결능력 하위능력별 평가내용으로서의 지식, 기술, 상황

하위능력		평가내용
사고력	K(지식)	• 창의적인 사고의 개념 • 창의적 사고의 구성요소 • 창의적 사고의 개발 원리 • 창의적 사고를 개발 방법의 종류 • 논리적인 사고의 개념 • 논리적인 사고의 구성요소 • 논리적인 사고의 개발 원리 • 논리적인 사고의 개발 방법의 종류 • 비판적인 사고의 개념 • 비판적 사고의 구성요소 • 비판적 사고 개발 원리 • 비판적 사고를 개발 방법의 종류
	S(기술)	• 주변 환경에 대해서 유심히 관찰하고 기록 • 특정한 문제상황에서 가능한 많은 양의 아이디어를 산출 • 고정적인 사고방식이나 시각 자체를 변화시켜 다양한 해결책 발견 • 발상의 전환을 통해서 다양한 관점을 적용 • 다듬어지지 않은 아이디어를 보다 치밀한 것으로 발전 • 핵심적인 아이디어를 식별 • 사고의 오류가 무엇인지를 확인하여 제시 • 아이디어간의 관계 유형을 파악하여 제시 • 아이디어를 비교, 대조해서 순서화하여 제시 • 사실과 의견을 구분하여 제시 • 신뢰할 수 있는 정보자료를 획득 • 문제를 다양한 관점에서 검토하여 정리 • 주장이나 진술에 포함된 편견을 발견하여 제시
	C(상황)	• 업무를 수행함에 있어서 창의적으로 생각해야 하는 경우 • 업무의 전후관계를 논리적으로 생각해야 하는 경우 • 업무 내용이나 상사의 지시를 무조건 수용하지 않고 비판적으로 생각해야 하는 경우 • 업무와 관련해서 자신의 의사를 합리적으로 결정해야 하는 경우 • 업무와 관련된 새로운 프로세스를 개발해야 하는 경우 • 업무와 관련해서 문제가 발생하였을 때 합리적으로 해결해야 하는 경우

하위 능력		평가내용
문제 처리 능력	K(지식)	• 문제의 개념 : 바람직한 상태와 현 상태의 괴리 • 문제의 유형 : 발생형 문제, 탐색형 문제, 설정형 문제 • 문제의식의 장해 요인 • 문제해결을 위한 요소 • 문제해결의 기본적 사고 • 문제해결의 장애요소 • 문제해결의 절차 • 문제해결 절차의 기법의 이론
	S(기술)	• 해결해야 할 문제를 체계적으로 상세히 기술 • 문제해결에 필요한 자료를 수집, 정리 • 실행 가능한 대안들을 나열 • 적절한 기법을 사용하여 문제의 전후맥락을 파악하고 제시 • 잠재적 장애요소를 파악하고 대응방안을 수립 • 효율적이고 효과적인 해결안을 제시 • 문제점들간의 상관관계와 중요도를 도출 • 문제해결에 필요한 능력들을 실증적으로 제시 • 대안에 따라 영향을 받게 될 사람, 부서의 이해관계를 제시 • 합리적 방법으로 최적대안을 평가, 선정하여 실행 • 문제를 해결할 창의적 아이디어와 혁신적 조치를 제안
	C(상황)	• 업무 수행 중 발생하는 문제를 적절히 해결해야 하는 경우 • 변화하는 주변 환경과 현장 상황을 파악해서 업무의 핵심에 도 달해야 하는 경우 • 주어진 업무를 처리하는 서류를 다루는 경우 • 문제해결을 위한 사례를 분석, 개발, 적용해야 하는 경우 • 공정 개선 및 인원의 효율적인 운영이 필요한 경우

제1부

제2부

제3부

제4부

제5부

제6부

부록

Chapter 5
자기개발능력
(自己開發能力)

- Self-development capacity -

　NCS 직업기초능력 10개 영역 중 하나로, 업무를 추진하는 데 있어 자신의 능력을 스스로 관리하고 개발하는 능력이다. NCS 직업기초능력으로서 자기개발능력이란 자신의 능력, 적성, 특성 등의 이해를 기초로 업무와 관련된 자기 발전 목표를 스스로 수립하고 성취해 나가는 능력을 말한다. 자기 개발의 과정 및 방법을 파악하고 자신의 객관적 위치를 파악하여 업무와 삶에 있어 자기 개발을 실행해 내는 능력 및 비전을 파악하기 위한 능력이다. 자기개발능력은 자아인식능력, 자기관리능력, 경력개발능력으로 구분할 수 있다.

　직원의 선발과정에서 지원자의 자기개발능력에 대한 평가는 채용의 전 단계에 걸쳐 가능하다. 즉, 서류전형 단계에서는 입사지원

[표 5-23] 자기개발능력의 하위요소

하위 요소	내용	세부요소
자아 인식 능력	자기 개발의 첫 단계로, 자신의 흥미, 적성, 특성 등을 이해하고, 이를 바탕으로 자신에게 필요한 것을 파악하는 능력	• 자기 이해 • 능력 표현 및 능력발휘 방법 인식
자기 관리 능력	자신에 대한 이해를 바탕으로 업무에 필요한 자질을 지닐 수 있도록 스스로를 관리하는 능력	• 개인의 목표 정립(동기화) • 자기 통제 • 자기 관리 규칙의 주도적인 실천
경력 개발 능력	동기를 가지고 학습하며, 경력 목표와 전략을 세우고 실행하여 자신의 경력을 개발하는 능력	• 삶과 직업 세계에 대한 이해 • 경력 개발 계획 수립 및 실행

서와 자기소개서, 경험 및 경력 사항 등을 통해서, 필기시험 단계에서는 4지 또는 5지 선다 형식의 직업기초능력 평가와 다양한 인성검사를 통해서, 면접단계에서는 경험면접이나 상황면접을 통해서 자기개발능력을 평가할 수 있다.

첫번째 서류전형 단계에서 자기개발능력을 평가하는 방법에 대해 설명하자면 먼저 블라인드 채용 입사지원서의 구조를 알 필요가 있다. 블라인드 채용 입사지원서는 개인에 대한 인적사항, 교육사항, 자격사항과 경험 및 경력사항, 자기소개서로 구성되어 있다. 개인에 대한 인적사항을 제외하고 나머지 구성항목은 실제 입사지원을 하기 위해 지원자 본인이 받아왔던 학교교육과 학교교육 이외의 직업교육을 통해 지원자가 입사지원을 하기 위해 이전에 받아왔던 교육의 내용을 통해 어떻게 직무지식을 쌓아 왔는지에 대한 과정을 평가할 수 있으며, 자격증을 통해 지원 직무분야의 전문성을 평가할 수 있다.

경험 및 경력사항의 예를 들면 먼저 경험의 경우 지원자가 지원 직무를 잘 수행하기 위해 노력했는지 여부를 학창시절의 다양한 활동을 통해 평가할 수 있으며, 경력사항은 입사지원 이전의 직장 경력을 통해 입사 후 지원직무를 어느 정도의 수준으로 수행할 수 있는지 평가할 수 있다.

자기소개서는 지원자의 자기개발과 관련한 사례나 경험을 기술 하게 함으로써 자기관리나 경력개발에 대한 지원자의 역량을 평가 할 수 있다. 예전에는 지원자의 자기개발과 관련하여 경험이나 사 례를 묻기보다는 '자신의 장단점'이나 '입사 후 포부' 등를 통해 지 원자에 대해 막연히 평가하였지만 역량기반 선발에서는 지원자의 자기관리나 경력개발에 대한 구체적인 정의와 행동지표 등을 개발 하여 지원자를 평가할 수 있다.

예를 들면 자기관리의 경우 자신의 행동 및 업무수행을 통제하 고 관리하며 합리적으로 조정하는 능력으로 정의할 수 있고, 경력 개발은 자신의 진로에 대하여 단계적 목표를 설정하고 목표성취에 필요한 역량을 개발하는 능력으로 정의할 수 있으며 이들에 대한 구체적인 행동지표는 아래와 같다.

따라서 위 사례에서 제시하고 있는 행동지표를 기반으로 지원 자의 자기관리, 경력개발에 대한 경험이나 사례를 기술하게 하여, 행동의 구체성이나 명확성, 행동의 수준 등을 고려하여 평가할 수 있다.

자기개발능력에 대한 직업기초능력 필기시험의 경우 이론적인

[표 5-24] 자기개발능력의 자기소개서 행동지표 사례

사례1.

평가방법	평가요소	행동지표
자기소개서	자기관리	• 자신의 비전과 목표를 정립하였는가? • 자신의 역할 및 능력을 검토, 역할에 상응하는 활동목표를 설정하였는가? • 중요도와 시급성을 기준으로 우선순위를 설정하였는가? • 일의 우선순위에 따라 실행계획을 수립하였는가? • 실행과 관련하여 시간, 자금, 능력, 대인관계 등 다양한 요소를 고려하였는가? • 실행 결과를 분석, 피드백하여 다음 수행에 반영하였는가?

사례2.

평가방법	평가요소	행동지표
자기소개서	경력개발	• 주도적으로 자신의 삶의 목표를 설정하고 실행하는가? • 자기자신을 동기부여시킬 수 있는가? • 자신과 조직의 역량에 대해 진단할 수 있는가? • 경력 목표를 세우는 데 있어 다양한 정보를 활용하고 있는가? • 장기와 단기로 나누어 단계별 목표를 설정하였는가? • 조직 내에서 자신의 미래 비전을 제시하였는가?

내용에 대한 평가와 실무상황을 제시하고 이에 대한 적응능력을 평가하는 것으로 구분할 수 있으며, 보통의 경우 4지 선다형 또는 5지 선다형 객관식 형태로 출제를 한다. 먼저 이론에 대한 문제는 기본적으로 자기개발 및 경력개발의 특징과 과정, 각 단계에서 취해야 할 올바른 행동을 선택하는 것들을 출제할 수 있다.

자기개발 및 경력개발 능력에 대한 평가는 실무상황에서 발생할 수 있는 상황 혹은 사례를 제시하고 이에 대한 적절한 분석을 할 수 있는지, 자기개발 및 경력개발에 대한 이론적 이해가 충분히 이루어졌을 때, 이를 실무상황에도 잘 적용하고 올바른 선택을 할 수

[표 5-25] 자기관리능력에 대한 자기소개서 문항 예시

하위요소	자기소개서 문항 예시
자기관리 능력	자신의 비전과 목표를 수립하고 이를 실천했던 경험이나 사례를 기술하시오.
	최근 자기개발을 위해 노력했던 경험이나 사례가 있다면 어떤 것이며, 자기개발의 목표를 달성하기 위해 가장 우선적으로 고려했던 것이 무엇이고 이를 어떻게 하였는지 구체적으로 기술하시오.
	최근 과제나 업무를 수행하면서 결과가 좋지 않았던 경험이나 사례를 통해 얻게 된 교훈이 어떤 것인지 기술하시오.

[표 5-26] 경력개발능력에 대한 자기소개서 문항 예시

하위요소	자기소개서 문항 예시
경력개발 능력	자신의 인생을 통해 궁극적으로 이루고자 하는 목표는 어떤 것이며, 이를 실현하기 위해 노력해 온 경험이나 사례를 기술하시오.
	자신의 장점과 단점은 무엇이며, 장점을 강화시키고 단점을 보완하고자 노력했던 경험이나 사례를 기술하시오.
	자신의 직무분야에 대한 전문성을 향상시키려는 목표는 무엇이며, 이를 달성하기 위해 어떠한 노력을 했는지 기술하시오.

있는지를 평가하거나 제시된 상황에 대한 자연스러운 대응 혹은 태도는 어떤 것인지를 물어보는 형태의 문제를 출제할 수 있다.

자기개발능력 중 자아인식 즉, 직업생활과 관련하여 지원자의 가치, 신념, 흥미, 적성, 성격 등에 대한 평가는 인성검사를 활용할 수 있다. 인성검사는 성과와 관련된 긍정적 성격을 측정하는 인성검사와 조직적응과 관련한 부정적 성격을 측정하는 인성검사로 구분할 수 있다. 이전에는 대부분 긍정적 성격의 인성검사를 주로 사용해왔는데, 최근에는 부정적 성격을 측정하는 인성검사를 활용하는 사례가 증가하고 있다.

면접전형에서 자기개발능력의 평가는 주로 경험면접과 상황면접을 통해 이루어진다. 경력직의 경우 사전에 업무수행계획을 작성하게 하여 주로 발표면접을 통해 평가하는 경우가 많다. 행동관찰을 통해 평가하는 시뮬레이션 면접으로는 자기개발능력을 평가하는 것이 적절하지 않기 때문이다.

경험면접을 통한 자기개발능력의 평가는 자기소개서 평가 방식과 동일하다. 자기소개서는 지원자에게 글로서 작성하게 하여 평가하는 것이고, 면접은 질문을 통한 답변의 평가라는 것이 차이점이다.

지원자의 자기개발능력 즉, 자기관리와 경력개발과 관련된 최근의 경험이나 사례를 질문함으로써 입사 후 지원자의 자기개발능력을 예측하는 것이다. 경험면접에서 활용할 수 있는 질문을 예로 들면 "보다 나은 자신을 위해 노력했던 경험이나 사례", "자신의 인생에서 이루고자 하는 목표는 무엇이며 그것을 이루기 위해 노력해 왔던 경험이나 사례" 등이 있을 수 있다.

상황면접을 통한 자기개발능력의 평가는 필기시험의 사례 제시형과 같은 내용으로 지원자에게 실무상황에서 발생할 수 있는 상황 혹은 사례를 제시하고 이에 대한 적절한 분석을 할 수 있는지, 자기개발 및 경력개발에 대한 이론적 이해가 충분히 이루어졌을 때, 이를 실무상황에도 잘 적용하고 올바른 선택을 할 수 있는지를 질문하거나 제시된 상황에 대한 자연스러운 대응 혹은 태도는 어떤 것인지를 관찰, 평가할 수 있다.

경험면접과 상황면접에 대한 평가방법은 자기소개서 평가와 같이 평가요소에 대한 정의와 행동지표를 사전에 개발하여 진행하면 된다.

마지막으로 자기개발능력 하위능력별 평가내용으로서 지식(K), 기술(S) 상황(C)을 소개하고자 한다. 아래 표의 자료는 'NCS 홈페이지(https://www.ncs.go.kr)'의 'NCS 및 학습모듈 검색'에서 '직업기초능력' 중 '자기개발능력' '교수자용 파일'(직업기초능력프로그램 : 교수자용 매뉴얼)을 다운받은 것이다.

그 중에서 '내용체계 및 시간'의 내용 중 '자기개발능력 하위능력별 교육내용으로서의 지식, 기술, 상황'을 '평가내용'으로 수정한 것이다. 여기에는 자기개발능력의 하위요소에 대한 교육내용으로 지식(K), 기술(S), 상황(C)을 나열해 놓았는데, 인사담당자 입장에서 자기개발능력의 평가와 관련 유용하게 활용할 수 있기 때문이다.

즉, 지식 및 기술은 필기시험 평가내용의 기준으로, 상황의 경우에는 상황면접 또는 자기소개서 질문 문항을 개발하거나 시뮬레이션 면접 과제를 개발하는 과정에서 직무상황을 설정하는 근거 자료로 유용하게 활용할 수 있으므로 실제 평가과제를 만드는 데 사용해 보기를 권한다. 따라서 위 사례에서 제시하고 있는 행동지표를 기반으로 지원자의 자기관리, 경력개발에 대한 경험이나 사례를 기술하게 하여, 행동의 구체성이나 명확성, 행동의 수준 등을 고려하여 평가할 수 있다.

[표 5-27] 자기개발능력 하위능력별 평가내용으로서의 지식, 기술, 상황

하위 능력		평가내용
자아 인식 능력	K(지식)	• 자신의 요구에 대한 이해 • 자신의 능력, 적성, 흥미 파악 원리 • 자신의 능력, 적성, 흥미 이해 • 자존감(self-esteem)의 개념 • 자존감 형성 원리 • 자아인식을 통한 성장경로 이해
	S(기술)	• 자신의 요구사항을 제시 • 자신의 능력을 파악 • 자신의 적성 및 흥미를 파악 • 자신의 장단점을 파악 • 자신에게 더욱 필요한 분야를 확인 • 긍정적인 태도 유지 • 자신에게 가치를 부여 • 자신의 신체리듬을 파악
	C(상황)	• 조직에서 자신의 요구사항을 표현해야 하는 경우 • 조직에서 자신의 능력과 장점을 알려야 할 필요가 있는 경우 • 업무에 새로운 책임이 부여된 경우 • 조직에서 맡은 역할을 완수하여야 하는 경우 • 업무 수행과정에서 중장기 목표를 세워야 하는 경우 • 다른 직업을 찾는 경우
자기 관리 능력	K(지식)	• 자기관리 계획수립 방법에 대한 지식 • 자기관리의 개념 • 자기관리의 중요성 이해 • 자기관리의 원리와 절차 • 자신을 관리하는 방법의 종류
	S(기술)	• 자신의 과제의 목표 및 기한을 리스트하기 • 자신의 과제의 우선순위를 리스트하기 • 자신의 중장기 목표를 설정하는 기술 • 자신이 할 수 있는 목표를 세우는 기술 • 자신의 목표를 달성하기 위해 필요한 자원을 확인 • 자신의 목표달성에 방해가 되는 요소를 확인 • 자신을 통제하는 방법 적용 • 외부상황을 통제하는 방법 적용 • 계획을 주도적으로 실천할 수 있는 기술 • 목표달성의 측정기준을 설정하는 기술

제1부

제2부

제3부

제4부

제5부

제6부

부록

하위 능력		평가내용
자기 관리 능력	C(상황)	• 업무를 주어진 시간까지 완수해야 하는 경우 • 여러 가지 업무를 동시에 수행해야 하는 경우 • 업무에 새로운 책임이 부여되었을 경우 • 조직에서 맡은 역할을 완수해야 하는 경우 • 조직에서 역할을 수행하기 위해 목표를 세워야 하는 경우
경력 개발 능력	K(지식)	• 주도적인 삶의 개념 • 주도적인 사람이 되는 방법에 대한 이해 • 인생과 진로의 개념 • 직무의 개념 • 경력의 개념 • 경력개발의 개념 • 경력개발의 중요성 이해 • 경력개발 계획 수립 방법에 대한 이해 • 경력개발 프로세스에 대한 이해
	S(기술)	• 업무 수행과정에서 주도적으로 자신의 삶의 목표를 설정 • 업무 수행과정에서 주도적으로 삶의 목표 실행 • 업무 수행과정에서 자신을 동기부여시킬 수 있는 기술 • 조직 내에서 자신의 미래 비전을 제시 • 경력목표를 세우는 데 있어서 다양한 정보를 활용하는 기술 • 직무정보를 탐색하는 기술 • 자신의 역량을 진단할 수 있는 기술 • 업무 수행과정에서 필요한 역량을 개발하는 데 필요한 프로그램 을 활용하는 기술
	C(상황)	• 삶의 중장기 목표를 세워야 하는 경우 • 진급을 위한 준비를 하여야 하는 경우 • 직업사회에서 요구하는 역량이 급속도로 변하는 경우 • 다른 직업을 계획하고 있는 경우 • 갑작스런 진로의 변화가 닥쳤을 경우

Chapter 6
자원관리능력
(資源管理能力)

- Resource management ability -

NCS 직업기초능력으로서 자원관리능력이란 업무를 수행하는 데 필요한 시간, 예산, 물적자원, 인적자원 등의 자원 중 무엇이 얼마나 필요한지를 확인하고, 이용 가능한 자원을 최대한 수집하여 실제 업무에 어떻게 활용할 것인지에 대한 계획을 수립하며, 계획에 따라 확보한 자원을 업무 수행에 할당하는 능력을 의미한다. 최소의 투자로 최대의 이익을 창출할 수 있는 대안을 찾는 것이 중요하며, 다양한 경우의 수를 파악하여 가장 합리적인 방안을 이끌어 낼 수 있는 유연한 사고가 필요하다. 자원관리능력은 시간관리능력, 예산관리능력, 물적자원관리능력, 인적자원관리능력으로 구분할 수 있다.

먼저, 시간관리능력이란 시간자원이 얼마나 필요한지를 확인하고, 이용 가능한 시간자원을 최대한 수집하여 실제업무에 어떻게 활용할 것인지를 계획하고 할당하는 능력을 의미한다. 예를 들면 시간이라는 자원을 최대한 활용하기 위하여 제일 자주 반복되는 일에 가장 많은 시간을 분배하고, 최단 시간에 최선의 목표를 달성하는 것을 말한다.

예산관리능력은 이용 가능한 예산을 확인하고 어떻게 사용할 것인지 계획하여 계획대로 사용하는 능력을 의미한다. 예산관리의 방법으로는 예산 범위 내에서 실행 가능한 과업과 활동을 정하고 규명한 과업과 활동 중에서 핵심적인 것들로부터 우선순위를 정하고 우선순위에 따라 예산을 배정하는 것을 말한다.

자원관리능력은 직장생활에서 필요한 물적자원을 확인하고, 활용하는 능력을 의미한다. 물적자원 관리는 매우 중요한데, 물적자원을 얼마나 확보하고, 활용할 수 있느냐가 조직의 경쟁력을 좌우하며 필요한 상황에 물적자원이 공급되지 않는다면 조직의 입장에서 어마어마한 손실을 입기 때문이다.

인적자원관리능력은 직장생활에 있어서 품성, 특성, 지식을 파악하고 관리하며, 활용하는 능력을 의미한다. 인적자원(人的資源, Human Resource)의 개념은 주로 자산(Asset)과 투자(Investment) 관점에서 이해될 수 있다. 인적자원을 자산으로 보는 관점은 구성원들을 자산으로 여김으로써 조직체의 부(富)의 중요한 부분으로 이를 강조한다. 인적자원을 조직의 부로 보는 것은 조직체의 자산가치를 높이기 위하여 우수한 인력을 확보하고, 이

[표 5-28] 자원관리능력의 하위요소

하위요소	내용	세부요소
시간관리능력	업무 수행에 필요한 시간자원을 파악하고, 이용 가능한 시간자원을 최대한 수집하여 실제 업무에 어떻게 활용할 것인지를 계획하고, 이에 따라 시간을 효율적으로 활용하여 관리하는 능력	• 시간자원 확인 • 시간자원 할당
예산관리능력	업무 수행에 필요한 예산을 파악하고, 이용 가능한 예산을 최대한 확보하여 실제 업무에 어떻게 활용할 것인지를 계획하고, 이에 따라 예산을 효율적으로 집행하여 관리하는 능력	• 예산 확인 • 예산 할당
물적자원관리능력	업무 수행에 필요한 물적자원인 재료, 시설 자원 등을 파악하고, 이용 가능한 물적자원을 최대한 확보하여 실제 업무에 어떻게 활용할 것인지를 계획하고, 이에 따라 물적자원을 효율적으로 활용하여 관리하는 능력	• 물적자원 확인 • 물적자원 할당
인적자원관리능력	업무 수행에 필요한 인적자원인 근로자의 기술, 능력, 업무 등을 파악하고, 이용 가능한 인적자원을 최대한 확보하여 실제 업무에 어떻게 활용할 것인지를 계획하고, 이에 따라 인적자원을 효율적으로 배치하여 관리하는 능력	• 인적자원 확인 • 인적자원 할당

를 아끼고 활용하며, 항상 높은 가치를 유지하도록 노력하는 것을 의미한다. 인적자원을 투자로 보는 관점은 그들의 잠재능력을 개발하기 위해 투자함으로써 자산으로서의 그들의 가치를 항상 높이는 동시에 조직의 부도 증가시키는 것을 의미한다.

따라서 인적자원관리능력은 개인적 차원뿐만 아니라 조직적 차원에서 중요한 의미를 가진다고 볼 수 있다. 과거에는 인적자원에 대한 인식의 부족으로 조직의 물적자원과 재무적자원에 대한 투자금액보다 인적자원에 대한 투자금액이 상대적으로 적었다. 그러나 현재는 경제와 사회문화 수준의 향상과 급격한 환경변화로 인해 조직의 다른 자원에 비하여 인적자원이 조직의 성과에 기여하는 정도가 커짐에 따라 이에 대한 투자도 증가하고 있다. 이러한 맥락에서 인적자원은 조직이 환경에 적응하고 지속적인 성장을 하는 데에 결정적 역할을 하는 가장 중요한 전략적 자원이 되고 있다.

자원관리능력 역시 다른 직업기초능력과 마찬가지로 채용의 여러 단계에서 다양하게 평가할 수 있다. 서류전형 단계의 자기소개서 평가, 필기전형에서 직업기초능력 중 하나의 영역으로서 평가할 수 있으며, 면접전형에서는 경험 및 상황 면접, 서류함 기법(In-Basket) 등을 통해서도 평가가 가능하다.

좀 더 자세히 살펴보면 먼저, 서류전형에서 자기소개서 평가는 자원관리능력의 하위요소인 시간관리능력, 예산관리능력, 물적자원관리능력, 인적자원관리능력 각각에 대해 지원자의 경험이나 사례를 기술하게 할 수 있다.

예를 들어 시간관리능력에 대해서 "지원자가 시간관리를 효율적으로 하여 성과를 냈던 경험이나 사례를 기술하시오."라고 문항을 개발할 수 있으며, 예산관리능력에 대해서는 "지원자가 어떠한 일을 수행하면서 비용을 효율적으로 계획하고 사용했던 경험이나 사례를 기술하시오."라고 문항을 개발할 수 있는 것이다. 물적자원관리능력의 경우에는 "지원자가 과제(업무)를 수행하면서 필요한 것들이 부족했을 경우 이를 어떻게 처리했었는지 기술하시오.", 인적자원관리능력의 경우 "지원자가 팀 과제(업무)를 하면서 조직의 구성이나 운영을 원활히 하여 효과적인 결과를 만들어 냈던 경험이나 사례를 기술하시오."라고 문항을 개발할 수 있다.

[표 5-29] 시간관리능력에 대한 자기소개서 문항 예시

하위요소	자기소개서 문항 예시
시간관리 능력	지원자가 최근에 시간관리를 효율적으로 하여 성과를 냈던 경험이나 사례를 기술하시오.
	지원자 자신이 가지고 있는 시간관리의 원칙은 어떤 것이 있으며, 이를 실행했던 구체적인 사례나 경험이 있으면 기술하시오.
	시간관리를 잘하기 위해서는 어떠한 태도나 자세가 필요한지를 설명하고, 이를 실천했던 자신의 구체적인 경험이나 사례를 기술하시오.

[표 5-30] 예산관리능력에 대한 자기소개서 문항 예시

하위요소	자기소개서 문항 예시
예산관리 능력	지원자가 어떠한 일을 수행하면서 비용을 효율적으로 계획하고 사용했던 경험이나 사례를 기술하시오.
	지원자가 어떠한 일을 하거나 계획을 세우면서 필요한 비용을 어떻게 조달하고 사용했었는지 기술하시오.
	지원자가 돈 관리를 잘하기 위해서 필요한 자세나 태도는 어떤 것이 필요한지를 설명하고, 이를 실천했던 구체적인 경험이나 사례가 있으면 기술하시오.

[표 5-31] 물적자원관리능력에 대한 자기소개서 문항 예시

하위요소	자기소개서 문항 예시
물적자원 관리능력	지원자가 과제(업무)를 수행하면서 필요한 자원들이 부족했을 경우 이를 어떻게 처리했었는지 기술하시오.
	지원자가 어떤 일(업무나 과제)을 수행하면서 필요한 재료와 시설 등을 효과적으로 사용하여 성과를 냈던 사례나 경험을 구체적으로 기술하시오.

[표 5-32] 인적자원관리능력에 대한 자기소개서 문항 예시

하위요소	자기소개서 문항 예시
인적자원 관리능력	지원자가 과제(업무)를 수행하면서 조직의 구성원을 구성하거나 운영했던 경험이나 사례를 기술하시오.
	효율적인 인적자원의 구성이란 어떤 것이라고 생각하며, 효율적인 인적자원 구성을 통해 성과를 냈던 경험이나 사례를 구체적으로 기술하시오.
	팀을 이루어 과제나 업무를 수행하여, 그 성과를 팀원에게 효과적으로 전달하였던 경험이나 사례에 대해 구체적으로 기술하시오.

이에 대한 평가는 다른 직업기초능력과 마찬가지로 자원관리능력의 네 가지 하위요소 즉, 시간관리능력, 예산관리능력, 물적자원관리능력, 인적자원관리능력에 대한 정의 및 행동지표를 개발하여 지원자의 자기소개서 내용에 대해 평가할 수 있을 것이다. 아래는 자원관리능력 각 하위요소에 대한 행동지표를 정리해 놓은 것이다.

필기전형 단계에서 자원관리능력은 직업기초능력 중 하나의 영역으로 객관식 필기시험으로 평가할 수 있으며, 논술 또는 보고서 작성 등으로도 평가할 수 있다. 먼저 객관식 필기시험은 자원관리

[표 5-33] 자원관리능력의 자기소개서 행동지표 사례

사례1.

평가방법	평가요소	행동지표
자기 소개서	시간관리 능력	• 제한된 시간안에 주어진 과업을 수행하려는 의지가 있는가? • 과업의 순서와 중요성을 결정하여 실행하는가? • 업무수행을 위한 단계별 계획을 세우고 실행하는가? • 시간적 측면에서 부족하거나 초과하는 것이 무엇인지 파악하고 있는가? • 계획한 일정에 따라 효율적인 자원동원 계획을 수립하는가? • 필요한 경우 계획을 조정하여 다시 계획을 수립하는가? • 여러 업무를 진행할 때 업무 간의 활동시간을 할당하는가?

사례2.

평가방법	평가요소	행동지표
자기 소개서	예산관리 능력	• 목표를 달성하기 위한 예산 계획을 수립하는가? • 세부적인 활동에 대한 비용을 예상하여 제시하는가? • 세부예산 내에서 우선순위를 정하여 지출하는가? • 부족한 예산에 대해 확보하고자 하는 의지와 전략을 가지고 있는가? • 제한된 예산 내에서 주어진 과업을 실행하는가? • 성과를 개선하기 위해 효과적으로 예산을 할당하는가?

능력에 대한 이론적 지식과 자료를 제시하여 이를 활용하는 능력을 평가할 수 있다. 즉, 효과적인 자원관리를 위하여 기본적으로 숙지하고 있어야 하는 이론적인 내용으로 올바른 자원관리능력이란 어떤 것인지 그리고 시간관리능력, 예산관리능력, 물적자원관리능력, 인적자원관리능력 등 다양한 자원관리능력에 대한 이해도 등이 있을 수 있다.

자료를 제시하는 경우에는 지원자가 주어진 자료를 빠르고 정확하게 분석하여 업무를 수행하는 데 있어 합리적인 판단을 할 수 있는가, 제시된 자료에 근거하여 여러 조건에 맞는 비용을 계산할 수

사례3.

평가방법	평가요소	행동지표
자기 소개서	물적자원 관리능력	• 과업수행을 위한 필요 자원을 계획할 수 있는가? • 과정수행에 따른 시설자원을 확보할 수 있는가? • 재료와 시설의 비용과 자원을 확인하여 정리하는가? • 과업의 순서와 중요성을 결정하여 관리하는가? • 재료와 시설이 효과적으로 사용될 수 있도록 지속적으로 관리하는가? • 제한된 재료와 시설 자원을 활용해서 주어진 과업을 수행하는가? • 성과를 개선하기 위해서 효과적인 재료 및 시설을 사용하는가?

사례4.

평가방법	평가요소	행동지표
자기 소개서	인적자원 관리능력	• 작업계획에 따라 인적자원 확보, 배분 계획을 수립하는가? • 구성원의 특성을 고려하여 인원을 배치하는가? • 인적자원이 효율성을 발휘할 수 있도록 지속적인 관리를 하는가? • 업무수행 성과에 대해 구성원들에게 피드백을 제공하는가? • 제한된 인적 자원을 활용해서 주어진 과업을 수행하는가? • 성과를 개선하기 위해 효과적으로 인적자원을 운영하는가?

있는가, 제시된 자료에서 특정 정보를 추출하여 계산하고, 이를 토대로 적절한 선택을 할 수 있는가 등을 평가할 수 있다.

논술 또는 보고서 작성의 경우에는 업무상황에서 일어날 수 있는 여러가지 경우나 자료를 동시에 제시하여 업무를 추진하면서 어떤 자원이 얼마만큼 필요한지 파악할 수 있는지, 제시상황에서 필요한 자원을 어떻게 확보할 것인지, 업무나 활동의 우선순위를 고려하여 자원을 업무에 어떻게 할당하는지, 업무추진의 단계에서 계획에 맞게 업무를 수행하는지를 평가할 수 있다.

면접에서 자원관리능력 중 지원자에 대해 가장 직접적으로 평가할 수 있는 하위요소는 아마도 '시간관리능력'일 것이다. 지원자가 면접과제를 수행하는 과정에서 주어진 시간 안에 과제를 완수하는지를 관찰, 평가하는 것이 지원자의 시간관리능력에 대해 가장 직접적인 평가일 수 있지만 실질적으로 다른 주요 평가요소들이 많을 경우 시간관리는 간접적 평가요소로 우선순위에서 밀리는 경우가 많다.

면접전형 단계에서 자원관리능력은 경험면접, 상황면접, 서류함 기법(In-Basket), 발표면접, 그룹토의 및 활동(Activity) 등 다양한 기법을 통한 평가가 가능하다. 경험면접은 자원관리능력의 하위요소인 시간관리능력, 예산관리능력, 물적자원관리능력, 인적자원관리능력 각각에 대해 지원자의 경험이나 사례를 질문하여 지원자의 답변에 대한 평가를 하는 것이다.

앞에 설명한 자기소개서 질문을 다시 면접질문으로 바꿔보면 시간관리능력에 대해서 "지원자가 시간관리를 효율적으로 하여 성과를 냈던 경험이나 사례를 말씀해 주십시오."라고 물을 수 있으며, 예산관리능력에 대해서는 "지원자가 어떠한 일을 수행하면서 비용을 효율적으로 계획하고 사용했던 경험이나 사례를 말씀해 주십시오."라고 물을 수 있는 것이다.

물적자원관리능력의 경우에는 "지원자가 과제(업무)를 수행하면서 필요한 것들이 부족했을 경우 이를 어떻게 처리했었는지 말씀해 주십시오.", 인적자원관리능력의 경우 "지원자가 팀 과제(업무)를 수행하면서 조직을 효과적으로 구성하고 운영하였던 경험이나 사례를 말씀해 주십시오."라고 면접 질문들을 개발할 수 있는 것이다.

이에 대한 평가는 역시 자기소개서 평가와 마찬가지로 자원관리능력의 네 가지 하위요소 즉, 시간관리능력, 예산관리능력, 물적자원관리능력, 인적자원관리능력에 대한 정의 및 행동지표를 사전에 개발하여 각 평가요소에 대한 질문에 대해 지원자의 답변에서 관찰되는 행동들에 대해 평가하는 것이다.

상황면접의 경우 자원관리에 관련된 여러 직무상황을 제시하여 지원자가 어떻게 행동할 것인지를 물어보고 지원자의 행동의도를 파악하여 실제 어떻게 행동할 것인가를 예측 평가하는 것이다. "~한 상황에서 지원자는 어떻게 행동을 하시겠습니까?"라는 구조로 질문하는 것인데, 예를 들면 "내일 회사에서 워크숍을 갑니다. 지원자는 담당직원으로서 워크숍 준비와 관련하여 퇴근 전까지 5가지 업무를 처리해야 합니다. 5가지 업무는 워크숍 운영 계획, 예산 검토, 워크숍 장소 및 시설, 필요도구 점검, 각 프로그램별 담당자 선정 및 연락 등입니다. 이런 상황에서 지원자는 각각의 업무를 어떻게 처리하시겠습니까?"라고 질문을 하고, 지원자가 각각의 업무를 실제 어떻게 처리할 것인지에 대한 답변을 통해 행동의 의도 및 실제 행동을 예측하여 평가하는 것이다. 상황면접의 평가도 경험 면접의 평가와 마찬가지로 사전에 평가요소에 대한 정의 및 행동 지표를 사전에 개발하여 평가자에게 제공하는 것이 바람직하다.

서류함기법(In-Basket)은 상황면접 질문에서 언급했던 각각의 상황에 대해 지원자에게 자료를 제시하여 5가지 업무에 대한 우선 순위 및 문제해결 방식을 평가하는 기법이다. 즉, 워크숍의 개요, 위크숍의 장소 예약 사항 및 부대시설에 대한 정보, 워크숍 프로그램에 대한 세부내용 및 프로그램을 운영할 직원의 프로필 등의 실제 자료를 제시하고 각각의 자료에 대한 분석능력과 실행계획 등을 작성하게 하고, 작성한 내용에 대해 면접관들이 지원자에게 질문하는 것이다. 과제의 수는 면접의 시간, 지원자 수 등을 고려하여 조정할 수 있으며, 서류함기법(In-Basket)의 여러 자료 중에서 하나의 자료를 제시하여 그 해결방안을 평가한다면 발표면접이라고 할 수 있다.

서류함기법(In-Basket)과 발표면접에서 자원관리능력에 대한 평가는 일반적으로 문제해결능력과 함께 평가를 하는 경우가 많다. 즉, 문제해결 과정에서 지원자가 주어진 자원을 어떻게 효율적으로 수집, 활용, 관리하였는가에 대한 행동과 태도를 관찰, 평가하는 것이다. 즉 과제수행에 필요한 자원들을 효과적으로 활용, 관리하는가, 세부적인 활동계획에 근거하여 자원을 수집, 운영하는가 등이다. 구체적인 행동지표는 아래 표를 참고하기 바란다.

그룹토의 및 활동(Activity)은 여러 명의 지원자들이 하나의 그룹을 이뤄 과제를 수행하는 과정에서 각자에 대한 역할 배분과 역할에 따른 행동을 관찰, 평가하는 방식이다. 과제의 수가 많아 여러 명이 과제를 나누어 하는 경우 그룹 서류함기법(Group In-Basket)의 형식을 가질 수 있으며, 하나의 과제를 여러 명이 수행하는 경우 그룹토의 방식이라고 말할 수 있다.

그룹 활동(Group Activity)은 도미노 게임, 롤러코스터 제작, 축구, 배구, 족구 등과 같은 스포츠 게임, 오락 게임 등 집단 게임을 통해 앞에 언급했던 그룹토의 또는 서류함기법(In-Basket)에서 관찰, 평가했던 과제수행 과정에서의 지원자들 각각의 역할 배분과 역할에 따른 행동을 관찰, 평가하는 것이다.

[표 5-34] 자원관리능력의 서류함기법(In-Basket)과 발표면접에서 행동지표

평가방법	평가요소	행동지표
서류함 기법 발표면접	자원관리 능력	• 과제수행에 필요한 자원들을 효과적으로 활용, 관리하는가? • 세부적인 활동계획에 근거하여 자원을 수집, 운영하는가? • 과제 수행 시 자원들의 특성을 충분히 이해하고 이를 활용하는가? • 제한된 자원들을 활용하여 주어진 과제를 완수하려고 하는가? • 성과를 개선하기 위하여 필요한 자원들을 적극적으로 사용하는가?

　마지막으로 자원관리능력 하위능력별 평가내용으로서 지식(K), 기술(S) 상황(C)을 소개하고자 한다. 아래 표의 자료는 'NCS 홈페이지(https://www.ncs.go.kr)'의 'NCS 및 학습모듈 검색'에서 '직업기초능력' 중 '자원관리능력' '교수자용 파일'(직업기초능력프로그램 : 교수자용 매뉴얼)을 다운받은 것이다.

　그 중에서 '내용체계 및 시간'의 내용 중 '자원관리능력 하위능력별 교육내용으로서의 지식, 기술, 상황'을 '평가내용'으로 수정한 것이다. 여기에는 자원관리능력의 하위요소에 대한 교육내용으로 지식(K), 기술(S), 상황(C)을 나열해 놓았는데, 인사담당자 입장에서 자원관리능력의 평가와 관련 유용하게 활용할 수 있기 때문이다.

　즉, 지식 및 기술은 필기시험 평가내용의 기준으로, 상황의 경우에는 상황면접 또는 자기소개서 질문 문항을 개발하거나 시뮬레이션 면접 과제를 개발하는 과정에서 직무상황을 설정하는 근거 자료로 유용하게 활용할 수 있으므로 실제 평가과제를 만드는 데 사용해 보기를 권장한다.

[표 5-35] 자원관리능력 하위능력별 평가내용으로서의 지식, 기술, 상황

하위 능력		평가내용
자아 인식 능력	K(지식)	• 시간자원의 의미 • 시간자원의 중요성 • 시간관리의 의미 • 시간관리의 중요성 • 시간낭비 요인 • 시간관리 기법 : 목표달성, 계획, 조직화 • 시간관리 개선 아이디어 기법 이론 • 시간관리 실천 계획
	S(기술)	• 제한된 시간 내에 주어진 과업을 수행 • 성과를 개선하기 위해서 효과적으로 시간을 할당 • 과업의 순서와 중요성을 결정하여 제시 • 시간자원 가운데 부족하거나 과잉되는 자원이 무엇인지를 목록화하여 제시 • 업무 수행을 위한 구체적인 스케줄을 작성 • 계획된 시간표에 준해서 효율적인 자원 동원 계획을 수립 • 업무 추진 단계별 예상 소요 시간을 할당 • 데드라인에 맞추는 데 필요한 과업의 절차를 결정하고, 요구되는 결과물을 창출 • 조직의 효과성을 위해 작업 단위내의 과업 스케줄을 조정하고 데드라인을 설정 • 필요한 경우 스케줄을 조절하여 다시 스케줄을 작성 • 여러 업무를 진행할 때 업무간의 활동 시간을 할당
	C(상황)	• 업무 수행에 필요한 시간 자원을 효율적으로 활용, 관리해야 하는 경우 • 업무 수행에 있어서 거래처를 관리해야 하는 경우 • 공정 진행상의 생산성 향상을 위해 제품 생산 시간을 조정해야 하는 경우 • 업무 수행에 있어서 진행 과정의 타임 테이블을 작성해야 하는 경우 • 업무 추진 단계별 예상 소요 시간 목록을 작성해야 하는 경우
예산 관리 능력	K(지식)	• 예산의 의미 • 예산의 중요성 • 예산관리의 개념 • 예산관리의 중요성 • 예산낭비 요인 • 예산관리 기법의 종류 • 예산관리 개선 아이디어 기법 이론 • 예산관리 실천 계획

하위 능력		평가내용
예산 관리 능력	S(기술)	• 구체적인 자본 동원 및 투자 계획서를 작성 • 예산과 관련한 지출을 계산 • 세부적인 활동에 대한 비용을 예상하여 제시 • 세부 예산 내에서 비용 평가에 근거해서 우선순위를 조정하여 제시 • 한가지의 과업 프로젝트를 위한 손익계산서를 작성 • 손익계산서에 근거해서 필요한 예산을 조절하고 평가하여 작성 • 예산 가운데 부족하거나 과잉되는 예산이 무엇인지를 목록화하여 제시 • 부족한 예산을 확보하는 방법 활용 • 거래량 결정, 고객으로부터 요금징수를 포함한 현금에 관련된 업무를 기록하고 수행 • 확보된 예산을 적절히 업무에 할당 • 제한된 예산 내에 주어진 과업을 실행 • 성과를 개선하기 위해서 효과적으로 예산을 할당 • 과업의 순서와 중요성을 결정하여 제시
	C(상황)	• 업무 수행에 필요한 자본 예산을 효율적으로 활용, 관리해야 하는 경우 • 업무 수행에 있어서 거래처를 관리해야 하는 경우 • 공정 진행상의 생산성 향상을 위해 제품 생산에 드는 예산을 조정해야 하는 경우 • 업무 수행에 있어서 구체적인 투자 계획서를 작성하는 경우
물적 자원 관리 능력	K(지식)	• 물적(재료 및 시설)자원관리의 개념 • 물적(재료 및 시설)자원의 중요성 • 물적(재료 및 시설)자원의 의미 • 물적(재료 및 시설)자원관리의 중요성 • 물적(재료 및 시설)자원낭비 요인 • 물적(재료 및 시설)자원관리 기법의 종류 • 물적(재료 및 시설)자원관리 개선 아이디어 • 물적(재료 및 시설)자원관리 실천 계획
	S(기술)	• 작업계획에 따라 세부적인 재료를 획득, 저장, 전달 • 복잡한 작업에 필요한 재료와 시설의 형식과 양을 결정 • 재료와 시설 자원배분 계획을 수립 • 작업계획에 따라 시설 자원을 확보 • 재료와 시설의 비용과 자원을 확인하여 정리 • 재료의 배분 방법과 저장 계획을 수립 • 과업의 순서와 중요성을 결정하여 제시 • 재료와 시설이 효과적으로 사용될 수 있도록 모니터 • 새로운 장비와 재료의 세부사항을 검토하여 제시 • 제한된 재료 및 시설 자원을 활용해서 주어진 과업을 수행 • 성과를 개선하기 위해서 효과적으로 재료 및 시설을 사용

하위 능력		평가내용
물적 자원 관리 능력	C(상황)	• 업무 수행에 필요한 물적 자원을 효율적으로 활용, 관리해야 하는 경우 • 공정 진행상의 생산성 향상을 위해 제품 생산에 드는 물적 자원을 조정해야 하는 경우 • 물적 자원을 활용하기 위해서 업무 지시서를 작성해야 하는 경우 • 업무 수행에 필요한 물적 자원을 확보해야 하는 경우
인적 자원 관리 능력	K(지식)	• 인적자원관리의 개념 • 인적자원의 중요성 • 인적자원의 의미 • 인적자원관리의 중요성 • 인적자원낭비 요인 • 인적자원관리 기법의 종류 • 인적자원관리 개선 아이디어 • 인적자원관리 실천 계획
	S(기술)	• 단일 업무를 수행할 수 있는 근로자 풀로부터 개인을 업무에 배정 • 기술, 업무, 작업부하의 자기 평가에 근거해서 인원을 배치 • 업무 수행 성과에 관련해서 피드백을 제공 • 개인의 능력과 기술에 근거해서 인원을 배치하거나 재배치 • 개인의 수행을 관찰해서 과업을 수행할 수 있는 개인의 능력을 결정 • 부족한 부분을 확인하고 훈련과 개발 프로그램을 추천 • 프로젝트를 관리하는 개인의 수행에 대해서 피드백을 제공 • 지원자들의 잠재능력에 근거해서 직업요구에 부합하는 고용결정 • 인적자원 배분 계획을 수립 • 작업계획에 따라 인적자원을 확보 • 과업의 순서와 중요성을 결정 • 인적자원이 효율성을 발휘하도록 모니터 • 제한된 인적자원을 활용해서 주어진 과업을 수행 • 성과를 개선하기 위해서 효과적으로 인적자원을 활용
	C(상황)	• 업무 수행에 필요한 인적자원을 효율적으로 활용, 관리해야 하는 경우 • 업무 수행에 있어서 거래처의 직원을 관리해야 하는 경우 • 공정 진행상의 생산성 향상을 위해 제품 생산에 드는 인적자원을 조정해야 하는 경우 • 업무계획서에 따라서 인력을 배치해야 하는 경우 • 업무와 관련된 부서나 업체와 공동으로 업무를 진행해야 하는 경우

제1부
제2부
제3부
제4부
제5부
제6부
부록

Chapter 7
대인관계능력
(對人關係能力)

- Interpersonal ability -

대인관계능력은 NCS 직업기초능력 10개 영역 중 하나로, 직장 생활에서 조직 구성원들이 협조적이며 원만한 관계를 유지하며, 고객의 요구를 충족시킬 수 있는 능력을 말한다. 즉 직장 생활에서 조직 구성원들과 원만한 관계를 유지하고 상호 간 도움을 주며, 구성원 간의 갈등을 원만히 해결하고 고객의 요구를 충족시켜 줄 수 있는 능력인 것이다. 인간관계에서의 신뢰성을 바탕으로 상대방을 이해하고, 조직 내에서 자신의 역할을 충실히 수행할 수 있는지가 핵심으로 팀워크능력, 리더십능력, 갈등관리능력, 협상능력, 고객서비스능력으로 구분할 수 있다.

먼저 팀워크능력은 직장 생활에서 구성원들과 함께 목표를 공유하고 협조적인 관계를 유지하며 자신이 맡은 업무를 책임감 있게 수행하는 능력으로 세부요소로는 적극적인 태도, 업무공유, 책임감 등이 있다. 리더십능력은 직장 생활에서 조직 구성원들의 업무 향상에 도움을 주고 동기화시킬 수 있으며, 수행 가능한 조직의 목표 및 비전을 제시할 수 있는 능력을 말하며, 세부요소로는 동기화시키기, 논리적 의견 표현, 신뢰감 구축 등이 있다. 갈등관리능력은 직장 생활에서 조직 구성원 사이에 갈등이 생겼을 때 이를 원만히 조절하는 능력으로 세부요소는 타인에 대한 이해 및 배려, 피드백 주고받기가 있다. 협상능력은 직장 생활에서 협상 가능한 목표를 세우고 상황에 맞는 협상 전략을 제시하여 상대방과 협상하는 능력이다. 세부요소로는 다양한 의견 수렴, 실질적 목표 구축, 타협하기 등이 있다. 마지막으로 고객서비스능력은 직장 생활에서 고객 서비스에 대한 이해를 바탕으로 실제 현장에서 고객의 요구에 적절히 대처하고, 고객 만족을 실현해 낼 수 있는 능력이며, 세부요소로는 고객의 불만 이해, 매너 있고 신뢰감 있는 대화, 적절한 해결책 제시 등이 있다. 아래 표는 이상의 설명을 정리한 것이다.

대인관계능력이 뛰어난 사람은 다른 사람의 마음, 감정, 느낌을 잘 이해함으로써 다른 사람과 효과적으로 그리고 조화롭게 일할 수 있는 능력을 가지고 있다. 타인의 마음이 현재 어떤 상태인지 추론할 수 있고, 인간이 가지고 있는 상이한 감정의 다양한 특성을 잘 알고서 그에 맞게 올바른 대처 양식을 개발할 수 있다. 사람들마다 각각 가지고 있는 차이점을 이해할 수 있으며 그에 근거하여 언어적 요소, 표정이나 몸짓과 같은 비언적 요소를 잘 활용하여 유

[표 5-36] 대인관계능력의 하위요소

하위요소	내용	세부요소
팀워크 능력	직장 생활에서 구성원들과 함께 목표를 공유하고 협조적인 관계를 유지하며 자신이 맡은 업무를 책임감 있게 수행하는 능력	• 적극적인 태도 • 업무공유 • 책임감
리더십 능력	직장 생활에서 조직 구성원들의 업무 향상에 도움을 주고 동기화시킬 수 있으며, 수행 가능한 조직의 목표 및 비전을 제시할 수 있는 능력	• 동기화시키기 • 논리적 의견 표현 • 신뢰감 구축
갈등관리 능력	직장 생활에서 조직 구성원 사이에 갈등이 생겼을 때 이를 원만히 조절하는 능력	• 타인 이해 • 타인에 대한 배려 • 피드백 주고받기
협상능력	직장 생활에서 협상 가능한 목표를 세우고 상황에 맞는 협상 전략을 제시하여 상대방과 협상하는 능력	• 다양한 의견 수렴 • 실질적 목표 구축 • 타협하기
고객 서비스 능력	직장 생활에서 고객 서비스에 대한 이해를 바탕으로 실제 현장에서 고객의 요구에 적절히 대처하고, 고객 만족을 실현해 낼 수 있는 능력	• 고객의 불만 이해 • 매너 있고 신뢰감 있는 대화 • 적절한 해결책 제시

창하고 세련된 의사소통 방식을 가지고 있다.

또한 남다른 의사소통 기술을 가지고 집단활동에 잘 참여를 하며 조직과 집단 내에 협동을 항상 유지하며, 특정 목표를 달성하기 위하여 집단을 형성하고, 집단 내에서 리더와 같은 중요한 역할을 맡기도 하며, 심지어 갈등이 발생되었을 때도 조정과 협상의 기술을 통하여 사태를 잘 마무리한다.

채용과정에서 지원자들의 대인관계능력은 다른 직업기초능력과 마찬가지로 서류전형, 필기전형, 면접전형에서 다양하게 평가할 수 있다. 서류전형 단계에서는 자기소개서의 항목으로 개발하여 평가할 수 있으며, 필기시험에서는 직업기초능력 중 하나의 영역으로 4지 또는 5지 선다 형식의 객관식 시험으로 평가하거나 인성 검사를 통해 대인관계 성향을 측정할 수 있다. 면접전형에서는 경험 및 상황 면접, 발표면접, 그룹토의, 역할연기(Role-Play) 등으로 평가가 가능하다.

각 전형단계별 평가방법을 좀 더 자세히 살펴보면 먼저 서류전형의 자기소개서는 지원자의 대인관계능력에 대해 기술하게 하여 평가하는 것인데, 주로 대인관계능력과 관련된 지원자의 경험이나 사례를 묻는 경험면접의 질문과 유사하다. 대인관계능력의 하위요소 "팀워크능력, 리더십능력, 갈등관리능력, 협상능력, 고객서비스능력에 대한 지원자의 경험이나 사례를 기술하시오."라는 형식으로 자기소개서 문항을 개발할 수 있다.

예를 들면, 팀워크능력에 대해서는 "협동 및 협업을 통해 문제를 해결한 사례에 대해 기술하시오."이며, 리더십능력은 "조직의 리더로서 구성원들의 협력을 적극적으로 이끌어 냈던 경험이나 사례를 기술하시오."이다. 갈등관리능력은 "소속집단의 공동과업을 달성하는 과정에서 발생된 어려움 및 갈등을 극복하기 위해 노력했던 사례나 경험을 기술하시오."이며, 협상능력은 "자신이 활동했던 조직이나 단체에서 다른 사람들과 갈등 상황이 생겼을 때 그 문제를 효과적으로 해결했던 경험이나 사례를 구체적으로 기술하시오."이다. 마지막으로 고객서비스능력으로 "고객의 니즈를 파악하여 이에 대한 해결책을 제시했던 경험이나 사례를 제시하시오." 등으로 문항을 개발할 수 있다.

[표 5-37] 팀워크능력에 대한 자기소개서 문항 예시

하위요소	자기소개서 문항 예시
팀워크 능력	다른 사람들과의 팀 활동을 통하여 문제를 해결한 사례에 대해 기술하시오.
	팀의 목표를 달성하기 위해 다른 구성원들을 적극적으로 참여시켰던 경험이나 사례를 구체적으로 기술하시오.
	팀을 운영하면서 팀원간의 의사소통이 좀 더 원활해지기 위해 노력했던 경험이나 사례에 대해 기술하시오.

[표 5-38] 리더십능력에 대한 자기소개서 문항 예시

하위요소	자기소개서 문항 예시
리더십 능력	조직의 리더로서 구성원들의 협력을 적극적으로 이끌어 냈던 경험이나 사례를 기술하시오.
	리더로서 구성원들의 장점과 약점을 파악하여 이를 적절하게 활용했던 경험이나 사례에 대해 기술하시오.
	리더로서 구성원들에게 적절한 동기를 부여하고 이를 보상했던 경험이나 사례에 대해 기술하시오.

[표 5-39] 갈등관리능력에 대한 자기소개서 문항 예시

하위요소	자기소개서 문항 예시
갈등관리 능력	소속집단의 공동과업을 달성하는 과정에서 발생된 어려움 및 갈등을 극복하기 위해 노력했던 사례나 경험을 기술하시오.
	갈등의 해결을 위해 당사자들과 함께 능동적으로 문제를 해결했던 경험이나 사례를 구체적으로 기술하시오.
	갈등을 관리하는 데 있어 가장 중요한 자세나 태도는 무엇이라고 생각하며, 이를 실천한 경험이나 사례에 대해 구체적으로 기술하시오.

[표 5-40] 협상능력에 대한 자기소개서 문항 예시

하위요소	자기소개서 문항 예시
협상능력	자신이 활동했던 조직이나 단체에서 다른 사람들과 갈등 상황이 생겼을 때 그 문제를 효과적으로 해결했던 경험이나 사례를 구체적으로 기술하시오.
	협상의 상황에서 당사자들간의 신뢰를 형성하기 위해서는 어떻게 행동해야 되는지를 설명하고 이를 실행했던 경험이나 사례를 구체적으로 기술하시오.
	협상의 상황에서 자신의 목적을 달성하기 위해 어떠한 전략을 사용했으며, 이러한 전략을 어떻게 실행했는지 구체적으로 기술하시오.

[표 5-41] 고객서비스능력에 대한 자기소개서 문항 예시

하위요소	자기소개서 문항 예시
고객서비스 능력	고객의 니즈를 파악하여 이에 대한 해결책을 제시했던 경험이나 사례를 구체적으로 제시하시오
	고객에 대한 니즈를 잘 파악하기 위한 자세나 태도는 어떤 것들이 있으며, 지원자 입장에서 이를 실천했던 경험이나 사례를 구체적으로 기술하시오.
	고객의 불만을 처리하고 처리한 결과를 조직 내에 공유하여 업무개선에 활용했던 경험이나 사례를 구체적으로 기술하시오.

이에 대한 평가는 다른 직업기초능력과 마찬가지로 대인관계능력의 다섯 가지 하위요소 즉, 팀워크능력, 리더십능력, 갈등관리능력, 협상능력, 고객서비스능력에 대한 정의 및 행동지표를 개발하여 지원자의 자기소개서 내용에 대해 평가할 수 있을 것이다. 아래는 대인관계능력 각 하위요소에 대한 행동지표를 정리해 놓은 것이다.

필기전형을 통한 지원자의 대인관계능력의 평가는 직업기초능력 중 하나의 영역으로 평가하는 방법과 인성검사를 통해 측정하는 방법이 있다. 먼저 직업기초능력 시험에서 대인관계능력은 직

제1부

제2부

제3부

제4부

제5부

제6부

부록

[표 5-42] 대인관계능력의 자기소개서 행동지표 사례

사례1.

평가방법	평가요소	행동지표
자기 소개서	팀워크 능력	• 팀의 사명과 목표가 명확한가? • 창조적으로 운영하고 결과의 초점을 맞추는가? • 팀원의 역할과 책임을 명확하게 하는가? • 팀원의 참여를 적극적으로 이끌어내기 위해 노력하는가? • 의견의 불일치에 대하여 건설적인 의견을 제시하는가? • 개방적으로 의사소통하고, 객관적인 결정을 내리는가? • 팀 자체의 운영방식을 점검하고 팀의 효과성에 대해 평가할 수 있는가?

사례2.

평가방법	평가요소	행동지표
자기 소개서	리더십 능력	• 비전을 제시하고 비전이 실현될 수 있는 환경을 조성하는가? • 책임감을 가지고 문제를 적극적으로 해결하려고 하는가? • 구성원들의 강점과 약점을 파악하고 이를 적절히 활용하는가? • 조직원에게 적절한 동기를 부여하며, 보상하려고 하는가? • 단계별 수행내역을 점검하고 구성원들에게 피드백을 제공 하는가? • 미래를 향해 새로운 상황을 창조하는 역할을 수행하는가?

사례3.

평가방법	평가요소	행동지표
자기 소개서	갈등관리 능력	• 갈등의 원인과 본질을 정확하게 파악하고 있는가? • 갈등의 영향을 받는 당사자 및 협상 대상자에 대해 정확하 게 인식하고 있는가? • 갈등의 당사자들과 함께 능동적으로 문제를 해결하려는 의 지가 있는가? • 갈등해결 위해 적극적으로 정보를 수집하고 다른 사람의 의 견을 경청하는가? • 자신의 입장을 명확하게 정리하고 상대방에게 설득력 있게 자신의 의견을 제시하는가? • 상대방의 의견을 적극적으로 경청하고 수용하려는 의지가 있는가?

사례4.

평가방법	평가요소	행동지표
자기 소개서	협상능력	• 협상 당사자들과 신뢰를 형성하기 위한 노력을 하는가? • 갈등문제의 진행 상황과 현재의 상황을 점검하는가? • 협상을 통해 이루고자 하는 목표가 명확한가? • 상대방과 자신의 이해관계를 명확히 파악하고 협상안을 제시하는가? • 각 협상안에 대해 대안을 마련하고 협상에 임하는가? • 합의를 위한 전략 및 실행계획을 수립하는가?

사례5.

평가방법	평가요소	행동지표
자기 소개서	고객 서비스 능력	• 다양한 고객의 요구를 파악할 수 있는가? • 고객의 요구를 해결하기 위한 다양한 요소를 고려하는가? • 대응법을 마련하여 고객에게 양질의 서비스를 제공하는가? • 요구에 대한 처리는 기간을 정하고 신속하게 처리하는가? • 고객에게 처리결과에 대한 만족도를 확인하는가? • 처리결과를 조직 내에 공유하여 업무개선에 활용하는가?

장 내 팀워크 및 리더십 능력에 대한 평가, 고객서비스 및 고객대응능력에 대한 평가, 갈등 상황에서의 관리 및 협상능력을 평가하는 문제로 구분할 수 있다.

첫번째 직장내 팀워크 및 리더십 능력에 대한 평가는 대인관계의 가장 기본이 되는 팀워크에 대한 충분한 이해가 있는지, 팀워크와 관련 있는 올바른 리더십의 유형 및 자세, 리더십 능력이 업무 상황에서의 대인관계에 미치는 영향 및 요인을 이해하고 있는지를 묻는 문제를 출제할 수 있다.

두번째 고객서비스 및 고객대응능력에 대한 평가는 직장 내에서 빈번하게 발생하는 고객서비스 관리 및 대응방안, 고객 불만 처리 프로세스 중 각 단계에 해당하는 적절한 행동에 대한 정확한 이해에 대해 평가할 수 있으며, 또한 특정한 상황이나 자료를 제시하고 이 상황 안에서 가장 적절한 고객대응 방법은 어떤 것인가와 같은 상황제시형 문제를 출제할 수 있다.

세번째 갈등 상황에서의 관리 및 협상능력에 대한 평가는 갈등 및 이를 해결하기 위한 협상에 대한 이론적인 지식, 갈등의 유형, 협상의 진행 단계에 대한 내용을 묻는 문제를 출제할 수 있다. 또한 직장 내에서 발생할 수 있는 상황이나 조건을 제시하고, 잘못된 상황을 해결하기 위해서는 어떻게 대응해야 하는지에 대한 행동에 대해서도 출제할 수 있다.

인성검사를 통한 대인관계능력은 일반적으로 팀워크, 타인수용 및 이해, 배려 및 관계형성 등에 대해 지원자의 성격적인 측면을 측정할 수 있는 도구라고 할 수 있다. 팀워크를 통해 지원자를 알 수 있는 요소들은 동료나 구성원들을 통합하여 이끌고 관리할 수 있는가?, 매사에 말과 행동의 모범을 보여 본보기가 되는지, 공동의 목표달성을 위해 협력하고 희생하는 태도가 있는지에 대해서 알아보는 것이다.

타인수용 및 이해에서는 다른 사람들의 다양한 의견이나 가치관을 인정, 존중하는지, 위계를 존중하고 타인의 충고에 개방적인 태도를 가지고 있는지, 상대방의 생각이나 감정을 이해하고 배려하는지를 알아보는 것이다.

배려 및 관계형성에서는 스스로를 내세우기보다 타인을 먼저 존중하는지, 때와 장소, 대상에 따라 적절한 예의를 지킬 수 있는지, 쉽게 타인과 어울리고 친밀감을 형성할 수 있는지를 알아볼 수 있다.

위 인성검사의 내용이 성과를 내는 긍정적 측면의 요소라고 하면 부정적 측면의 조직적응 요소로 공격성, 충동성, 관심욕구, 나태, 의존성, 자기비하, 집착, 타인경시, 고립(외면), 냉담, 비도덕, 비협조 등이 있으며 이상성향의 요소로는 감정의 기복, 반사회성, 불안, 우울, 긍정인상 등이 있다.

NCS 직업기초능력 중의 대인관계능력과 그 내용이 완전하게 일치하지는 않지만 대인관계능력을 평가하는 행동을 형성하는 성격이므로 대인관계능력을 평가할 때 위 두 가지의 인성검사 내용을 참고하면서 필기시험과 병행하여 지원자를 평가하는 것이 바람직하다.

면접전형 단계에서 대인관계능력의 평가는 앞서 설명한 바와 같이 경험 및 상황 면접, 발표면접, 그룹토의, 역할연기(Role-Play) 등으로 평가할 수 있다. 먼저 경험면접을 살펴보면 대인관계능력의 하위요소에 대한 경험이나 사례에 대하여 앞서 설명한 자기소개서 문항형식으로 개발하되 '기술하시오'가 아니라 '설명해 주세요'로 변경하여 면접 질문지를 개발하면 되며, 자기소개서의 행동지표를 면접의 평가지표로도 활용할 수 있다.

상황면접의 경우 대인관계능력 중 갈등관리능력, 고객서비스능력이 적합한 평가요소이다. 먼저 갈등관리능력의 경우 직장 내에서의 다양한 갈등 상황을 제시하여 본인이 이러한 상황에 처해 있다면 어떻게 해결해 나갈 것인가를 물을 수 있다. 고객서비스능력의 경우 직장 내에서 빈번하게 발생하는 고객의 민원사항을 제시하여 이러한 상황에서 어떻게 대응해 나갈 것인가를 물을 수 있다.

예를 들면, 갈등관리능력의 경우 "지원자는 기획팀으로 발령받아 회사의 신규사업TF팀에 소속되어 프로젝트 성공을 위해 열심히 일하고 있습니다. 그런데 팀원들 중 두 명의 빈번한 의견충돌 및 대립으로 인하여 프로젝트 진행에 어려움을 겪고 있습니다. 이런 상황에서 지원자는 어떻게 행동하시겠습니까? 말씀해 주십시오."라고 질문할 수 있으며, 고객서비스능력에서는 "지원자는 민원처리 담당부서의 직원입니다. 어느날 자기 실수로 파손된 상품에 대해 환불을 요구하는 고객의 민원이 들어왔는데, 이 경우 회사 규정상 환불이 안됩니다. 이러한 경우 지원자는 어떻게 처리하시겠습니까? 말씀해 주십시오."라고 질문할 수 있다.

발표면접에서는 고객서비스능력을 평가할 수 있다. 지원자에게 민원과 관련된 내용 또는 새로운 상품이나 서비스 개발에 따른 고객의 만족도를 향상시킬 수 있는 상황이나 과제를 제시하여 자신의 의견을 분석, 정리하여 발표시키고, 이에 대해 지원자를 관찰, 평가하는 방식이다. 발표면접에서 고객서비스능력에 대한 평가는

[표 5-43] 갈등관리능력의 상황면접에서의 세부요소와 행동지표

평가요소	세부요소	행동지표
갈등관리 능력	타인이해 타인배려 피드백 주고받기	• 갈등을 원인을 파악하고 해결하고자 하는 의지가 있는가? • 타인의 말을 적극적으로 경청하는가? • 타인의 생각과 가치관을 배려하는가? • 타인과의 의견차이가 있을 때 조언을 구하는가? • 타인과의 갈등을 조정할 수 있는 다양한 방법을 활용하는가?

[표 5-44] 고객서비스능력의 상황면접에서의 세부요소와 행동지표

평가요소	세부요소	행동지표
고객 서비스 능력	고객의 불만이해 매너 있고 신뢰감 있는 대화 적절한 해결책 제시	• 고객의 요구와 특성을 파악하는가? • 고객의 유형에 따라 응대의 방법을 다르게 하는가? • 고객불만을 해결하기 위한 다양한 방법들을 활용하는가? • 고객에게 적절한 해결방안을 제시하는가? • 고객불만의 처리결과를 조직 내에 공유하여 업무의 효율성을 높이고자 하는가?

과제의 내용에 따라 달라질 수 있겠지만 일반적으로 상황면접에서와 동일한 세부요소 및 행동지표로 평가할 수 있다.

역할연기(Role-Play)의 경우에도 대인관계능력 중 갈등관리능력, 협상능력, 고객서비스능력을 평가하는 면접기법으로 적합하다. 왜냐하면 역할연기에서 주로 측정하는 역량이 주로 갈등의 원인이 되는 문제를 해결하고 해결방안을 상대방에게 설득하는 것이기 때문이다. 다만 갈등의 유형에 따라 갈등관리능력과 협상능력, 갈등관리능력과 고객서비스능력의 경우에는 1:1 유형으로 역할연기를 할 수 있으며, 세 가지 평가요소를 동시에 평가할 경우 1:2 유형의 역할연기를 할 수 있다.

예를 들면, 협상의 대상자가 홍보팀과 신문기자, 구매팀과 공급업체 담당자의 경우 1:1로 갈등관리능력과 협상능력을 평가할 수 있으며, 내부직원과 민원인, 상담인의 경우에도 1:1로 갈등관리능력과 고객서비스 능력을 평가할 수 있다. 세 가지 모두의 경우에는 내부직원과 민원인, 신문기자 또는 공급사 직원 등 3자가 대면하는 구도를 과제로 만들어 1:2로 역할연기를 수행할 수 있다.

참고로 역할연기는 일반적인 역량평가에서는 NCS 직업기초능력 대인관계능력의 하위요소와는 다소 상이할 수 있지만 갈등해결, 문제해결, 조정, 통합, 설득력 등을 평가하며, 갈등을 해결하기 위해서 상대방에 대한 이해도 필수적인 요소이므로 대인이해 및 고객지향과 같은 역량도 평가한다. 따라서 일반적인 시뮬레이션 면접에서의 역할연기 평가역량과 NCS 직업기초능력으로 대인관계능력의 하위요소와 그 평가대상이 유사하다고 할 수 있다.

이 밖에 역할연기 면접은 주로 업무적 또는 대인적 차원의 갈등해결, 상대방에 대한 자문 및 조언, 의견제시가 이루어지는 상황에

[표 5-45] 갈등관리능력, 협상능력, 고객서비스능력에 대한 역할연기(Role-Play) 행동지표

평가요소	세부요소	행동지표
갈등 관리 능력	타인이해 타인배려 피드백 주고받기	• 갈등을 원인을 파악하고 해결하고자 하는 의지가 있는가? • 타인의 말을 적극적으로 경청하는가? • 타인의 생각과 가치관을 배려하는가? • 타인과의 의견차이가 있을 때 조언을 구하는가? • 타인과의 갈등을 조정할 수 있는 다양한 방법을 활용하는가?
협상 능력	다양한 의견 수렴 실질적 목표 추구 타협하기	• 협상의 쟁점을 파악하고 있는가? • 협상 상대방의 입장 및 핵심 요구사항을 파악하고 있는가? • 자신의 팀(조직)의 입장을 파악하고 있는가? • 팀(조직)의 목표달성을 위해 다양한 협상전략을 수립하는가? • 협상의 시한을 정하고 협상의 타결을 위해 자신의 입장을 높은 조건에서부터 조금씩 양보하는가?
고객 서비스 능력	고객의 불만 이해 매너 있고 신뢰감 있는 대화 적절한 해결책 제시	• 고객의 요구와 특성을 파악하는가? • 고객의 유형에 따라 응대의 방법을 다르게 하는가? • 고객불만을 해결하기 위한 다양한 방법들을 활용하는가? • 고객에게 적절한 해결방안을 제시하는가? • 고객불만의 처리결과를 조직 내에 공유하여 업무의 효율성을 높이고자 하는가?

적합하므로 부하직원을 가진 관리자, 감독자의 선발, 신입사원의 경우 고객과 빈번한 접촉이 있는 직무 등의 직원 선발에 적합하다고 할 수 있다.

역할연기 면접에서는 변별력을 높이기 위해 면접관이 흔히 압박면접의 질문을 구사하는 경우가 있다. 면접관이 지원자에게 의식적, 인위적으로 충격을 주어 긴장상태에서의 반응과 행동을 관찰한다. 즉 스트레스를 유도해 후보자가 긴장이나 불안한 상황에서 면접을 진행한다.

압박면접은 피면접자의 스트레스 대응능력을 평가할 수 있다는 점에서 살펴볼 때, 평상시 발견되지 않는 자제력, 인내력, 적응력 등을 정확하게 발견할 수 있으므로 간호사, 방송인, 항공사 승무원, 경찰관 등 긴장도가 높은 직무에서 주로 사용하고 있다.

역할연기 면접에서는 면접관이 직접 역할연기도 하면서 피면접자를 관찰하기도 하지만, 역할연기 수행만 전문적으로 하는 사람을 투입할 수도 있다. 역할연기 면접에서 중요한 점은 역할연기 수행자나 면접관이 피면접자 누구에게나 동일한 수준의 역할연기와 질문을 수행해야 한다는 것이다.

그러기 위해서 역할 연기자는 특별한 훈련을 받아야 한다. 어떤 피면접자에게는 낮은 강도의 불만 수준을 표출하고, 또 다른 피면접자에게는 높은 수준의 불만을 표현한다면 면접평가의 형평성에 문제가 생길 수도 있다.

역할 연기자는 경우에 따라 전문 배우를 활용하는 경우가 있다.

특히 상위 직급의 경력직에 선발될 지원자들을 평가할 때 투입하는 경우가 있다. 그 외의 경우에는 비용이나 효율성 측면에서 대부분 면접관이 역할연기를 하게 된다. 이때는 면접관이 역할연기를 하면서, 지원자의 행동을 관찰·기록하는 평가자의 역할까지 2중의 역할을 수행해야 하는데, 이 때문에 고도의 전문성이 필요하며, 특별한 훈련을 받게 된다.

더군다나 면접관이 일부러 지원자의 말꼬리를 잡기도 하고, 지원자를 비난하기도 하고, 고의로 약점이나 핸디캡 등을 들춰내는 압박면접을 역할연기 면접에 가미하게 되면, 면접관의 역할연기와 질문은 더욱 일관성이 요구된다.

따라서 역할연기 면접은 임기응변의 역할연기가 아니라, 고도로 구조화된 면접방식(Structured Interview)이어야 한다. 실제 면접에 임해서 면접관들이 명심해야 할 것은 면접 가이드의 지침을 명심보감처럼 절대적으로 고수해야 한다는 것이다.

면접 가이드에는 표준적인 질문만이 아니라, 돌발상황이나 피면접자의 반응에 따른 압박 또는 예외적 대처요령에 대해서도 모두 제시되는 것이 원칙이다. 면접 가이드에 나와 있는 역할과 질문 내용을 모든 지원자에게 공통으로 적용해 오류를 최소화해야 한다. 그리고 의사소통이나 임기응변이 뛰어나 면접관을 능수능란하게 다루는 1%에 속하는 아주 고수의 예외적인 피면접자에게 현혹되지 않는 요령도 필요하다.

이와 같이 충실한 면접 가이드의 개발, 면접관 훈련이 상대적으로 중요한 면접이 역할연기 면접이다. 지원자나 면접관 모두 부담스러운 면접방식이지만, 다른 어떤 방식의 면접보다 우수 인재를 식별해내는 데 매우 우수한 면접방식이어서 최근 활용하는 사례가 증가하고 있다.

서류함기법(In-Basket)에서는 대인관계능력 중 갈등관리능력, 협상능력, 고객서비스능력 세 가지 하위요소에 대한 평가로 적합하며, 세부요소 및 행동지표는 역할연기와 동일하게 적용할 수 있다. 과제의 수행방법은 직장 내 갈등의 상황, 협상의 자료, 고객서비스 관련 민원 내용 등에 대한 과제를 지원자들에게 해결하게 할 수 있으며, 대인관계능력 자체만을 평가하기보다는 문제해결능력, 자원관리능력 등 다른 평가요소와 결합하여 평가하는 경우가 일반적이다. 아래 표는 서류함기법에서 대인관계능력, 문제해결능력, 자원관리능력을 동시에 평가하고자 할 때 활용할 수 있는 평가표의 예시로 과제의 내용에 따라 행동지표를 다르게 적용할 수 있지만 참고자료로 활용하길 바란다.

그룹토의 면접은 대인관계능력 중 팀워크능력에 대해 가장 보편적으로 평가하는 면접기법이다. 그룹토의에서 지원자에 대한 팀워크능력 관련 평가내용은 자신의 의견을 논리적으로 피력하여 상대방에게 신뢰감을 주는지, 다른 사람의 생각과 감정을 이해하고 배려하려고 하며, 갈등 상황을 원만하게 조정할 수 있는지, 다른 지원자들의 다양한 의견을 수렴하며 협상 가능한 실질적 목표를 구축하여 최선의 방법을 찾는지 등을 그룹토의 과정에서 지원자의

[표 5-46] 대인관계능력, 문제해결능력, 자원관리능력에 대한 서류함기법(In-Basket) 평가표

평가요소	행동지표	배점
대인관계 능력	• 조직의 목표를 달성하기 위하여 다른 사람들과 협조적인 관계를 유지하고 구성원들에게 도움을 줄 수 있는가? • 조직 내부 및 외부와의 갈등을 원만하게 해결할 수 있는가? • 고객의 욕구를 충족시켜줄 수 있는 능력을 소유하고 있는가?	
문제해결 능력	• 문제 원인을 정확하게 파악하고 있는가? • 문제 해결의 적극적 의지가 있는가? • 발생한 문제를 해결하기 위해 창의적, 논리적, 비판적으로 생각하는가? • 발생한 문제의 특성을 파악하고 적절한 대안을 선택, 적용하고 그 결과를 평가하여 Feed-back하는가?	
자원관리 능력	• 업무를 추진하면서 어떤 자원이 얼마만큼 필요한지 파악할 수 있는가? • 업무를 추진하면서 필요한 자원을 확보할 수 있는 능력을 가지고 있는가? • 업무나 활동의 우선순위를 고려하여 자원을 업무에 적절히 할당하는가? • 업무추진의 단계로서 계획에 맞게 업무를 수행할 수 있는가?	

행동을 관찰, 평가하는 것이다.

마지막으로 대인관계능력 하위능력별 평가내용으로서 지식(K), 기술(S) 상황(C)을 소개하고자 한다. 아래 표의 자료는 'NCS 홈페이지(https://www.ncs.go.kr)'의 'NCS 및 학습모듈 검색'에서 '직

[표 5-47] 팀워크능력의 그룹토의 행동지표

평가방법	평가요소	행동지표
그룹 토의	팀워크 능력	• 다른 사람의 생각과 감정을 이해하고 배려하는가? • 갈등 상황을 원만하게 조절할 수 있는가? • 다른 지원자들의 다양한 의견을 수렴하는가? • 협상 가능한 실질적 목표를 구축하고 실행하는가? • 구성원 간의 최선의 타협방법을 모색하는가?

업기초능력' 중 '대인관계능력' '교수자용 파일'(직업기초능력프로그램 : 교수자용 매뉴얼)을 다운받은 것이다.

그 중에서 '내용체계 및 시간'의 내용 중 '대인관계능력 하위능력별 교육내용으로서의 지식, 기술, 상황'을 '평가내용'으로 수정한 것이다. 여기에는 대인관계능력의 하위요소에 대한 교육내용으로 지식(K), 기술(S), 상황(C)을 나열해 놓았는데, 인사담당자 입장에서 대인관계능력의 평가와 관련 유용하게 활용할 수 있기 때문이다.

즉, 지식 및 기술은 필기시험 평가내용의 기준으로, 상황의 경우에는 상황면접 또는 자기소개서 질문 문항을 개발하거나 시뮬레이션 면접 과제를 개발하는 과정에서 직무상황을 설정하는 근거 자료로 유용하게 활용할 수 있으므로 실제 평가과제를 만드는 데 사용해 보기를 권장한다.

제1부

제2부

제3부

제4부

제5부

제6부

부록

[표 5-48] 대인관계능력 하위능력별 평가내용으로서의 지식, 기술, 상황

하위 능력		평가내용
팀워크 능력	K(지식)	• 팀워크의 의미 • 팀워크의 유형 • 팀워크를 저하시키는 요인 이해 • 팀발달 단계에 대한 이해 • 팀의 구성요건에 대한 이해 • 높은 성과를 내는 팀의 특성 이해 • 멤버십 유형의 이해 • 팀구성원들과의 관계 정립 방법의 이해 • 팀구성원으로서 역할 및 책임에 대한 이해
	S(기술)	• 팀의 구성원으로서 자신에게 주어진 목표를 명확하게 확인 • 팀내에서 자신이 수행해야 할 직접적인 업무를 파악 • 팀의 목표 달성에 필요한 자원, 시간, 활동 파악 • 팀이 달성하기를 희망하는 성과를 확인하고 점검 • 팀의 규칙 및 규정을 준수 • 팀구성원들과 효과적으로 의사소통 • 팀구성원들과 효과적으로 업무를 수행할 수 있는 방법 적용
	C(상황)	• 팀내에서 프로젝트나 할당된 일을 하는 경우 • 팀에 주어진 주요 행사를 조직해야 하는 경우 • 팀의 구성원들에게 자신의 의견을 제시해야 하는 경우 • 팀의 구성원들간에 갈등이 있을 경우 • 팀의 구성원들과 타협점을 찾아야 하는 경우 • 팀내에서 고객과 소비자를 위한 업무를 수행하거나 계획을 세우는 경우 • 팀내에서 고객과 소비자를 위해 제품을 디자인, 제작, 제시해야 하는 경우 • 팀별로 고객서비스를 개선하는 방법을 조사해야 하는 경우 • 팀별로 서비스와 작업 수행 개선을 위해서 조사하거나 실행을 해야 하는 경우
리더십 능력	K(지식)	• 리더십 개념 • 리더십 스킬의 종류 • 리더의 역할 이해 • 환경변화에 따른 리더의 역할에 대한 이해 • 리더십의 유연성/효과성에 대한 이해 • 조직구성원의 특성에 관한 이해 • 동기부여 개념 • 동기부여 방법 이해 • 변화관리 개념 • 변화관리 방법 이해

하위 능력		평가내용
리더십 능력	S(기술)	• 조직구성원의 특성 파악 • 조직구성원에게 자신의 의견을 논리적으로 설명 • 조직구성원을 설득시키고 동기화시킬 수 있는 기술 • 조직구성원들에게 도움이 되는 정보 제공 • 조직구성원들에게 적절한 때 도움을 줄 수 있는 기술 • 리더의 행동특성을 상황에 맞게 활용 • 조직의 성과향상을 달성하기 위한 전략 제시 • 조직의 환경변화에 대처할 수 있는 기술
	C(상황)	• 팀내에서 업무를 수행하는 과정에서 목표를 확실히 하여야 하는 경우 • 팀내에서 조직구성원들이 자신의 도움을 필요로 하는 경우 • 팀내에서 자신의 생각을 논리적으로 표현하여 조직구성원들을 설득시켜야 하는 경우 • 팀내의 프로젝트나 업무를 관장하는 경우 • 팀내에서 부하육성과 팀효율 향상이 요구되는 경우 • 팀내의 위기극복을 위한 변화가 필요한 경우
갈등관 리능력	K(지식)	• 갈등의 개념 • 갈등의 유형 • 갈등의 원인 이해 • 갈등의 전개과정 이해 • 조직구성원들의 다양한 가치관 유형 • 갈등관리 방법 이해
	S(기술)	• 타인의 말을 적극적으로 경청 • 타인의 생각과 가치관 배려 • 타인과의 의견차이가 있을 때 조언을 구하기 • 타인과의 갈등이 있을 때 원인 파악 • 타인과의 갈등을 조정할 수 있는 방법 활용
	C(상황)	• 팀내에서 프로젝트를 할 때 의견차이가 있는 경우 • 팀내에서 고객과 소비자를 위한 업무를 수행함에 있어서 의견차이가 있는 경우 • 팀내에서 주요 행사를 조직할 때 의견차이가 있는 경우 • 팀내에서 목표를 세우거나 계획을 세울 때 의견차이가 있는 경우
협상 능력	K(지식)	• 협상의 의미 • 협상의 원칙 • 협상 프로세스 이해 • 협상의 전략에 대한 이해 • 협상의 전략의 종류 • 상대방 설득 방법에 대한 이해

하위 능력		평가내용
협상 능력	S(기술)	• 협상의 쟁점 사항을 파악 • 협상 상대방의 입장 파악 • 협상 상대방의 핵심 요구사항 파악 • 자신의 팀의 입장 파악 • 자신의 팀의 협상 목표를 이해 • 협상전략 수립 • 협상 시한 설정 • 높은 조건에서 시작해서 조금씩 양보하기
	C(상황)	• 같은 조직내의 당사자들끼리 인식이나 상황규정방식이 다른 경우 • 경쟁적이면서 상호보완적인 조직과 갈등이 있는 경우 • 대량의 물적자원을 구입해야 하는 경우 • 계약을 체결해야 하는 경우 • 고객에게 판매행위를 해야 하는 경우 • 고객에게 서비스를 제공해야 하는 경우
고객 서비스 능력	K(지식)	• 고객의 유형 • 고객유형에 따른 응대법 이해 • 고객서비스의 의미 • 고객서비스의 중요성 이해 • 고객서비스의 방법에 대한 지식 • 고객의 요구 분석법에 대한 지식
	S(기술)	• 고객의 특성을 파악 • 고객의 유형에 따른 응대법 적용 • 고객의 요구를 파악 • 고객의 불만사항 개선을 위한 계획서 작성 • 고객의 불만사항을 해결할 수 있는 방법 목록화 • 고객서비스 방법을 적용
	C(상황)	• 고객과 소비자를 위한 업무를 수행하거나 계획을 세우는 경우 • 고객을 돕기 위해서 서비스를 제공해야 하는 경우 • 고객을 위해 제품을 디자인, 제작, 제시해야 하는 경우 • 고객서비스를 개선하는 방법을 조사해야 하는 경우 • 고객의 불만사항을 해결하는 업무를 수행해야 하는 경우

Chapter 8
정보능력(情報能力)

- Intelligence capability -

　정보능력이란 NCS 직업기초능력 10개 영역 중 하나로, 업무에 필요한 정보를 수집·분석하여 의미 있는 정보를 찾아내 적절히 활용하고, 이 과정에서 컴퓨터를 사용하는 능력을 말한다. 정보능력이란 수많은 정보 속에서 자신이 필요한 정보를 수집 및 분석하여 의미 있는 정보를 발견하고 이를 적절히 관리 및 활용하는 과정에서 컴퓨터를 사용하는 능력이다. 급변하는 정보화 사회에서 새로운 정보를 신속히 발견하고 이를 바탕으로 해결책을 창출해 내는, 직업인들에게 필수적으로 요구되는 능력이라고 할 수 있다. 정보능력은 컴퓨터활용능력, 정보처리능력으로 구분할 수 있다.

　정보능력이란 직장생활에서 기본적인 컴퓨터를 활용하여 필요한 정보를 수집, 분석, 활용하는 능력을 말한다. 이러한 정보능력

[표 5-49] 정보능력의 하위요소

하위요소	내용	세부요소
컴퓨터 활용능력	업무 수행에 필요한 정보를 수집, 분석, 조직, 관리, 활용하는 과정에서 컴퓨터를 사용하는 능력	• 인터넷 사용 • 소프트웨어 사용
정보처리 능력	업무 수행에 필요한 정보를 찾아 업무에 맞게 적절히 조직·관리·활용하는 능력	• 정보 수집 및 분석 • 정보 관리 • 정보 활용

이 중요한 이유는 우리가 사는 세상이 정보화 사회이기 때문이다. 정보화 사회란 이 세상에서 필요로 하는 정보가 사회의 중심이 되는 사회로서 컴퓨터 기술과 정보통신 기술을 활용하여 사회 각 분야에서 필요로 하는 가치 있는 정보를 창출하고, 보다 유익하고 윤택한 생활을 영위하는 사회로 발전시켜 나가는 것을 의미한다.

신입사원 선발과정에서 정보능력에 대한 평가는 서류전형 단계에서 입사지원서의 교육사항, 자격사항, 경험 및 경력사항이 있으며, 필기전형에서는 직업기초능력 중 하나의 영역으로서 4지 선다, 5지 선다 형식의 필기시험, 면접전형에서의 실무진 면접평가 등이 있다.

먼저, 서류전형 단계에서는 입사지원서에 교육사항과 자격사항 란에 지원자가 정보기술 활용과 관련된 내용을 작성하게 하여 평가하는 것인데, 실제로 정보활용능력이 직업기초능력이다 보니 직무 기반의 입사지원서에 정보활용에 대한 교육이나 자격사항에 적용하는 것은 어려울 수 있다. 다만 직무기술서상의 세분류(직무), 능력단위에 정보능력과 관련된 내용이 삽입되어 있다면 이에 대한 작성 및 평가가 가능할 수 있으며, 이는 인사담당자가 판단해야 한다.

만약 정보능력을 입사지원서를 통해 평가하고자 한다면 입사지원서의 교육사항에 정보활용과 관련된 학교교육이나 직업교육의 내용을 작성하게 하여 평가할 수 있으며, 자격사항 역시 정보능력과 관련하여 지원자에게 작성토록 하여 평가할 수 있다. 정보활용과 관련된 대표적인 자격증으로는 전자계산기조직응용기사, 정보처리기사(Engineer Information Processing), 정보보안기사 등이 있다.

경험 및 경력기술서에는 지원자에게 정보활용과 관련하여 활동했던 내용을 작성하도록 하여 평가할 수 있으며, 일반적이지는 않지만 자기소개서 항목에 정보활용에 대한 경험이나 사례를 추가하고 이를 통해 지원자의 정보활용능력을 평가할 수 있을 것이다.

필기전형에서는 NCS 직업기초능력 중 하나의 영역으로 4지 선다, 5지 선다 형식의 객관식 필기시험으로 평가하는 것으로 컴퓨터 활용능력 및 정보처리능력에 대한 이해도를 평가하는 문제와 주어진 자료나 정보를 파악하여 적절한 대응능력을 평가하는 문제로 구분할 수 있다.

예를 들면, 컴퓨터 활용능력 및 정보처리능력에 대한 이해도와 관련하여 컴퓨터 관련 지식과 컴퓨터 프로그램 활용에 대한 이론적 지식, Window 운영체제에 대한 기본적인 사용법, MS Office 프로그램에 대한 사용법, 단축키 사용방법 등이며, 특정 사례를 동반해 이론적 지식을 물어보는 형태로 문제를 출제할 수도 있다.

주어진 자료나 정보를 파악하여 적절한 대응능력을 평가하는 방법으로 주어진 자료를 파악 및 분석하여 원리를 찾아내고, 이를 올바르게 적용할 수 있는지, 제품코드 및 전산처리 규칙에 대한 정보를 제시하고, 이 정보를 활용하여 문제에 대한 답을 도출하는 형태의 문제 등을 출제할 수 있다. 이 경우 정보 제공의 원리를 평가하기 위해 최대한 복잡해 보이도록 방대한 양의 정보를 담은 자료를 제시할 수도 있다.

면접전형에서는 정보활용에 대한 평가내용 자체가 지식, 기술적 내용이 많기 때문에 일반적으로 행동을 관찰, 평가하는 경험이나 상황 면접, 시뮬레이션 면접보다는 회사 내에서 정보활용과 관련되어 현업부서의 담당자가 질문을 통한 답변으로 평가하는 것이 효율적이다. 아래는 정보능력에 대한 면접평가표 예시이다. 질문의 내용에 따라 행동지표의 내용이 변할 수 있으므로 회사나 직무 상황에 맞게 적용하는 것이 바람직하다.

마지막으로 정보능력 하위능력별 평가내용으로서 지식(K), 기술(S) 상황(C)을 소개하고자 한다. 아래 표의 자료는 'NCS 홈페이지(https://www.ncs.go.kr)'의 'NCS 및 학습모듈 검색'에서 '직업기

[표 5-50] 정보능력에 대한 면접평가표 예시

평가요소	행동지표	배점
정보능력	• 정보가 필요하다는 문제상황을 인지할 수 있는가? • 문제해결에 적합한 정보를 찾고 선택할 수 있는가? • 습득한 정보를 문제해결에 적용할 수 있는가? • 윤리의식을 가지고 합법적으로 정보를 활용할 수 있는가?	

초능력' 중 '정보능력' '교수자용 파일'(직업기초능력프로그램 : 교수자용 매뉴얼)을 다운받은 것이다.

그 중에서 '내용체계 및 시간'의 내용 중 '정보능력 하위능력별 교육내용으로서의 지식, 기술, 상황'을 '평가내용'으로 수정한 것이다. 여기에는 정보능력의 하위요소에 대한 교육내용으로 지식(K), 기술(S), 상황(C)을 나열해 놓았는데, 인사담당자 입장에서 수리능력의 평가와 관련 유용하게 활용할 수 있기 때문이다.

즉, 지식 및 기술은 필기시험 평가내용의 기준으로, 상황의 경우에는 상황면접 또는 자기소개서 질문 문항을 개발하거나 시뮬레이션 면접 과제를 개발하는 과정에서 직무상황을 설정하는 근거 자료로 유용하게 활용할 수 있으므로 실제 평가과제를 만드는 데 사용해 보기를 권장한다.

[표 5-51] 정보능력 하위능력별 평가내용으로서의 지식, 기술, 상황

하위 능력		평가내용
컴퓨터 활용 능력	K(지식)	• 컴퓨터의 원리 및 개념, 컴퓨터의 역사와 분류, 컴퓨터의 구성 단위 • PC 유지와 보수 • Window에서의 PC관리 • 한글 Window의 기본(바탕화면, 제어판, 파일과 파일관리, 인쇄) • 한글 Window의 보조 프로그램 • 한글 Window의 네트워크 관리 • 소프트웨어의 분류 • 응용 소프트웨어, 유틸리티, 프로그래밍 언어 • 정보통신의 개념, 인터넷의 개념 • 정보윤리, 정보보안, 컴퓨터 범죄 • 바이러스 예방과 치료 • 멀티미디어의 개념 및 활용 • 멀티미디어 하드웨어와 소프트웨어 • 워크시트의 기본, 워크시트의 편집과 출력 • 서식지정, 수식활용
	S(기술)	• PC 유지와 보수를 직접 실행 • 한글 Window의 바탕화면, 제어판, 파일과 폴더관리, 인쇄를 직 접 실행 • 한글 Window의 보조 프로그램을 실행 • 한글 Window의 네트워크를 실행 • 컴퓨터 응용프로그램, 유틸리티, 프로그래밍 언어를 사용 • 인터넷을 이해하고 인터넷 사용 • 바이러스를 예방 및 치료 • 멀티미디어와 관련된 하드웨어 및 소프트웨어를 사용 • 워크시트를 활용하여 편집, 출력, 서식지정, 수식활용, 차트, 데 이터 관리와 분석, 매크로 등을 사용
	C(상황)	• 인터넷에 필요한 하드웨어 및 소프트웨어 준비 • Window 등 업무에 필요한 운영 프로그램 설치 • 업무에 필요한 각종 응용 소프트웨어 설치 • 업무에 필요한 각종 하드웨어 준비 • 한글(아래한글, word 등을 이용) 문서를 작성할 경우 • 빔 프로젝터로 프리젠테이션을 하기 위해 자료를 제작할 경우 • 네트워크를 이용하여 직원과의 컴퓨터 공유를 할 경우 • 데이터베이스화하여 정보를 저장할 경우 • 인터넷 서비스를 이용하여 각종 자료를 검색할 경우 • 사내 e-learning 프로그램에 참여할 경우

하위 능력		평가내용
정보 처리 능력	K(지식)	• 정보의 개념 • 정보 수집의 개념, 원리, 방법의 종류 • 정보 분석의 개념, 원리, 방법의 종류 • 정보 관리의 개념, 원리, 방법의 종류 • 정보 활용의 개념, 원리, 방법의 종류 • 정보 수집, 분석, 관리, 활용의 실제
	S(기술)	• 정보를 탐색하는 데 적절한 기술 선정 및 탐색 • PC통신을 포함한 인터넷을 사용하여 정보 수집 • 업무에 필요한 정보 구별 • 목적과 관련된 부분을 선택하여 정보의 정확성 및 신뢰도 제시 • 다른 출처에 대해 정보를 획득하는 데 있어 이점 및 제한점을 비교하고 목적에 적합한 것을 선택 • 정보를 목적에 맞고 쉽게 찾을 수 있도록 분류 • 정보를 관리할 수 있는 여러 가지 매체를 사용 • 수집된 정보나 자료를 표나 그래프 등의 다양한 방법을 통해 조직 • 수집된 정보를 DB로 조직·관리 • 정보의 저작권이나 기밀성을 확인하여 사용 • 정보를 제시할 수 있는 매체의 특성을 고려하여 사용
	C(상황)	• 고객의 질문에 대한 답변에 관련된 정보를 찾는 경우 • 고객리스트를 일정한 형식으로 분류하여 다양한 매체로 전환하는 경우 • 업무와 관련된 정보를 다양한 매체를 통해 찾으려 하는 경우 • 주어진 정보의 중요성, 정확성 등을 파악하려 하는 경우 • 주어진 정보를 업무와 관련이 있는 정보와 그렇지 않은 정보로 분류하는 경우 • 주어진 정보를 업무의 목적에 맞게 분류하는 경우 • 업무와 관련된 정보의 중요도 순으로 분류하는 경우 • 조사나 프로젝트의 결과를 계획하고 실행하고 보고할 경우 • 정보를 조사하고 고객에게 결과물을 보고할 때

Chapter 9
기술능력(技術能力)

- Technical ability -

　기술능력은 NCS 직업기초능력 10개 영역 중 하나로, 업무를 수행하는 데 필요한 도구, 수단 등에 관한 기술적 요소들을 이해하고 이를 적절히 선택 및 적용하는 능력이다. 기술능력이 직업기초능력이 되는 이유는 기술능력을 일반적으로 사용되는 기술교양을 구체화시킨 개념으로 볼 경우, 기술능력은 기술직 종사자뿐만 아니라 사회 모든 직업인이 지녀야 할 능력으로 볼 수 있기 때문이다.

　일반적으로 기술은 다음 세 가지 의미를 갖는다. 첫째, 물리적인 것뿐만 아니라 사회적인 것으로서 지적인 도구를 목적에 사용하는 지식체계이다. 둘째, 인간이 주위 환경에 대한 통제를 확대시키는 데 필요한 지식의 적용이다. 셋째, 제품이나 용역을 생산하는 원료, 생산공정, 생산방법, 자본재 등에 대한 지식의 집합체이다.

직업기초능력으로서 기술능력이란 업무를 수행하는 데 필요한 도구, 수단, 장치, 조작 등에 관한 기술의 원리 및 절차를 이해하고, 이를 바탕으로 적절한 기술을 선택하여 업무에 실제로 적용하는 능력을 말한다. 기술능력은 기술이해능력, 기술선택능력, 기술적용능력으로 구분할 수 있다.

기술능력은 일상적으로 요구되는 수단, 도구, 조작 등에 관한 기술적인 요소들을 이해하고, 적절한 기술을 선택하며, 적용하는 능력을 의미한다. 직업인이 직장생활에서 일상적으로 접하는 기술을 이해하고, 효과적인 기술을 선택하여 다양한 상황에 기술을 적용하기 위해서는 기본적인 기술능력의 함양은 필수적이다.

기술이해능력은 기본적인 직장생활에서 필요한 기술의 원인 및 절차를 이해하는 능력이다. 기술이해능력을 향상시키기 위해서는 기술의 개념, 관련용어, 가정, 직장 및 사회에 미치는 긍정적, 부정적 영향, 유형별 기초기술, 기술과 인간, 기술과 환경 등의 관계, 기술의 선택 과정에 대한 이해가 선행되어야 한다.

[표 5-52] 기술능력의 하위요소

하위요소	내용	세부요소
기술이해능력	업무 수행에 필요한 기술의 원리 및 절차를 확실하고 올바르게 이해하는 능력	• 기술의 원리 이해
기술선택능력	업무 수행에 필요한 기술을 비교 및 분석하여 장단점을 파악한 후 최적의 기술을 선택하는 능력	• 기술 비교·분석 • 최적 기술 선택
기술적용능력	업무 수행에 필요한 기술을 실제 상황에 적용하고, 그 결과를 분석할 수 있는 능력	• 기술의 활용 • 기술 적용 결과 분석 및 평가

기술선택능력은 기본적인 직장생활에 필요한 기술을 선택하는 능력이다. 기술선택능력을 향상시키기 위해서는 기술선택의 의미와 중요성, 매뉴얼 활용방법, 벤치마킹을 이용한 기술선택방법, 상황에 따른 기술의 장단점, 상황별 기술선택과 활용에 대한 이해가 선행되어야 한다.

기술적용능력은 기본적인 직장생활에 필요한 기술을 실제로 적용하고 결과를 확인하는 능력이다. 기술적용능력을 향상시키기 위해서는 기술적용의 문제점을 찾고, 기술유지와 관리방법, 새로운 기술에 대한 학습, 최신 기술 동향 등에 대한 이해가 선행되어야 한다.

기술능력이 뛰어난 사람은 다음과 같은 특징을 가진다. 첫째, 실질적으로 해결을 필요로 하는 문제를 인식할 수 있다. 둘째, 인식된 문제를 위한 다양한 해결책을 개발, 평가할 수 있다. 셋째, 지식이나 기타 자원을 선택, 최적화시키며 적용할 수 있다. 넷째, 주어진 한계 속에서 제한된 자원을 사용할 수 있다. 다섯째, 기술적 해결에 대한 효용성을 평가한다. 여섯째, 여러 상황속에서 기술의 체계와 도구를 사용하고 습득할 수 있다는 것이다.

기술능력은 다른 직업기초능력들에 비해 지원자의 행동을 직접적으로 관찰, 평가하기에 어려운 능력이라 할 수 있다. 기술능력을 직원 선발 평가에 적용하는 방법으로는 서류전형 단계에서 입사지원서의 자기소개서 평가, 필기전형에서 직업기초능력의 하나의 영역으로서 4지 선다 또는 5지 선다 형식의 객관식 필기시험, 논술형 필기시험이 있으며, 면접전형에서는 경험 및 상황면접, 발표면접 등이 있을 수 있다.

먼저, 서류전형 단계의 자기소개서 평가는 지원자가 새로운 기술이나 기존의 기술을 응용하여 활용했던 경험이나 사례를 기술하게 하는 것이다. 예를 들면 "지원자가 업무(과제)를 수행하면서 새로운 기술 또는 기존의 기술을 적용하여 성과를 냈던 경험이나 사례를 기술하시오."라는 문항으로 개발할 수 있는 것이다. 아래에 기술능력에 대한 자기소개서 문항을 정리하였으며, 다른 직업기초능력 자기소개서 평가와 마찬가지로 사전에 평가요소에 대한 정의 및 행동지표를 준비하여 평가하는 것이 바람직하다.

필기전형에서는 먼저 직업기초능력 중 하나의 영역으로 평가하는 객관식 필기시험에서 기술영역은 기술이해 및 선택능력과 기술적용능력으로 구분하여 문제를 출제할 수 있다. 우선 기술이해 및 선택능력에서는 기술에 대한 이해 및 이를 통한 올바른 선택을 할

[표 5-53] 기술능력에 대한 자기소개서 문항 사례

사례1.

하위요소	자기소개서 문항 예시
기술이해 능력	지원업무를 수행할 때 고려할 요소는 어떤 것이 있었으며, 그러한 기술 요소들을 잘 활용하여 성공한 경험이나 사례를 기술하시오.

사례2.

하위요소	자기소개서 문항 예시
기술선택 능력	업무수행에 필요한 기술들을 비교, 분석하여 장단점을 파악한 후 최적의 기술을 선택했던 경험이나 사례가 있으시면 구체적으로 기술하시오.

사례3.

하위요소	자기소개서 문항 예시
기술적용 능력	자신이 보유한 기술을 잘 활용하여 성과를 냈던 경험이나 사례에 대해 구체적으로 기술하시오.
	자신의 기술은 향상시키기 위해 노력했던 경험이나 사례를 구체적으로 기술하시오.
	자신이 가지고 있는 기술분야와 관련하여 매뉴얼 또는 가이드 같은 걸 만들어 본 경험이나 사례가 있다면 구체적으로 기술하시오.

[표 5-54] 기술능력 자기소개서 평가요소 및 행동지표 사례

사례1.

하위요소	평가요소	행동지표
자기 소개서	기술능력	• 실질적으로 해결을 필요로 하는 문제를 인식하는가? • 인식된 문제를 위한 다양한 해결책을 개발, 평가하는가? • 지식이나 기타 자원을 선택, 최적화시키며 적용하는가? • 주어진 한계 속에서 제한된 자원을 사용하는가? • 기술적 해결에 대한 효용성을 평가하는가? • 여러 상황속에서 기술의 체계와 도구를 사용하고 습득하는가?

수 있는지, 사례를 제시하고 이를 통해 특정 개념에 대해 정확한 이해를 하고 있는지 확인하는 형태, 직장 내에서 실제로 접할 수 있는 경우를 사례로 제시하는 경우 등이 있다.

기술적용능력의 평가는 제품 매뉴얼과 같은 자료를 제시하고, 이를 근거로 문제상황에 대한 적절한 해결방안을 찾을 수 있는지를 확인하는 문제, 개인의 지식에 의존하는 것이 아니라, 철저히 제시된 매뉴얼에 기반하여 답을 찾을 수 있는지를 평가하기 위한 문제, 두 개 이상의 자료를 제시하여 많은 양의 자료를 빠르게 분석할 수 있는지를 평가하는 문제 등이 있다.

지원자가 많지 않을 경우 객관식 시험보다는 논술형 시험이 지원자의 능력을 변별하는 데 더 효과적인데, 기술능력의 논술형 시험은 앞서 설명한 기술적용능력의 필기시험 평가의 하나의 사례 즉, "제품 매뉴얼과 같은 자료를 제시하고, 이를 근거로 문제상황에 대한 적절한 해결방안을 찾으시오." 또는 회사의 사업과 관련된 자료 등을 제시하고 "우리 회사가 신규사업을 진출하는 데 필요한 기술은 어떤 것이 있으며, 그 이유를 설명하시오."와 같이 문제를 개발할 수 있다.

논술시험에 대한 일반적인 평가항목 및 내용은 아래 표와 같으며, 점수에 대한 비중(%)은 지원 직무나 신입, 경력 등 지원자들의 특성에 따라 조정이 가능하다.

면접전형에서는 경험 및 상황면접과 발표면접 등의 방식이 있는데, 먼저 경험면접에서는 입사지원서 자기소개서 문항과 같은 내용으로 질문지를 개발하여 평가하면 된다, 예를 들어 앞서 설명한 기술능력의 자기소개서 문항인 "지원자가 업무(과제)를 수행하면서 새로운 기술 또는 기존의 기술을 적용하여 성과를 냈던 경험이나 사례를 기술하시오."라는 질문을 "지원자가 업무(과제)를 수행하면서 새로운 기술 또는 기존의 기술을 적용하여 성과를 냈던 경험이나 사례를 말씀해 주십시오."라는 면접질문으로 개발, 활용할 수 있는 것이다.

상황면접의 경우 필기전형 단계에서의 논술형 시험 문항을 참고하여 다음과 같이 질문지를 만들 수 있다. "우리 회사 제품 매뉴얼

제1부

제2부

제3부

제4부

제5부

제6부

부록

[표 5-55] 논술시험 평가항목 및 내용

평가 항목	비중(%)	평가내용
이해· 분석력	20	• 주어진 논제에 대한 정확한 이해, 분석 능력 • 제시문에 대한 정확한 이해, 분석(독해) 능력 • 논술문이 논제에 충실한 정도 • 제시문을 적절히 활용한 정도

논증력	30	• 근거 설정 능력
		  – 주장에 대한 적절하고 분명한 논거 제시 여부
		  – 주장과 논거의 논리적 타당성
		  – 논제에 대한 분명한 견해 표현
		  – 표현 견해가 제시문의 논의에 의거해 적절한 뒷받침
		
		• 구성 조직 능력
		  – 전체 논의 전개에 정합성 및 일관성이 유지
		  – 전체 논의 전개에 있어 논리적 비약은 여부
		  – 글의 전체적인 흐름이 체계적이고 조직적으로 전개

창의력	30	• 심층적인 논의 전개
		  – 본인의 주장이나 논거에 대해 스스로 가능한 반론들의 고려
		  – 본인의 논의가 지니는 더 나아간 함축이나 귀결들에 대해 고려
		  – 논의가 전개되고 있는 맥락이나 배경 상황에 대한 적절한 고려
		  – 묵시적인 가정이나 생략된 전제에 대한 더 나아간 고찰
		
		• 다각적인 논의 전개
		  – 발상이나 관점 전환을 시도
		  – 가능한 대안들에 대한 고려
		  – 여러 개념들의 종합
		  – 암묵적으로 가정된 전제에 대한 비판적 고찰
		
		• 독창적인 논의 전개
		  – 주장이나 논거의 새로움
		  – 문제를 통찰함에 있어 특이함
		  – 관점이나 논의 지평에 있어 참신함

표현력	20	• 표현의 적절성
		  – 문장 표현의 매끄럽고 자연스러움, 적절한 비유 등
		  – 단락구성 및 어휘 사용
		  – 맞춤법, 답안지 작성법

내용에 대해 고객들의 이해도가 낮아 AS요청이 점점 증가하고 있습니다. 이러한 경우 지원자는 고객의 AS를 낮추기 위한 기술적 해결방안에 대해 말씀해 주시기 바랍니다." 또는 회사의 사업과 관련된 자료 등을 제시하고 "우리 회사는 현재 신규사업을 준비하고 있습니다. 이 경우 담당자로서 필요다고 생각하는 기술은 어떤 것이 있으며, 그 이유를 말씀해 주십시오."와 같이 질문할 수 있는 것이다.

발표면접의 경우에는 기술능력과 관련하여 직장 내에서 실제로 접할 수 있는 사례들이나 제품 매뉴얼, 신규사업 기획서와 같은 자료를 지원자에게 제시하여 이를 근거로 문제상황에 대한 적절한 해결방안 및 대안에 대해 발표시키고, 행동관찰을 통한 평가를 할 수 있다. 이때 발표면접에 대한 평가표의 구성은 일반적인 평가항목인 분석력, 문제해결, 의사소통에 기술능력과 관련된 기술능력, 또는 전문성 등의 관련 목을 추가하면 된다.

마지막으로 기술능력 하위능력별 평가내용으로서 지식(K), 기술(S) 상황(C)을 소개하고자 한다. 아래 표의 자료는 'NCS 홈페이지(https://www.ncs.go.kr)'의 'NCS 및 학습모듈 검색'에서 '직업기초능력' 중 '기술능력' '교수자용 파일'(직업기초능력프로그램 : 교수자용 매뉴얼)을 다운받은 것이다.

그 중에서 '내용체계 및 시간'의 내용 중 '기술능력 하위능력별 교육내용으로서의 지식, 기술, 상황'을 '평가내용'으로 수정한 것이다. 여기에는 기술능력의 하위요소에 대한 교육내용으로 지식(K),

[표 5-56] 기술능력을 포함한 발표면접 평가표 예시

평가요소	행동지표	배점
분석력	• 정보나 상황을 세분하여 이해하거나 함축된 의미를 파악한다. • 현안에 대해 주어진 정성적, 정량적 자료들을 분석하여 시사점을 도출한다. • 해결해야 하는 과업과 관련된 자료, 이슈들의 다른 특징들을 체계적으로 비교 분석한다.	
문제해결	• 자료를 구체적으로 분석하고 이해한다. • 현 상황에서 발생할 수 있는 문제점을 예측하여 해결대안을 제시한다. • 제시대안과 함께 이에 대한 타당한 근거를 제시한다.	
의사소통	• 자신의 아이디어를 논리정연하고 일관성 있게 전달한다. • 전달하고자 하는 내용에 맞는 적절한 비언어적 행동(시선, 제스처, 목소리 톤, 강약 등)을 사용한다. • 상대방의 반응이나 생각의 흐름을 적절히 파악하고 자신의 아이디어를 효과적으로 전달하기 위한 적절한 단어와 표현을 사용한다.	
기술능력 또는 전문성	• 업무관련 인터넷 및 소프트웨어를 잘 활용한다. • 필요한 정보의 수집 및 분석이 가능하다. • 업무에 필요한 정보에 대해 잘 이해하고 활용한다.	

기술(S), 상황(C)을 나열해 놓았는데, 인사담당자 입장에서 기술능력의 평가와 관련 유용하게 활용할 수 있기 때문이다.

즉, 지식 및 기술은 필기시험 평가내용의 기준으로, 상황의 경우에는 상황면접 또는 자기소개서 질문 문항을 개발하거나 시뮬레이션 면접 과제를 개발하는 과정에서 직무상황을 설정하는 근거 자료로 유용하게 활용할 수 있으므로 실제 평가과제를 만드는 데 사용해 보기를 권장한다.

[표 5-57] 기술능력 하위능력별 평가내용으로서의 지식, 기술, 상황

하위능력		평가내용
기술이해능력	K(지식)	• 기술의 원리 • 기술의 절차 • 업무에 필요한 기술의 동향 이해 • 새로운 기술에 대한 학습방법 이해
	S(기술)	• 매뉴얼 숙지 • 특정한 업무에 필요한 기술을 파악하는 기술 • 매뉴얼로부터 원리와 절차를 파악하는 기술 • 새로운 기술에 대한 학습, 결과에 대한 확인 기술
	C(상황)	• 기술적인 문제해결이 필요한 경우 • 기술적 문제를 해결하기 위해 지식, 기타 자원을 선택, 최적화하여 적용해야 하는 경우 • 업무의 목적에 맞게 다양한 도구를 사용하는 경우 • 기술적 문제에 대한 효과성을 평가하는 경우 • 기술 매뉴얼을 평가, 수정하는 경우 • 업무에서 요구된 새로운 기술을 파악하고 학습하는 경우 • 상품을 디자인, 제작, 제시하는 경우 • 업무 수행이나 서비스 향상을 위한 실제적인 활동을 수행하는 경우
기술선택능력	K(지식)	• 필요한 기술 인식 • 새로운 기술 선택 방법에 대한 지식 • 기술 선택시 고려할 사항 이해 • 선택한 기술의 장·단점 이해
	S(기술)	• 업무상황에 적합한 기술 선택 • 업무상황에서 요구되는 기술에 대한 Benchmarking 기술 • 선택한 기술의 장·단점 평가 • 업무에 적용하는데 있어서 선택한 기술의 결과 예측 • 업무와 관련된 새로운 기술에 대비한 매뉴얼 구축
	C(상황)	• 문제해결을 위해서 최적의 기술을 선택해야 하는 경우 • 업무의 목적에 맞게 다양한 도구를 사용하는 경우 • 기술 선택을 위해 각각이 기술의 장, 단점을 비교하는 경우 • 기술 매뉴얼을 평가, 수정하는 경우 • 업무에서 요구된 새로운 기술을 파악하고 학습하는 경우 • 상품을 디자인, 제작, 제시하는 경우 • 업무 수행이나 서비스 향상을 위한 실제적인 활동을 수행하는 경우

하위 능력		평가내용
기술 적용 능력	K(지식)	• 장비 및 기계 설치 과정 및 방법에 대한 지식 • 조작과정에 대한 이해 • 기술적용에 따른 장·단점 이해 • 기술 유지와 보수의 방법 이해
	S(기술)	• 기술적용에 있어서 문제확인 및 해결 • 기계 및 장비 설치 • 사용한 기술에 대한 결과 해석 • 기술사용에 있어 오류 찾아내기 • 기존 기술에 대한 개선 • 기술적용에 따른 개선점 파악 • 기술 유지 및 보수 • 업무와 관련된 새로운 기술 습득
	C(상황)	• 업무 수행 과정에서 장비 및 기계를 활용해야 하는 경우 • 현재의 기술을 보완, 개선해야 하는 경우 • 업무의 목적에 맞게 다양한 도구를 사용하는 경우 • 기술적 문제에 대한 결과를 평가하는 경우 • 기술 매뉴얼을 평가, 수정하는 경우 • 제품을 디자인, 제작, 제시하는 경우 • 기술적용 후 문제에 대한 대책을 제시해야 하는 경우

Chapter 10
조직이해능력
(組織理解能力)

- Organizational adaptation ability -

조직이해능력이란 NCS 직업기초능력 10개 영역 중 하나로 업무를 원활하게 수행하기 위해 자신이 속한 조직의 경영과 체제에 대해 이해하는 것뿐만 아니라 다른 나라의 문화 및 전반적인 국제 동향을 이해하는 능력을 말한다. 조직이해능력은 경영이해능력, 체제이해능력, 업무이해능력, 국제감각으로 구분할 수 있다.

조직은 두 사람 이상이 공동의 목표를 달성하기 위하여 의식적으로 구성된 상호작용과 조정을 하는 행위의 집합체를 의미한다. 이러한 조직의 특징은 목적과 구조를 가지며, 목적을 달성하기 위해 구성원들이 서로 협동적인 노력을 한다는 것이다. 또한 외부와 긴밀한 관계를 맺고 있으며 경제적, 사회적 기능을 가진다.

따라서 조직이해능력은 조직을 구성하는 체제를 이해하고, 조직

[표 5-58] 조직이해능력의 하위요소

하위요소	내용	세부요소
경영이해 능력	자신이 속한 조직의 경영 목표와 방법에 대해 이해하는 능력	• 조직의 방향성 파악 • 생산성 향상 방법
체제이해 능력	조직의 전반적인 구조, 체제 구성 요소, 규정, 절차 등을 이해하는 능력	• 조직 구조 이해 • 조직의 규칙 및 절차 파악
업무이해 능력	직업인이 자신이 맡은 업무의 성격과 내용을 파악해 그에 필요한 지식, 기술을 확인함으로써 업무 활동을 계획하는 능력	• 업무 우선순위 파악 • 업무 활동 조직, 계획
국제감각	업무 연관성을 바탕으로 다른 나라의 문화와 국제적인 동향을 이해하는 능력	• 국제 동향 이해 • 국제 상황 변화에 대처

의 큰 그림에서 자신의 업무를 이해하는 능력을 의미한다. 조직이
해능력이 직업기초능력인 이유는 조직의 규모가 커지면서 구성원
들이 정보를 공유하고 조직 목적을 달성하기 위해 하나로 나아가
기 위한 중요한 능력이기 때문이다.

조직이해능력 중 경영이해능력은 자신이 속한 조직의 경영 목표
와 경영 방법을 이해하고, 조직의 목적을 달성하기 위한 전략, 관
리, 운영 활동을 의미한다. 이를 위해 경영목적, 인적자원, 자금, 전
략 등과 같은 경영의 구성요소 및 계획→실행→평가라는 경영의
과정에 대한 이해와 더불어 조직체제의 구성요소 및 확인→계발→
선택의 의사결정 방법, 전략목표 설정→환경분석→경영전략 도출
→경영전략 실행→전략목표 실행이라는 조직의 경영전략에 대한
이해가 필요하다.

조직체제이해능력이란 조직의 목표와 구조, 문화, 규칙과 절차
등을 이해하는 능력을 의미한다. 이때 조직목표는 조직이 달성하

려는 미래의 상태를 말한다. 조직목표는 다음과 같은 역할을 한다. 첫째, 조직이 존재하는 정당성과 합법성을 제공한다. 둘째, 조직이 나아갈 방향을 제시한다. 셋째, 조직 구성원들이 행하는 의사결정의 기준이 된다. 넷째, 조직 구성원들이 행동을 수행하는 동기를 제공한다. 다섯째, 수행평가의 기준이 되며, 여섯째 조직설계의 기준이 되기도 한다.

조직목표의 특징을 살펴보면 첫째, 공식적 목표와 실제적 목표가 다를 수 있다. 둘째, 다수의 조직목표를 추구할 수 있다. 셋째, 조직목표 간 위계적 상호관계가 있다. 넷째, 가변적 속성이 있으며, 다섯째, 조직의 구성요소와 상호관계를 가진다는 것이다. 조직체제이해능력에 대해서는 조직목표의 역할과 특징 이외에도 조직구조의 의미 및 형태, 조직문화의 의미 및 기능, 조직 내 집단의 의미와 유형에 대해서도 이해가 필요하다.

업무이해능력은 자신에게 주어진 업무의 성격과 내용을 알고 그에 필요한 지식, 기술, 행동을 확인하는 능력을 의미한다. 이때 업무란 상품이나 서비스를 창출하기 위한 생산적 활동을 말한다. 업무는 총무부, 인사부, 기획부, 회계부, 영업부 등을 예로 들 수 있으며, 이러한 업무는 첫째, 조직의 목표를 달성하려 한다. 둘째, 요구되는 지식, 기술, 도구의 종류가 다르다. 셋째, 업무가 독립적으로 이루어지지만, 순서가 있어 순차적이기도 하며 서로 정보를 주고받는다. 넷째, 수행하는 절차나 과정이 다르다. 다섯째, 조직이 정한 규칙과 규정, 시간 등이 존재한다. 이상 다섯 가지의 특성을 가진다.

국제감각능력은 다른 나라의 문화를 이해하고 국제적인 동향을 이해하는 능력을 의미한다. 국제감각능력이 필요한 이유는 업무를 수행하다 보면 국제적 이슈에 영향을 받는 경우가 많으며 업무와 관련된 국제적인 법규나 규정을 제대로 이해하지 못하면 커다란 손실을 입을 수도 있기 때문이다.

조직이해능력을 신입직원 선발 평가에 적용시켜 보면 서류전형 단계에 입사지원서, 경험 및 경력기술서, 자기소개서가 있으며, 필기전형 단계에서 직업기초능력 중 하나의 영역으로서 4지 선다, 5지 선다 형식의 객관식 필기시험과 인성검사, 면접전형 단계에서는 경험 및 상황 면접, 발표면접 등으로 평가할 수 있다.

다만 조직이해능력의 경우 대학을 막 졸업하고 입사지원을 하는 신입사원의 경우 직장 경력이 없기 때문에 지원자가 다소 어려워하는 영역일 수 있기 때문에 이를 감안하여 평가문항을 개발해야 할 것이다.

먼저 서류전형 단계에서는 입사지원서상의 교육 및 자격증 항목을 평가할 수 있으며, 경험 및 경력사항에서도 간접적인 조직생활에 대해 평가할 수 있다. 그리고 자기소개서 항목에서 조직생활에서의 경험과 지원동기 등을 작성하게 할 수도 있다.

먼저 입사지원서의 교육 및 자격 사항을 살펴보면 교육사항의 경우 학교교육에서는 경영학이나 행정학 관련 과목을 이수했는지, 직업교육의 경우 직장생활에 필요한 자격증을 취득했는지를 평가할 수 있는데, 사실 이 분야의 교육과목이나 자격증은 너무 광범위하고 다양하기 때문에 채용공고 또는 직무설명자료에 근거해 범위를 명확히 하는 것이 필요하다.

경험 및 경력 기술서는 지원자가 신입사원일 경우 학교를 다니면서 학회, 동아리, 아르바이트에 대한 활동 내용을 통해 조직생활에 대한 간접적인 평가가 가능할 것이며, 경력직일 경우 이전 직장에 대한 활동내용으로 조직생활에 대한 직접적인 평가를 할 수 있다.

조직이해능력에 대한 자기소개서 평가의 경우 하위요소인 경영이해, 체제이해, 업무이해, 국제감각 네 가지에 대한 경험을 각각 평가하는 방식보다는 조직생활에 대한 전반적 경험이나 사례를 묻는 방식으로 "학교나 조직 생활을 통해 얻은 경험이나 사례를 기술하시오."라고 문항을 개발하여 지원자가 내용을 작성하여 내용을 평가하는 것이 바람직하다.

하지만 조직생활 자체가 너무 막연하기 때문에 문항개발 전에 조직생활에 대한 지원분야 관련 명확한 정의와 해당 직무에 해당하는 등의 단서를 붙이는 등 조직생활의 정의와 범위를 좁히는 것도 고려해 볼 수 있을 것이다.

또한 지원자의 지원동기를 다양하게 작성하게 함으로써 지원자와 회사 간에 조직적합도와 직무적합도를 평가할 수 있다. 예를 들어 "우리 회사에 지원하게 된 동기는 무엇입니까?", "우리 회사에 대해서는 어떻게 알게 되었습니까?", "취업을 준비하면서 많은 회사들을 알아보았을 텐데 우리 회사를 선택한 이유는 무엇입니까?",

[표 5-59] 조직이해능력의 자기소개서 행동지표 사례

사례1.

평가방법	평가요소	행동지표
자기 소개서	조직이해 능력	• 조직생활에 대한 자신의 목적을 명확히 하는가? • 자신과 조직의 목표를 얼마나 일치시키려고 하는가? • 우리 회사 조직문화에 적합한가? • 조직의 구성원으로 적극적으로 자신의 역할을 수행하고자 노력하는가? • 목적을 달성하기 위해 구성원 간의 협력을 조성하는가? • 목적달성을 위한 계획이나 전략을 수립하고 실행하는가? • 실행과 관련한 시간, 예산, 물적, 인적자원 관리를 하는가? • 외부 환경과 긴밀한 관계를 가지려 시도하는가?

"우리 회사에 입사한다면 어떤 일을 할 것이라고 생각하십니까?" 등이 있다.

이를 조직의 가치관과 연결하여 문항을 만들어 보면 "직장을 선택하는 데 가장 중요시하는 가치는 무엇이고 그렇게 생각하는 이유는 무엇입니까?", "직장생활을 통하여 본인이 이루고자 하는 목표는 무엇입니까?", "직장이 지원자의 삶에 어떠한 의미를 가지고 있습니까?" 등이 있을 수 있다.

필기전형 단계에서 조직이해능력은 직업기초능력 중 하나의 영역으로서 4지 선다, 5지 선다 형식의 객관식 필기시험으로 평가할 수 있는데 기업의 경영환경 및 체제이해능력을 평가하는 문제와 실제 업무 진행과정에 대한 이해능력을 평가하는 문제로 구분할 수 있다.

기업의 경영환경 및 체제이해능력을 평가하는 문제의 경우 업무를 수행함에 있어 조직의 방향을 예측할 수 있는지, 조직의 유형

또는 특징을 파악할 수 있는지에 대한 문제를 출제할 수 있다. 또한 기업 내에서 부서의 역할을 정확히 이해하고, 부서 간의 이동에 따른 경영환경의 변화를 예측할 수 있는지에 대한 문제를 출제할 수 있다. 이 밖에 기업의 거시적인 경영환경을 파악할 수 있는지를 묻기 위하여 SWOT분석, BCG Matrix 등과 관련된 문제들도 출제할 수 있다.

실제 업무 진행과정에 대한 이해능력을 평가하는 문제의 경우에는 실제 업무를 수행함에 있어서 필수로 요구되는 업무체계의 이해능력을 평가하기 위한 문제와 실제 업무 상황에서 접할 수 있는 보고서 형태의 문서나 결재 양식을 자료로 제시하고, 이를 바탕으로 한 이해능력을 평가하는 형태의 문제를 출제할 수 있다. 또한 보고서의 일부가 지워지거나 알아볼 수 없게 되었을 때, 이 부분과 관련된 사항을 묻는 문제도 출제할 수 있다.

필기전형 단계에서 인성검사의 경우 직업기초능력의 조직이해능력을 인성검사의 조직적합도와 매칭시키기도 한다. 물론 조직이해능력이 인성검사의 조직적합도와 내용이 일치하지 않지만 조직이해능력을 구성하는 하위능력들의 행동 기반이 성격으로부터 기인한다는 연관성으로 인성검사를 실시할 수 있으며, 긍정적 성격의 검사와 부정적 성격의 검사로 구분하여 지원자를 측정할 수 있다.

긍정적 성격의 인성검사에서는 지원자를 개인차원, 과업차원, 관계차원으로 구분하고 있다. 개인차원에서는 긍정태도, 신뢰/의지, 자기관리를 측정하며, 과업차원에서는 창의/혁신, 실행/추진,

분석/관리, 팀워크를 측정하며, 관계차원에서는 타인수용/이해, 배려/관계형성에 대한 성격적 요소들을 측정한다.

부정적 성격의 검사는 조직적응 요소로서 공격성, 충동성, 관심욕구, 나태, 의존성, 자기비하, 집착, 타인경시, 고립, 냉담, 비도덕, 비협조가 있으며 이상성향으로는 감정기복, 반사회성, 불안, 우울, 긍정인상이 있다.

기존 인성검사는 대부분의 회사들이 지원자의 긍정적 성격에 초점에 맞춰 실시해 왔지만 최근에는 채용의 위험요소(Risk) 즉, 부적격자 선발 방지를 위한 방안으로 부정적 성격의 조직적합도 검사에 대한 실시 사례가 증가하고 있다.

면접전형 단계에서는 경험 및 상황 면접, 발표면접 등으로 평가할 수 있다. 먼저 경험면접의 경우 자기소개서의 평가 문항과 같은 방식으로 개발하면 된다. 즉 조직생활에 대한 전반적 경험이나 사례를 묻는 방식으로 "학교나 조직 생활을 통해 얻은 경험이나 사례를 말씀해 주십시오."라고 질문을 개발할 수 있다. 다른 예로 지원자의 조직이해에 대한 평가 질문으로 "지원자가 우리 회사에 입사하신다면 어떠한 업무를 맡을 것이라고 생각하며, 그 업무를 잘 수행하기 위해 노력했던 경험이나 사례를 말씀해 주십시오."를 지원자에게 묻고 관찰, 평가할 수도 있다.

또한 지원동기나 조직생활에 대한 가치관 등을 물어봄으로써 지원자의 조직적합도와 직무적합도를 평가할 수 있다. 지원동기는 아래 표에 있는 행동지표 이외에 지원자 답변에 대한 구체성, 명확성 등으로도 평가해야 하는데, 일반적으로 지원자가 뚜렷한 지원 동기 없이 지원했을 경우 묻지마식 지원으로 형식적 답변을 할 가능성이 높으며, 이 경우 직원으로 선발되더라도 다른 좋은 회사의 입사지원 기회가 있을 경우 이직 가능성이 높기 때문이다.

아래는 신입사원 면접 시 가장 일반적으로 사용하는 조직적합도와 직무적합도에 대한 평가표 예시이다. 신입사원 선발이므로 아래와 같이 전반적인 평가요소를 적용하는 것이 바람직하며, 경력직 선발의 경우 직무전문성 등을 포함하여 평가할 수 있다.

상황면접은 회사의 운영방침의 변화, 조직의 변경, 다른 직무로의 배치 등과 관련하여 실제 업무상황에서 발생할 수 있는 회사 내 상황을 만든 다음 지원자에게 "이러한 상황에서 지원자는 어떻게 행동하시겠습니까? 말씀해 주십시오."라고 질문함으로써 지원자의 행동의도를 파악하고 평가할 수 있다.

[표 5-60] 조직적합도와 직무적합도에 대한 신입직 면접평가표 예시

평가요소	행동지표	배점
조직 적합도	• 우리 회사 조직문화에 적합한가? • 우리 회사에 계속 근무하려는 의지가 있는가? • 우리 회사에 근무하고자 하는 명확한 목표의식이 있는가? • 조직의 구성원으로 적극적으로 자신의 역할을 수행하고자 노력하는가?	
직무 적합도	• 지원 분야에 대한 지식, 스킬 활용도 • 경험을 통한 학습, 개선 • 자신의 전문성 수준에 대한 객관적 인식 • 담당 직무에 대한 기대의 현실성 정도 • 우리 회사에 대한 사전 지식의 정도 • 우리 회사와 자신과의 적합성에 대한 구체적/공감적 답변의 정도	

발표면접의 경우 실제 업무 상황에서 접할 수 있는 회사의 자료들을 지원자에게 자료로서 제시하고, 이를 통해 자료를 분석하고 가공하여 보고서나 기획서를 작성하게 하는 과제를 주고 작성된 내용에 대해 질의 응답하는 방식으로 지원자의 조직이해능력을 평가할 수 있다. 이때 발표면접에 대한 평가표의 구성은 일반적인 평가항목인 분석력, 문제해결, 의사소통에 조직이해와 관련된 항목을 추가하면 된다.

마지막으로 조직이해능력 하위능력별 평가내용으로서 지식(K), 기술(S) 상황(C)을 소개하고자 한다. 아래 표의 자료는 'NCS 홈페

[표 5-61] 조직이해능력을 포함한 발표면접 평가표 예시

평가요소	행동지표	배점
분석력	• 정보나 상황을 세분하여 이해하거나 함축된 의미를 파악한다. • 현안에 대해 주어진 정성적, 정량적 자료들을 분석하여 시사점을 도출한다. • 해결해야 하는 과업과 관련된 자료, 이슈들의 다른 특징들을 체계적으로 비교 분석한다.	
문제해결	• 자료를 구체적으로 분석하고 이해한다. • 현 상황에서 발생할 수 있는 문제점을 예측하여 해결대안을 제시한다. • 제시대안과 함께 이에 대한 타당한 근거를 제시한다.	
의사소통	• 자신의 아이디어를 논리정연하고 일관성 있게 전달한다. • 전달하고자 하는 내용에 맞는 적절한 비언어적 행동(시선, 제스처, 목소리 톤, 강약 등)을 사용한다. • 상대방의 반응이나 생각의 흐름을 적절히 파악하고 자신의 아이디어를 효과적으로 전달하기 위한 적절한 단어와 표현을 사용한다.	
조직이해	• 조직의 방향성에 대해 파악하고 있다. • 조직의 구조에 대해 이해하고 있다. • 업무의 우선순위를 파악하고, 업무활동을 조직, 계획한다.	

이지(https://www.ncs.go.kr)'의 'NCS 및 학습모듈 검색'에서 '직업기초능력' 중 '조직이해능력' '교수자용 파일'(직업기초능력프로그램 : 교수자용 매뉴얼)을 다운받은 것이다.

그 중에서 '내용체계 및 시간'의 내용 중 '조직이해능력 하위능력별 교육내용으로서의 지식, 기술, 상황'을 '평가내용'으로 수정한 것이다. 여기에는 조직이해능력 하위요소에 대한 교육내용으로 지식(K), 기술(S), 상황(C)을 나열해 놓았는데, 인사담당자 입장에서 조직이해능력 평가와 관련 유용하게 활용할 수 있기 때문이다.

즉, 지식 및 기술은 필기시험 평가내용의 기준으로, 상황의 경우에는 상황면접 또는 자기소개서 질문 문항을 개발하거나 시뮬레이션 면접 과제를 개발하는 과정에서 직무상황을 설정하는 근거 자료로 유용하게 활용할 수 있으므로 실제 평가과제를 만드는 데 사용해 보기를 권장한다.

[표 5-62] 조직이해능력 하위능력별 평가내용으로서의 지식, 기술, 상황

하위 능력		평가요소
경영 이해 능력	K(지식)	• 조직 내에서 자신의 역할 이해 • 조직의 목적과 목표 이해 • 조직 구성원의 역할과 업무 분담에 대한 이해 • 경영상 변화에 대한 이해
	S(기술)	• 조직의 구조와 운영체제 파악 • 하위조직의 역할 파악 • 전체 조직 속에서 나의 역할 확인 • 조직의 운영과정과 의사결정 과정 참여 • 조직의 운영상의 문제점 분석과 해결책 제시
	C(상황)	• 조직의 운영에 참여하는 경우 • 조직의 효과성 증대를 위해 조직의 체제를 개선해야 하는 경우 • 업무수행에 필요한 국제적인 추세를 파악하여야 하는 경우 • 업무가 진행되는 단계를 관리해야 하는 경우 • 경제변화를 업무수행에 반영하여 활용해야 하는 경우 • 수출·수입 등 국제무역을 행해야 하는 경우 • 조직 구성원의 사기와 심리적 상태를 이해해야 하는 경우
체제 이해 능력	K(지식)	• 조직의 목표에 대한 인식 • 조직의 구성 이해 • 조직 문화 유형 • 조직 문화 유형별 장·단점 • 조직 내의 규칙과 절차
	S(기술)	• 조직의 구조, 기능 및 목표에 대한 공유 • 조직내 규칙과 절차를 준수한 업무 추진 • 다른 조직과의 구조 및 특성 비교 • 조직의 고유한 문화적 특성 파악
	C(상황)	• 조직의 성과를 판단하는 경우 • 조직에 대한 구조조정이 시행되는 경우 • 조직의 운영 관련 회의에 참여하는 경우 • 조직내의 인사관련 업무를 하는 경우 • 조직 체제 개선 또는 개편에 대한 의견을 제시하는 경우 • 조직 내의 규칙 또는 규정에 대해 의견을 제시하는 경우 • 조직 구성에 대해 고객에게 설명해야 하는 경우
업무 이해 능력	K(지식)	• 업무의 특성 이해 • 주어진 업무 확인 • 업무처리 과정 및 절차에 대한 이해 • 업무 처리시 방해요인 이해

하위 능력		평가요소
업무 이해 능력	S(기술)	• 자신에게 주어진 업무를 확인하는 방법 • 주어진 업무의 중요도를 파악 • 업무 처리 계획 수립 • 업무 수행에 필요한 인적, 물적 자원 파악 • 업무 처리 단계별 효과적인 방법 도출
	C(상황)	• 자신의 업무에 있어 문제점이 발생하는 경우 • 신입사원으로 들어와 업무를 파악하는 경우 • 후배에게 업무에 대해 설명해야 하는 경우 • 동료의 업무를 대신할 경우–• 업무를 인수인계할 경우 • 부서 이동으로 새로운 위치에서 업무를 수행하는 경우 • 기존의 업무와 다른 새로운 업무가 주어지는 경우
국제 감각	K(지식)	• 일반적 국제 이슈 이해 • 관련 업무의 국제적 동향 분석 방법 이해 • 업무와 관련 국제적 법규 및 규정 이해
	S(기술)	• 각종 매체를 활용한 동향 파악 • 관련 업무의 국제적인 동향 파악 • 국제적인 상황변화 파악 • 국제적인 이슈 분석 • 다른 나라와의 문화적 차이 분석
	C(상황)	• 업무수행에 필요한 국제적인 동향을 파악해야 하는 경우 • 외국인과 함께 업무를 수행하는 경우 • 업무 수행 중 외국 출장을 가야 하는 경우 • 조직의 운영 관련 회의에 참여하는 경우 • 조직의 성과 증대를 위한 조직 체제에 대한 의견을 제시하는 경우 • 업무가 진행되는 단계를 타조직과 비교해야 하는 경우 • 수출·수입 등 국제무역을 행해야 하는 경우

Chapter 11
직업윤리(職業倫理)

- Vocational ethics -

　직업윤리는 NCS 직업기초능력 10개 영역 중 하나로, 직업인들에게 요구되는 행동 규범이다. 원만한 직장 생활을 하기 위해 요구되는 자세, 가치관 및 올바른 직업관을 직업윤리라 할 수 있다. 성실하고 근면한 자세, 정직함, 봉사정신, 책임의식, 직장예절 등을 갖춰야만 원만한 직장 생활을 할 수 있다. 직업윤리는 근로윤리와 공동체윤리로 구성되어 있으며, 근로윤리는 성실성, 근면성, 정직성, 공동체윤리는 준법성, 봉사정신, 책임의식, 직장예절로 구성되어 있다.

　사람들은 직업을 통하여 얻는 수입으로 생활을 한다. 그래서 대부분 직업을 가지고 있다. 모든 직업에서 공통적으로 지켜야 할 행동 규범과 각각의 직업에서 지켜야 할 세분화된 행동 규범들을 직

[표 5-63] 직업윤리의 하위요소

하위요소	내용	세부요소
근로윤리	맡은 업무를 근면하고 성실한 자세로 처리하고, 정직하게 업무에 임하는 자세	• 성실성 • 근면성 • 정직성
공동체 윤리	인간 존중을 바탕으로 봉사하며, 책임감을 가지고 업무를 충실히 수행하며, 직장의 규범을 지키고, 대인관계에서의 예의를 지켜 행동할 수 있는 자세	• 준법성 • 봉사정신 • 책임의식 • 직장예절

업윤리라고 하며, 직업기초능력 중에 하나인 이유이기도 하다.

예를 들면 직업인에게 요구되는 직업윤리로는 각자 자기가 맡은 일에 투철한 사명감과 책임감을 가지고 일을 충실히 수행해야 하며, 도덕적이어야 한다는 것을 들 수 있다. 직업윤리는 개인이 사회와 직업을 보는 관점이 다르기 때문에 변화할 수 있다.

직업윤리가 중요한 이유는 직업윤리의 결여로 집단이기주의가 성행하여 사회병리 현상을 키울 수 있으며, 반면에 직업윤리의 확립을 통해 인격을 완성하고 사회발전에 기여할 수 있기 때문이다. 직업윤리는 기본적으로 개인윤리를 바탕으로 성립되는 규범이다. 하지만 상황에 따라 양자가 충돌하는 경우 직업인이라면 직업윤리를 우선시해야 한다.

먼저 직업윤리로서 근로윤리란 직장생활에서 일에 대한 존중을 바탕으로 근면하고 성실하고 정직하게 업무에 임하는 자세를 의미한다. 여기서 근면이란 게으르지 않고 부지런한 것을 말하며 정직은 신뢰를 형성하고 유지하는 데 가장 필수적인 규범을 말한다. 성실하다는 것은 일관되는 마음과 정성의 덕이며 성실한 사람일수록 높은 성과를 낼 가능성이 높다.

공동체윤리는 인간존중을 바탕으로 봉사하며, 책임 있고, 규칙을 준수하고, 예의 바른 태도로 업무에 임하는 자세를 의미한다. 여기서 봉사는 사전적 의미와 직업적 의미 두 가지가 있다. 사전적 의미는 자신보다 남을 위하여 일하는 것을 의미하며, 직업적 의미는 자신보다는 고객의 가치를 최우선으로 하는 서비스 개념을 의미한다.

책임은 모든 결과는 나의 선택으로 말미암아 일어난 것이라는 식의 태도를 의미하는데 책임지는 태도는 인생을 지배하는 능력을 최대화하는 데 긍정적 역할을 하며, 책임감이 투철한 사람은 조직에서 꼭 필요한 사람으로 인식된다.

규칙을 준수하는 준법은 민주시민으로서 기본적으로 지켜야 하는 의무이며 생활 자세를 의미한다. 시민으로서 자신의 권리를 보장받고, 다른 사람의 권리를 보호해 주며 사회 질서를 유지하는 것을 의미한다.

예의 바른 태도로서 예절은 일정한 생활문화권에서 오랜 생활습관을 통해 하나의 생활방법으로 정립되어 관습적으로 행해지는 사회 계약적인 생활규범을 의미한다. 예절은 언어 문화권에 따라 다르며, 같은 언어 문화권이라도 지방에 따라 다를 수 있다는 특징이 있다.

지금까지 직업윤리 하위요소 및 세부요소에 대해 설명하였다.

그러나 이러한 직업윤리를 직원 선발과정에서 평가하는 것은 대단히 어려운 일이다. 사실 안다는 것과 행동하는 것이 일치하지 않을 수 있으며, 윤리라는 것이 마음 깊숙한 곳에 위치해 있기 때문에 잘 드러나지 않으며 단기적인 행동 관찰만으로는 평가할 수 없기 때문이다.

이러한 어려움을 감안하고 직업윤리를 직원의 선발 평가에 적용하면 서류전형 단계에서의 자기소개서 평가와 필기전형에서의 직업기초능력 필기시험, 면접전형에서의 경험면접을 활용할 수 있을 것이다. 먼저 서류전형에서의 자기소개서 평가는 직업윤리에 관한 지원자의 과거 경험이나 사례를 묻는 것으로 이 경우 직업윤리의 하위요소인 근로윤리, 공동체윤리보다는 세부요소를 기준으로 자기소개서 질문문항을 개발하는 것이 바람직할 수 있다.

예를 들어 근로윤리의 성실성, 근면성, 정직성이 있으며, 공동체윤리의 준법성, 봉사정신, 책임의식, 직장예절이 있다. 이 중에서 봉사정신(준법성, 책임의식)을 예로 들어 자기소개서 문항을 만들어 보면 "지원자가 봉사정신(준법정신, 책임감)을 발휘했던 사례 중 가장 기억에 남는 사례는 무엇이며, 그 사례들 중에서 얻는 교훈은 무엇인지 기술하시오."라는 문항을 개발하고 지원자에게 작성하게 하여 작성한 내용에 대한 행동을 관찰, 평가하는 것이다.

근로윤리의 세부요소인 성실성을 가지고 구체적인 예를 들어 설명해 보겠다. 성실성이란 '모든 일에 성실, 정직하여 남에게 신뢰감을 주고 꼼꼼하며, 정확하게 일을 수행하는 태도나 자세'로 정의

제1부

제2부

제3부

제4부

제5부

제6부

부록

할 수 있으며, 이에 대한 구체적 정의와 행동지표를 정리하면 아래와 같다.

성실성에 대한 구체적 정의에 기반하여 자기소개서 질문을 개발해 보면 "지원자가 다른 사람과의 신의를 지키기 위해 노력했던 경험이나 사례에 대해 구체적으로 기술하시오."라고 할 수 있으며, 아래 행동지표를 참고하여 지원자의 행동을 관찰, 평가하면 될 것이다.

필기전형에서 직업윤리는 직업기초능력 중 하나의 영역으로 객관식 필기시험으로 평가할 수 있다. 직업인이 갖추어야 할 기본적인 근로윤리 의식과 공동체윤리 의식을 구분하여 문제를 출제할

[표 5-64] 근로윤리 하위요소인 성실성에 대한 구체적 정의

하위요소	세부요소	구체적 정의
근로윤리	성실성	• 생활태도와 언행이 성실하고 정직하며 상대방과의 신의를 중요시한다. • 눈앞의 이익만을 추구하거나 거짓 언행과 이기적 행동을 하지 않음으로써 타인에게 신뢰받을 수 있는 도덕적 품성을 가지고 있다. • 세부적인 부분까지 주의 깊고 꼼꼼하게 일을 처리한다.

[표 5-65] 성실성에 대한 자기소개서 행동지표

평가방법	평가요소	행동지표
자기소개서	성실성	• 투명하고 공정하게 일을 처리한다. • 항상 신용을 유지한다. • 신뢰를 구축하며, 존경을 받는다. • 모든 상황에서 올바른 가치를 실천하기 위해 노력한다. • 잘못이나 부정을 감추지 않고 즉시 드러내어 발전의 기회로 활용한다. • 상대방과의 약속을 준수하고 항상 진실된 정보를 제공한다.

수 있는데 먼저 직업인이 갖추어야 할 기본적인 윤리의식이란 업무수행에 있어서 기본적으로 필요한 윤리의식을 가지고 있는가이며, 일반적으로 사회에서 통용되는 수준의 윤리의식뿐 아니라, 직업인으로서 요구되는 윤리의식에 대해서 출제할 수 있다. 또한 비즈니스 매너와 관련된 문제도 출제할 수 있다.

공동체윤리 의식에 대해서는 직업인이 갖추어야 할 기본적인 윤리 수준에서 공통체윤리에 대한 개념으로 확장할 수 있으며, 개인적인 수준에서의 윤리와는 구분되는 공동체적인 책임, 사회적인 책임 등에 대해 출제할 수 있다.

면접전형 단계의 경험면접에서도 질문의 개발은 자기소개서 문항의 개발방식과 같으며 다만 '기술하시오'를 '말씀해 주십시오'로 바꿔주면 된다. 앞에 자기소개서 문항을 면접 질문으로 바꾼다면 "지원자가 봉사정신(준법정신, 책임감)을 발휘했던 사례 중 가장 기억에 남는 사례는 무엇이며, 그 사례들 중에서 얻는 교훈은 무엇인지 말씀해 주십시오."가 되며 이 질문을 지원자에게 물어봐 그 답변내용에 대한 행동 관찰을 통해 평가하면 된다.

직업윤리는 다른 직업기초능력에 비해 평가할 수 있는 도구가 한정적이다. 상황면접이나 시뮬레이션 모두가 직업윤리를 평가하는 데 적합하지 않다. 그 이유는 앞서 언급한 바와 같이 직업윤리라는 것이 아는 것과 행동하는 것이 동일하지 않기 때문이다.

예를 들어 지원자들이 상황면접 질문에 대답한 것들이 그리고 시뮬레이션 면접을 통해 드러낸 행동들이 자신의 내면에 있는 것을 보여주면 좋겠지만 실제로 그렇지 않은 경우가 대부분이다. 사람들은 대부분 무엇이 더 바람직하다는 것을 인식을 할 수 있지만 그것을 실제 행동으로 실천하는 것은 매우 힘들며, 이를 선발 장면에서 관찰하여 평가한다는 것은 더더욱 힘들기 때문이다.

마지막으로 직업윤리 하위능력별 평가내용으로서 지식(K), 기술(S) 상황(C)을 소개하고자 한다. 아래 표의 자료는 'NCS 홈페이지(https://www.ncs.go.kr)'의 'NCS 및 학습모듈 검색'에서 '직업기초능력' 중 '직업윤리' '교수자용 파일'(직업기초능력프로그램 : 교수자용 매뉴얼)을 다운받은 것이다.

그 중에서 '내용체계 및 시간'의 내용 중 '직업윤리 하위능력별 교육내용으로서의 지식, 기술, 상황'을 '평가내용'으로 수정한 것이다. 여기에는 직업윤리 하위요소에 대한 교육내용으로 지식(K), 기술(S), 상황(C)을 나열해 놓았는데, 인사담당자 입장에서 직업윤리 평가와 관련 유용하게 활용할 수 있기 때문이다.

즉, 지식 및 기술은 필기시험 평가내용의 기준으로, 상황의 경우에는 상황면접 또는 자기소개서 질문 문항을 개발하거나 시뮬레이션 면접 과제를 개발하는 과정에서 직무상황을 설정하는 근거 자료로 유용하게 활용할 수 있으므로 실제 평가과제를 만드는 데 사용해 보기를 권장한다.

[표 5-66] 직업윤리 하위능력별 평가내용으로서의 지식, 기술, 상황

하위 능력		평가요소
근로 윤리	K(지식)	• 근로윤리의 의미 • 근로윤리의 특성 • 일에 대한 존중을 바탕으로 하는 근로윤리 • 특수직업 윤리 각 직종·직장별 특성에 맞는 고유한 행위 규범 • 근면의 의미와 근면한 생활 • 정직의 의미와 정직한 생활 • 성실의 의미와 성실한 생활
	S(기술)	• 직장생활에서 정해진 시간을 준수하며 생활 • 맡은 바 역할을 타인에게 전가하지 않는 행동 • 권위적이고 오만한 행동 지양 • 남이 한 일이나 아이디어를 도용하거나 가로채지 않는 행동 • 공사를 불문하고 지킬 수 있는 약속만을 말하고 철저히 지키는 　행동 • 타회사 경영정보나 기술의 불법적인 취득 행위 지양 • 회사 경영정보나 기술정보를 이용한 사적 이익 추구 행위 지양 • 자신이 세운 목표를 달성하기 위해 부지런한 생활을 유지 • 검소한 생활 자세를 유지하고 화목한 가정을 유지 • 심신을 단련하고, 금주·금연운동에도 앞장 • 맡은 바 임무에 최선을 다함 • 직장생활에서 주어진 업무를 성실히 수행 • 직장 생활에 있어서 근면한 생활을 행동으로 표출
	C(상황)	• 업무를 적극적으로 추진해야 하는 경우 • 자기 발전을 위해 스스로를 개발해야 할 경우 • 업무에 성실히 임해야 하는 경우 • 공정한 인사를 해야 하는 경우 • 직업인으로서 윤리를 지켜야 하는 경우

제1부

제2부

제3부

제4부

제5부

제6부

부록

하위 능력		평가요소
공동체 윤리	K(지식)	• 공동체윤리의 의미와 특성 • 인간사회의 존중을 바탕으로 하는 공동체윤리 • 특수직업 윤리 각 직종·직장별 특성에 맞는 고유한 행위 규범 • 타율적 구속의 윤리 • 봉사의 의미와 봉사하는 생활 • 책임의 의미와 책임 있는 생활 • 준법의 의미와 준법적인 생활 • 직장 예절
	S(기술)	• 자신의 이익을 배제하고 타인에게 봉사하려는 마음가짐을 행동 표출 • 힘들고 어려운 일에 솔선수범하는 행동 • 사랑과 봉사의 자세로 어려운 형편에 있는 이웃과 동료를 돕는 행동 • 지역사회와의 자매결연, 지역협력 사업에 지원을 아끼지 않는 행동 • 주어진 업무에 책임 의식을 가지는 자세 • 직무나 직책을 이용한 금품수수, 청탁, 알선 행위 지양 • 회사 내 사규와 사훈을 지키며 생활 • 사내 윤리규범의 진정한 의미를 숙지하여 업무에 적용 • 다른 임직원으로 하여금 윤리규범을 위반하도록 종용하거나 방관하는 행위 지양 • 인종, 종교, 성별, 출신지, 학벌, 연령, 신체적 특성 차이를 이유로 불쾌감을 주거나 괴롭힘을 가하지 않는 행동 • 직장 내에서의 상하관계에 있어서의 예절을 지키며 생활 • 칭찬, 격려 등 긍정적인 언행을 생활화 • 공과 사를 구분하고 직장 동료와의 예절을 지키며 생활 • 사회적으로 금지되거나 비난의 대상이 되는 퇴폐적 행위 지양 • 부드러운 미소와 눈빛으로 즐겁고 편안한 분위기 조성 • 이성 근로자에 대한 성예절을 생활화
	C(상황)	• 업무를 책임감 있게 수행해야 할 경우 • 회사나 기관의 규정과 규칙을 철저히 지키며 법을 준수하려는 마음가짐을 지녀야 할 경우 • 안전사고에 유의하며 업무를 수행해야 할 경우 • 업무 수행에 있어 국가, 사회 및 이웃을 위해 봉사한다는 마음가짐을 지녀야 하는 경우 • 자신의 명예를 걸고 최선을 다해 업무를 수행해야 하는 경우 • 자신의 직업을 천직으로 여겨야 하는 경우 • 현재 몸담고 있는 회사 또는 기관을 평생 일터로 여겨야 하는 경우 • 직장 생활에 필요한 예의범절을 지켜야 하는 경우 • 공정하게 업무를 수행해야 하는 경우

제6부

직무수행능력 평가를 위한 제언

지금까지 직업기초능력을 블라인드 채용 과정에서 어떻게 평가하는가에 대하여 살펴보았다. 다시 말하면 직업기초능력 10개 영역 34개 하위요소들을 서류전형 단계에서의 입사지원서, 경험 및 경력 기술서, 자기소개서, 필기전형에서의 직업기초능력 필기시험과 논술시험, 인성검사, 면접전형에서의 경험 및 상황면접, 시뮬레이션 면접으로서 발표면접, 토론면접, 서류함기법(In-Basket), 역할연기(Role-Play) 등의 평가도구들을 선발 매트릭스와 매칭시켜 어떻게 평가하는지에 대해서 설명한 것이다.

　일반적으로 직업기초능력을 필기시험의 도구로만 생각하는 경우가 많다. 하지만 실제로 직업기초능력은 서류전형 단계에서의 입사지원서 평가부터 면접전형에서의 평가까지 전 채용과정에서 다양한 평가도구로 활용하고 있는 것이다.

　블라인드 채용은 편견이 개입되는 차별적인 요소를 제외하고 직무능력(직업기초능력+직무수행능력)을 중심으로 평가하는 채용방식을 말한다. 따라서 이 책에서 설명한 직업기초능력에 대한 평가방식으로는 블라인드 채용을 50% 정도만 설명한 것이다.

　실질적으로 직무수행능력 역시 직업기초능력과 마찬가지로 서류전형의 입사지원서, 경험 및 경력증명서, 자기소개서, 필기전형에서의 전공필기시험, 면접전형에서의 실무진 면접 또는 임원면접을 통해 평가를 한다.

　그럼에도 불구하고 직무수행능력을 이 책에서 설명하지 않은 것은 직무수행능력 자체가 너무 광범위하고 전문적인 영역이기 때문

제1부

제2부

제3부

제4부

제5부

제6부

부록

이다. 사실 직업기초능력은 10개 영역 34개 하위요소로 구성되었지만 NCS 직무는 이미 1,000여 개가 넘었다.

이렇게 많은 직무에 대한 평가 방법을 개별 직무별 평가방법으로 책을 구성할 수는 있지만 한 권의 책으로 1,000여 개가 넘는 직무를 다룬다는 것은 현실적으로 불가능하다는 것을 이해해 주시길 바란다.

여기에서는 지금까지 다루지 않았던 직무수행능력에 대한 평가 방법에 대해 간단히 설명하고자 한다. 블라인드 채용에서 직원을 채용하는 데 있어 평가기준은 채용공고에 첨부한 직무설명자료라고 할 수 있다. 블라인드 채용에서 직무설명자료는 동일한 구성체계를 가지고 있다. 즉, 분류체계로 NCS 상의 대분류, 중분류, 소분류, 세분류(직무)를 직무설명자료 상단에 표시해 주고 있다. 그리고 회사(기관)소개, 직무내용, 지원자격, 채용절차 등을 회사(기관)별로 구성이 상이하지만 나머지는 능력단위, 지식, 기술, 태도, 자격증, 직업기초능력, 참고사이트는 공통적으로 구성되어 있다.

블라인드 채용에서 우리가 말하는 직무수행능력은 위에서 설명한 직무설명자료의 능력단위, 지식, 기술, 태도, 자격증이다. 이 다섯 가지 직무수행능력을 채용과정에서 어떻게 평가하는지 설명하고자 한다.

먼저 입사지원서의 작성항목은 최소 인적사항(성명, e-Mail. 휴대전화 등 연락처) 이외에 교육사항과 자격사항이 있다. 이 교육사항과 자격사항의 작성기준이 능력단위인 것이다. 능력단위와 관련된 교육사항과 자격사항을 지원자에게 작성하게 하는 것이 입사지원서의 가장 핵심적인 내용이다.

경험 및 경력기술서의 경우에도 지원한 직무와 관련하여 작성하는 것으로 지원자는 직무설명자료의 직무수행내용 및 지식, 기술, 태도를 잘 확인하여 자신의 학교, 동아리, 아르바이트 활동을 작성하도록 해야 하며 경력직의 경우 이전 근무지의 직무관련 수행내용을 자세히 작성하도록 해야 한다. 자기소개서의 경우 직무수행과 관련된 경험을 작성하게 하거나 직무상황을 제시하고 이러한 상황에서 지원자는 어떻게 업무를 처리할 것인가를 작성하게 할 수 있다.

이상 서류전형 단계에서의 세 가지 서류는 필요에 따라 평가하기도 하고 안 하기도 한다. 예를 들어 지원자가 너무 많은 경우 서류심사를 하지 않고 필기전형 단계에서 면접 대상자를 가리는 경우도 있으며, 면접 시 지원자에 대한 면접자료로 활용한다.

필기전형에서는 일반적으로 직업기초능력, 직무수행능력 시험으로서 전공시험, 인성검사 세 가지로 평가하는데 회사에 따라 한두 가지만 평가할 수 있다. 직업기초능력의 경우 10가지 중 5~6개 영역을 50~60문항(각 영역별 10문항)으로 구성하여 60분 내외로 필기시험 문항을 구성하는 경우가 많으며, 직무수행능력 시험으로 전공필기는 블라인드 채용 이전의 전공시험과 동일하게 출제와 진행이 되고 있는데 출제범위는 직무설명자료의 지식 및 기술이다. 요즘 직무설명자료에 없는 시험문제를 출제하였을 경우 지원자의 민원이 발생하는 경우가 있으므로 필기시험 출제 요청 시 이 부분을 반드시 확인해야 한다.

인성검사의 경우 회사의 인재상, 핵심가치, 직무가치 등과 연계하여 직무적합도와 조직적합도를 측정하는 평가도구로서 활용하고 있으며, 인성검사는 긍정적 성격의 검사와 부정적 성격의 검사가 있는데 이전에는 대부분 긍정적 성격의 검사를 사용했으나 최근에는 채용의 위험(Risk)을 감소시키는 수단 즉, 부적격자가 합격되는 것을 방지하기 위한 부정적 성격의 검사를 사용하는 사례가 증가하고 있다.

직무설명자료의 지식, 기술이 필기시험 단계에서의 평가요소였다면 태도는 면접전형 단계에서의 평가요소라고 할 수 있다. 요즈음 대부분의 면접 평가는 행동에 대한 관찰 평가이며, 관찰의 대상이 되는 것이 직무설명자료상의 태도인 것이다. 상황면접은 과거의 행동을 통해 입사 후의 행동을 예측하는 것이며, 상황면접의 경우에 지원자의 행동의도를 통해 역시 앞으로 어떻게 행동할 것인지를 예측하는 면접 기법이다. 시뮬레이션 면접 역시 지원자에게 과제를 제시하고 수행하게 하면서 지원자의 자세나 태도, 행동을 관찰하여 평가하는 방식인 것이다.

이처럼 직무설명자료의 능력단위, 지식, 기술, 태도, 자격증 등은 지원직무에 대한 직무수행능력을 평가하는 중요한 평가요소인 것이다. 따라서 인사담당자는 직무설명자료의 평가요소를 잘 이해하고 채용단계별 평가요소를 활용해야 할 것이다.

이상으로 블라인드 채용에서 직무수행능력을 평가하는 방식을 직무설명자료를 가지고 채용단계별로 간단히 설명하였다. 물론 설명한 내용 이외에 다양한 직무수행능력이 있을 수 있겠지만 이상의 내용을 참고하여 평가의 방법들을 잘 발전시켜 나가고 조직에 적합한 인재를 선발할 수 있기를 희망한다.

부록

1. 평정의 척도
2. 직업기초능력의 자기소개서 문항 예시
3. 직업기초능력 면접질문 예시
4. 시뮬레이션 면접과제 예시

부록 1. 평정의 척도

평정척도는 통상적으로 5점 척도를 사용한다. 그러나 역량의 특수성이나 조직에서 방침이 있는 경우에는 달라질 수 있다. 이를 행동기준으로 Level1~Level5까지 행동기준과 평정기준으로 설명하면 아래와 같다.

척도	내용
5점	**매우 우수한 수준** Much More Than Acceptable(Significantly above criteria required for successful job performance)
4점	**우수한 수준** More Than Acceptable(Generally exceeds criteria relative to quality and quantity of behavior required)
3점	**합격 수준** Acceptable(Meets criteria relative to quality and quantity of behavior required)
2점	**미흡한 수준** Less Than Acceptable(Generally does not meet criteria relative to quality and quantity of behavior required)
1점	**매우 미흡한 수준** Much Less Than Acceptable(Significantly below criteria required for successful job performance)

자료 : DDI

Level	행동기준	평정기준
Level 5	패러다임 전환행동	이전의 사고방식, 패러다임을 전환시켜 지금까지 누구도 하지 않았던 새로운 방법, 구조로 진행시키는 행동 지금까지와는 완전히 다른 새로운 상황을 만들어 내는 행동 관심을 두지 않고도 성과가 창출되도록 상황을 만들어 내는 행동 새로운 비즈니스 모델을 창출하는 행동
Level 4	창조행동	주어진 조건이나 상환 자체를 바꿔서 성과를 창출하는 행동 Management Cycle이 처음부터 마지막까지 발견되는 행동 독자적으로 효율적 연구를 가한 행동, 독창적 행동 성과가 나올 상황을 만들어내기 위해서 주위를 움직이는 행동
Level 3	능동행동	상황에 대응해서 자율적으로 하는 행동 본인의 명확한 의도나 판단이 들어간 행동 복수의 대안 중에서 최적의 방법을 선택해서 취한 행동 경험이나 지식으로 자기 나름대로의 개선을 한 행동
Level 2	통상행동	일상의 정형적인 업무를 조건반사적으로 반복하는 행동 누구라도 이렇게 하는 것이 당연하다고 생각되는 행동 본인의 선택이 없이 정해진 기준, 규정만을 따르는 행동
Level 1	수동행동	지시를 받아서 하거나 어쩔 수 없이 하는 행동 자기 주관이 전혀 들어가지 않는 피동적인 행동 부분적, 단편적, 즉흥적인 행동

참고사항
1) 행동의 양이나 성과의 크기는 Level과 무관
2) Management Cycle : Plan(계획)→ Do(실행)→Check(확인)→ Improvement(개선, 개량)

NCS 직업기초능력 자기소개서 항목은 조직적합도와 직무적합도를 평가하기 위한 2개의 공통문항과 5개 직업기초능력으로 구성함

▌공통문항

공통능력	유형	문항(Pool)
조직 적합도	지원동기1	본인이 우리 회사에 입사하기 위해 어떤 노력을 했는지와 그러한 노력이 본인의 지원업무와 관련 어떠한 연관성이 있는지 기술하시오
	지원동기2	지원 분야와 관련하여 우리 회사에 입사하기 위해 갖춰야 할 능력들은 어떤 것들이 있으며, 본인 스스로 생각하기에 자신이 얼마만큼의 능력을 갖추고 있는지 기술하시오.
직무 적합도	전문성1	지원분야와 관련하여 본인의 전문적인 지식이나 경험을 가지고 어떤 일을 추진했거나 문제를 해결했던 경험에 대해 기술하시오.
	전문성2	지원분야와 관련하여 직무설명자료에 있는 여러 능력들 가운데 본인이 입사 후 가장 잘할 수 있는 것은 어떤 것이고 또한 부족한 부분은 어떻게 보완해 나갈 것인지 기술하시오.

제1부

제2부

제3부

제4부

제5부

제6부

부록

▌직업기초능력

공통능력	문항(Pool)
의사소통능력	과제 혹은 업무 수행 중 타인과의 의사소통에서 어려움을 겪었을 때 자신이 가장 중요하게 생각하는 것은 무엇이며 이를 바탕으로 어떻게 문제를 해결했는지 구체적으로 기술해 주십시오.
	과제나 업무 중 타인을 설득하기 위해 자신이 사용했던 방법이 무엇이며 그 결과는 어떠했는지 구체적으로 기술해주십시오.
문제해결능력	자신의 전문적인 지식 및 기술을 활용하여 주어진 과제나 업무의 문제 상황을 효과적으로 해결했던 경험에 대해 구체적으로 기술해주십시오.
	다양한 경험을 하면서 예상치 못한 문제에 부딪쳐 예상했던대로 과제나 업무가 진행되지 못했을 때, 이를 해결하기 위해 포기하지 않고 노력했던 경험이 있다면 구체적으로 기술해 주십시오.
정보능력	과제나 업무를 완수하기 위해 필요한 정보를 적절히 수집해 성공적으로 완료했던 경험에 대해 구체적으로 기술해주십시오.
	과제 혹은 업무와 관련된 정보를 적절히 관리 및 활용해서 성과에 결정적인 기여를 한 경험이 있다면 구체적으로 기술해 주십시오.
자원관리능력	팀프로젝트를 수행하면서 팀원간의 역할조정이나 시간, 예산 등을 효율적으로 운영하여 성공했던 사례나 경험을 구체적으로 기술하시오.
	여러 가지 일을 한꺼번에 처리해야 하는 경우 본인은 어떠한 방식으로 우선순위를 정해왔는지 그 원칙을 설명하고 실행사례나 경험을 기술하시오.
대인관계능력	다른 사람들과 함께 팀을 이루어 만족스러운 성과를 내기도 하고 아쉬운 경우도 있을 텐데, 그 중 자신의 기억에 남는 가장 아쉬운 팀활동은 무엇인지 제시하고, 그 이유와 당시 만족스러운 성과를 내기 위한 개선책 및 본인의 역할을 자세히 기술하시오.
	다른 사람들과 일 또는 학업을 수행하는 과정에서 흔히 의견이 다를 경우가 발생합니다. 이러한 경험이나 사례를 설명하고 어떻게 조율했었는지 기술하시오.

부록 3. 직업기초능력 면접질문 예시

┃ 경험면접

- 직원선발을 위한 개별면접은 경험면접으로 시행
- 직업기초능력 및 직무수행능력 평가를 위해 자기소개서 문항을 면접
  에서 활용 지원자의 조직적합도, 직무적합도, 직업기초능력을 평가

┃ 조직적합도 및 직무적합도 질문 문항

공통능력	유형	문항(Pool)
조직 적합도	지원동기1	본인이 우리 회사에 입사하기 위해 어떤 노력을 했는 지와 그러한 노력이 본인의 지원업무와 관련 어떠한 연관성이 있는지 말씀해 주십시오.
	지원동기2	지원 분야와 관련하여 우리 회사에 입사하기 위해 갖춰야 할 능력들은 어떤 것들이 있으며, 본인 스스로 생각하기에 자신이 얼마만큼의 능력을 갖추고 있는지 말씀해 주십시오.
직무 적합도	전문성1	지원분야와 관련하여 본인의 전문적인 지식이나 경험을 가지고 어떤 일을 추진했거나 문제를 해결했던 경험에 대해 말씀해 주십시오.
	전문성2	지원분야와 관련하여 직무설명자료에 있는 여러 능력들 가운데 본인이 입사 후 가장 잘할 수 있는 것은 어떤 것이고 또한 부족한 부분은 어떻게 보완해 나갈 것인지 말씀해 주십시오.

제1부

제2부

제3부

제4부

제5부

제6부

부록

▌직업기초능력 질문 문항

공통능력	문항(Pool)
의사소통능력	과제 혹은 업무 수행 중 타인과의 의사소통에서 어려움을 겪었을 때 자신이 가장 중요하게 생각하는 것은 무엇이며 이를 바탕으로 어떻게 문제를 해결했는지 구체적으로 말씀해 주십시오.
	과제나 업무 중 타인을 설득하기 위해 자신이 사용했던 방법이 무엇이며 그 결과는 어떠했는지 구체적으로 말씀해 주십시오.
문제해결능력	자신의 전문적인 지식 및 기술을 활용하여 주어진 과제나 업무의 문제 상황을 효과적으로 해결했던 경험에 대해 구체적으로 말씀해 주십시오.
	다양한 경험을 하면서 예상치 못한 문제에 부딪쳐 예상했던대로 과제나 업무가 진행되지 못했을 때, 이를 해결하기 위해 포기하지 않고 노력했던 경험이 있다면 구체적으로 말씀해 주십시오.
정보능력	과제나 업무를 완수하기 위해 필요한 정보를 적절히 수집해 성공적으로 완료했던 경험에 대해 구체적으로 말씀해 주십시오.
	과제 혹은 업무와 관련된 정보를 적절히 관리 및 활용해서 성과에 결정적인 기여를 한 경험이 있다면 구체적으로 말씀해 주십시오.
자원관리능력	팀프로젝트를 수행하면서 팀원간의 역할조정이나 시간, 예산 등을 효율적으로 운영하여 성공했던 사례나 경험을 구체적으로 말씀해 주십시오.
	여러 가지 일을 한꺼번에 처리해야 하는 경우 본인은 어떠한 방식으로 우선순위를 정해왔는지 그 원칙을 설명하고 실행사례나 경험을 말씀해 주십시오.
대인관계능력	다른 사람들과 함께 팀을 이루어 만족스러운 성과를 내기도 하고 아쉬운 경우도 있을 텐데, 그 중 자신의 기억에 남는 가장 아쉬운 팀활동은 무엇인지 제시하고, 그 이유와 당시 만족스러운 성과를 내기 위한 개선책 및 본인의 역할을 자세히 말씀해 주십시오.
	다른 사람들과 일 또는 학업을 수행하는 과정에서 흔히 의견이 다를 경우가 발생합니다. 이러한 경험이나 사례를 설명하고 어떻게 조율했었는지 말씀해 주십시오.

부록 4. 시뮬레이션 면접과제 예시

1. 그룹토의(Group Discussion) 면접

Ⅰ. 과제 설명

- 본 과제는 아래 주제에 따라 자신의 생각과 입장을 정리하고 서로 의견을 교환하며 자유롭게 토론을 진행하는 활동입니다.
- 토론이 진행된 후에는 합의점을 도출해야 합니다. 각 지원자는 합의점을 도출하는 과정에서 상대를 설득하여 자신의 의견이 최대한 반영되도록 해야 합니다.

Ⅱ. 토론 주제

- 최근 우리 회사 사장은 인사부서에 '신입사원의 조기적응방안'을 마련하여 추진하라고 지시하셨습니다. 이에 인사부서에는 방안을 마련하기에 앞서 직원들은 어떤 생각을 가지고 있는지 알아보기 위해서 직원들에게 설문조사를 실시하였고, 아래와 같은 결과를 얻게 되었습니다.
- 지원자들은 위에 있는 선배들의 입장과 신입사원들의 입장을 토론하고, 앞으로 신입사원들이 회사에 조기에 적응하기 위해서 어떻게 해야 바람직한지 조별로 합의된 의견을 제시하는 것입니다.

선배들이 보는 신입사원들의 모습	신입사원들이 보는 선배들의 모습
자기의 직무에 대해서 잘 모른다.	무엇을 물어봐도 잘 가르쳐 주지 않는다.
일을 배우려고 하지 않는다.	6개월째 허드레 일만 시킨다.
친화력이 없다.	때로는 권위주의적인 언행을 한다.
인사를 잘 하지 않는다.	물어보면 찾아보라고 한다.
금방 들통 날 거짓말을 한다.	(신입사원이)모르고 있다는 것을 알고도 물어보는 것 같다.
일 배우는 것을 무서워한다.	왜 야근을 하는지 이해가 안 간다.
정보 검색, 오피스 프로그램은 잘 한다.	회식을 좋아한다.
회식을 싫어하거나 꺼린다.	(야근, 휴일 근무로) 가정이 걱정된다.
이기적이다.	회사에 충성심이 강하다

Ⅲ. 유의 사항

1. 지금부터 15분 동안 토론 준비를 하고, 토론시간은 30분입니다.

2. 토론에서 발언 순서는 없으므로 발언하고 싶은 지원자가 먼저 발언을 하면 됩니다.

3. 토론이 시작되면, 먼저 선배 입장과 신입사원들의 입장에 대한 자신의 의견을 피력합니다.

4. 본격적인 토론(자유토론)이 시작되면 자신이 제시하는 안을 다른 지원자들에게 설득합니다.

5. 신입사원의 바람직한 행동(방안)은 전원이 합의한 방안이어야 합니다.

Ⅳ. 자유 메모

메모 페이지가 부족할 경우 진행자에게 추가 백지를 요청하십시오.

2. 발표(Presentation) 면접

Ⅰ. 과제 설명

▌기업의 사회적 책임(CSR) 실천방안

오늘은 2020년 3월3일이다. 국내 최대 규모의 건설회사에 근무하는 귀하는 최근 조직개편으로 사장 직속부서인 사회공헌팀의 팀원으로 발령받았다. 사회공헌팀은 사장님이 지난 신년사에서 2020년은 우리 기업의 위상에 걸맞은 사회적 책임(CSR; Corporate Social Responsibility)을 실천해야 한다는 강력한 의지로 신설된 조직이다. 사회공헌팀은 이에 따라 '미래를 향한 진정한 파트너'라는 비전 아래 미래 10년의 사회공헌 사업계획을 발표하여 우리 회사가 보여주기식 사회공헌이 아닌, 사회적 파트너로서 진정성을 인정받아야만 한다.

Ⅱ. 발표실시 배경

사장님은 올해 신년사를 통해 "회사의 성장과 더불어 국민 모두가 행복한 사회를 만들기 위해 함께 노력하고, 청년 일자리 창출과 사회공헌 활동에 적극 앞장서겠다"고 밝힌 바 있다.

사장님은 사회공헌팀과의 회의를 통해 "지금이야말로 국내 CSR의 진정성을 엿볼 수 있는 시점"이라면서 "역대 최악의 CSR 사례로 기억될 폴크스바겐 연비 조작 사건은 CSR의 가장 중요한 핵심 키워드가 '진정성'임을 다시 보여줬다"면서 "과거 폴크스바겐이 CSR(특히 환경 분야)을 기업의 경쟁력으로 자랑하다가 모두 거짓으로 밝혀지면서 신뢰를 잃은 것처럼, 국내에서도 CSR을 홍보 수단으로 어설프게 포장해 '그린워싱(green

제1부

제2부

제3부

제4부

제5부

제6부

부록

washing)'을 한 기업들은 올해가 분수령이 될 것"이라고 강조하셨다.

회의 직후 사장님은 팀장님에게 우리 회사가 사회적 파트너로서 진정성을 인정받기 위한 10년의 사회공헌 사업계획을 발표하라고 지시하였고, 팀장님은 귀하에게 이와 관련한 초기 3년 이내에 실행 가능한 방안을 구상하고 이를 체계적으로 실행할 수 있는 계획을 수립하라고 하셨다.

지금은 그것에 대해 보고하는 시간이다.

Ⅲ. 지시 사항

1) 관련 자료들을 분석하고, 발표를 준비하는 데 주어진 시간은 20분이다.

2) 다음 페이지의 관련 자료를 참고하여, 건설업을 하고 있는 우리 회사가 실행할 수 있는 초기 단계의 사회공헌 활동과 이를 체계적으로 실행할 수 있는 방안을 제시하되 발표한 내용에 대해서는 그 이유가 명확해야 한다.

3) 총 면접 시간은 15분이며 이 중 귀하가 발표할 시간은 7분이다.

4) 발표가 끝난 이후에는 면접관들의 질문을 받고 적절한 대답을 해야 한다.

5) 본 과제의 마지막 메모 페이지에 자유롭게 메모할 수 있으며 발표 시 볼 수 있다.

Ⅳ. 관련 자료 ①CSR 활동계획 수립

기업의 사회적 책임 활동에 대한 효과적인 전략 수립은 신중하고 계획적으로 이루어져야 한다. 효과적인 CSR 전략 수립은 먼저 기업과 연관된 사회적 이슈와 관심, 기업 이해관계자들의 요구와 의견, 그리고 기업의 이익 달성과 같은 CSR 활동의 목표를 위해 관련 정보들을 수집하여 분석하고, 실행 계획들의 우선순위를 정해야 한다.

CSR 활동은 기업이 경영적 측면에서 성공적이며 사업 경쟁력을 유지하도록 하는 전반적인 전략에 통합해서 운영해야 한다. 기업은 사업을 유지하기 위해 수익성이 보장되어야 하기 때문에 전략적 CSR 활동은 기업의 성공에 기여하는 역할을 해야 한다. 이런 관점에서 CSR 활동은 세 가지 중요한 비즈니스 원칙을 고려해야 할 필요가 있는데, 이는 '기업의 이익', '환경의 지속성' 그리고 '사회적 책임' 등이다. 이러한 세 가지 원칙은 CSR 활동의 목표가 기업의 재정적 성공과 밀접하게 연관되어 있다는 것을 잘 보여 주고 있다. 즉, CSR 활동은 기업이 사회적 책임을 수행하는 과정을 통해 기업의 경영적인 성과에 긍정적인 영향을 미쳐 기업의 재정적인 수익을 창출하는 데 기여해야 한다는 것을 의미한다. 따라서 CSR 활동은 기업의 재정적인 수익 창출에 기여하는 활동인 동시에 기업이 경영 임무를 수행하는 과정에서 피고용자, 사회 공동체, 환경 등 이해관계자들이 기업에 기대하는 사회적 책임과 의무를 수행하는 활동이 되어야 한다.

그러므로 CSR 활동은 기업이 사회를 개선하고 발전시키기 위해 기업이 가지고 있는 전문 지식과 다양한 자원들을 사회의 발전과 개선에 활용하는 것을 의미한다고 할 수 있다. 결국 CSR 활동과 기업의 재정적인 수익 창출은 상호 배타적인 것이 아니라 상호 보완적 관계로 전략적 CSR 활동의 주요 목표인 동시에 기업과 이해관계자들이 윈윈(Win-Win)하는 전략으로 기업의 비즈니스 관심과 이해관계자들의 관심 둘 다에 영향을

제1부

제2부

제3부

제4부

제5부

제6부

부록

미치는 것이다. 나아가 CSR 활동은 기업의 경영 활동에 대한 사회적 반응과 책임에 대한 정확한 인식, 조직의 행동에 영향을 주거나 영향을 받을 수 있는 기업 이해 당사자의 CSR 활동에 대한 참여로 이루어진다고 할 수 있다. 기업 이해관계자들의 CSR 활동에 대한 적극적인 참여를 이끌어 내기 위해 기업 경영진은 이해관계자의 주장과 의견에 관심과 주의를 기울일 필요가 있는데, 이러한 활동을 통해 기업의 경영진은 기업 이해관계자의 관심과 의견들을 다루고 활용하는 데 도움을 얻을 수 있다.

기업들은 일반적으로 다른 경쟁자들로부터 자신들을 차별화하기 위한 방법으로 종종 CSR 활동을 활용하는데, 이러한 CSR 활동을 통해 기업들은 상업적으로 이익의 우위를 만들어 내기도 한다. 기업은 CSR 활동을 통해 사회에 투자함으로써, 더 높은 경영 경쟁력을 갖출 수 있게 된다. CSR 활동은 비닐봉지 사용하지 않기, 일회용 컵 사용 줄이기 등 적은 비용을 투자해 더 나은 사회를 만들기 위한 소비자의 요구에 더 잘 대응함으로써 기업의 긍정적 이미지를 창출하는 데 유용한 전략이다.

Ⅳ. 관련 자료 ②CSR 활동의 국내 우수사례

▎CSR로 젊은이의 꿈을 키워주는 LG디스플레이

LG디스플레이는 '젊은 꿈을 키우는 사랑'이라는 슬로건 아래 어느 기업보다 사회공헌 활동을 체계적으로 벌이고 있는 업체로 정평이 나 있다.

LG디스플레이는 특히 잠재력 있는 취약계층, 아동, 청소년들에게 성장 기회를 제공하는 것에 사회공헌 활동의 초점을 맞추고 있다. 이를 위해 교육·의료분야와 조합의 사회적 책임(USR. Union Social

Responsibility) 활동에 주력한다.

교육·의료 분야에서는 아동보육시설 내 여유 공간을 활용하여 인터넷 접속이 가능한 첨단의 PC 환경과 시청각 학습이 가능한 멀티미디어 환경을 갖춘 별도 공간을 조성해 나가고 있다. 2015년도부터 올해까지 34개소에 이런 공간을 확보해 기부한다는 목표다.

이와 함께 성장기 아동들의 시력 보호와 실명 예방을 위해 초등학교 저학년 대상으로 '초롱이 눈 건강 교실'과 저시력 아동 대상 맞춤형 재활캠프를 운영하고 있다. 초롱이 눈 건강 교실은 2016년부터 시작하여 현재까지 약 200회에 걸쳐 1,000여 명의 초등학생들을 대상으로 운영했다. 지난 2018년 '보건의 날'을 맞이해 이와 같은 공로를 인정받아 국무총리 표창을 수상하기도 했다.

USR은 LG디스플레이의 CSR에 있어 가장 차별화된 활동으로 손꼽힌다. 최근 대기업 노조에 대한 사회적 책임의 요구가 증대하는 등 노동조합의 노동운동 패러다임이 변화하는 시대적 흐름에 적극 부응한다는 차원에서 적극 전개하고 있는 활동이다. 실제로 LG디스플레이 노동조합은 캄보디아·몽골 등에서 해외봉사활동을 벌이는 것은 물론 헌혈, 기숙사내 헌 옷 모으기 등으로 회사의 CSR에 적극 동참하고 있다.

▌안전 CSR로 글로벌 경쟁력을 제고하는 포스코

포스코는 지난 1977년 안전관리사 제도를 도입한 이래 안전CSR 분야를 지속적으로 선도해오고 있는 업체다.

'일터가 안전하고 삶이 행복한 포스코 패밀리 구현'이라는 비전 아래 수치에 근거한 하이테크를 활용한 인프라 구축으로, 과학적이고 객관적인 안전관리 시스템을 운영하는 데 주력하고 있다.

이를 위해 포스코는 크게 안전, 보건, 재난 분야로 나눠 안전관리를 실천하고 있다. 안전분야에서는 안전한 행동이 체질화된 직원 육성과 위험제로(Hazard free) 설비 구축을 최우선 실행전략으로 추진하고 있다. 보건 분야에서는 인간존중에 기반한 선행적 보건활동으로 직원 삶의 질을 향상시키는 데 주력한다. 재난 분야에서는 전사 차원의 재난사고 예방 프로세스를 체계화해 전 직원의 재난관리 역량 및 비상 대응능력을 강화시켜 나가고 있다.

포스코는 안전보건활동을 강화하기 위해 사람과 장비, 시스템을 축으로 그룹의 역량을 결집하고 있다. 사람 측면에서는 포항 및 광양의 글로벌 안전센터 내에 교육을 강화하고, 안전리더십, 안전문화, 자율상호주의, 10대 안전철칙, 건강이상 직원 개인별 돌봄 활동에 주력하고 있다.

장비 분야에서는 격리잠금자(ILS, Isolation Locking System), 안전시설물, 수작업 치공구 개선, 응급 의료기능 강화(산소치료시설 도입 등)를 우선적으로 보강하고 있다. 시스템 분야에서는 안전보건경영체계, 포스코 안전평가시스템(PSRS, Posco Safety Rating System), 스마트 안전(Smart Safety), 글로벌안전보건전산시스템, 안전마스터, 자체 건강검진 및 치료 체계 등을 강화하고 있다.

▌ 제품 라이프 사이클 관점에서 환경과 사회공헌에 앞장서는 아모레퍼시픽

국내 대표적 화장품업체인 아모레퍼시픽은 환경과 사회적 측면을 고려한 제품의 지속 가능성 강화에 그룹의 자원을 집중하고 있다.

특히 제품의 제조 전 단계부터 제조·운송, 사용, 폐기 등 제품의 라이프사이클 관점에서 환경과 사회공헌 측면을 고려해 사업을 전개하고 있다. 제조 전 단계에서는 희귀 생물종 연구 및 아리따운 구매, 식물부산물 패키지, 화장품 용기 감량 등을 집중적으로 검토해 제품화 단계에 반영한다.

이 과정을 통해 아모레퍼시픽은 토종 희귀종을 복원해 화장품 소재의 효능 연구 및 원료화에 상당한 진전을 이뤄내기도 했다. 또 멸종 위기의 흰감국을 복원해 식약청 미백 기능성 원료로 인증을 받기도 했다. 감귤 껍질, 해초지 등 식물부산물 소재 패키지를 개발해 자원 절감에 성공하기도 했다. 이 단계를 거치면서 화장품 용기도 약 24% 줄이는 등 환경보호에 앞장서고 있다.

제조·운송 단계에서는 사업장 폐열 회수 시스템 구축을 포함해 물류 수송 차량(EMS) 등을 도입해 환경보호에 나서고 있다. 폐열 회수 시스템 구축으로 한해 온실가스를 95만 톤, 물류수송차량 도입으로 87만 톤을 각각 감축하고 있다.

제품 사용단계에서는 유니버설 디자인, 물 사용 저감 연구 등을 고려한다. 폐기 단계에서도 그린사이클을 중시한다. 특히 수거된 용기를 새로운 화장품 용기로 재활용하는 등 재활용에 적극 나서고 있다.

▎인체 무해한 친환경 소재 개발을 최우선하는 LG하우시스

건축장식자재, 고기능소재· 자동차 소재부품 업체인 LG하우시스는 업의 특성상 친환경 선도제품 개발에 사활을 걸고 있는 국내 대표적 기업이다.

'자연을 닮은, 사람을 담은 행복한 생활공간을 만듭니다'라는 비전 아래 친환경 소재 공급, 에너지 성능 향상 등 자연과 어울리는 공간을 제공하는 데 주력하고 있다.

LG하우시스는 지속가능한 기업으로 자리하려면 무엇보다 사회에 이바지하는 기업이 되어야 한다는 경영철학 아래 사회공헌 활동에 조직의 역량을 집중하고 있다.

이 회사가 벌이고 있는 대표적 사회공헌 활동으로는 그린독도 공간 가꾸기, 독도사랑 청년 캠프 등 독도 천연보호구역 지킴이 역할이다. 여기에 행복한 공간 만들기, 행복한 디자인 나눔 캠페인, 지역사회 공헌 활동 등을 지속적으로 전개하고 있다.

그린 경영에도 특별한 관심을 쏟고 있다. 친환경 소재를 사용하는 것은 물론 층간소음 개선과 단열성 강화 등을 통해 에너지 절감을 꾀하고 있다. 이를 통해 친환경 제품 매출을 올해 20%까지 끌어올린다는 목표다. 지난해에는 10%에 불과했다. 특히 식물성 원료(옥수수성분)로 만들어 유해물질 걱정이 없는 바닥재와 벽지 개발에 주력하고 있다. 이런 노력의 결과 세계 건자재업계 최초로 유럽섬유환경인증 1등급(Baby Class)을 획득하는 쾌거를 올리기도 했다. (이상 끝.)

V. 자유 메모

메모 페이지가 부족할 경우 진행자에게 추가 백지를 요청하십시오.

이 책에서의 표와 그림 목록

[표 0-1]   직업기초능력의 10개 영역과 34개 하위요소   09
[그림 0-1]   블라인드 채용과정에서 평가요소로서 직업기초능력의 활용   10
[그림 0-2]   과거행동면접(B.E.I.)의 STAR기법   11

[그림 1-1]   블라인드 채용=편견요소 제외+직무능력중심   17
            (직업기초능력+직무수행능력) 평가
[표 1-1]   국내 채용방식의 변화   19
[그림 1-2]   공공부문에서의 평등한 기회를 부여하기 위한 노력   19
[그림 1-3]   블라인드 채용 프로세스 예시   22
[그림 1-4]   블라인드 채용 평가요소   23
[표 1-2]   5대 법률에서 정하는 차별금지 항목   24
[그림 1-5]   채용상 제외요소 판단기준   25
[표 1-3]   채용단계별 주요 편견요소   26
[표 1-4]   블라인드 채용의 유형   28
[표 1-5]   블라인드 채용의 전형단계별 수행과제   31

[표 2-1]   지식, 기술, 능력, 태도와 역량의 비교   39
[표 2-2]   직무분석과 역량모델링의 차이   40
[그림 2-1]   채용 프로세스에 따른 선발 의사결정   51
[표 2-3]   인재선발을 위한 다양한 평가도구 및 방법   52
[표 2-4]   선발도구 선택 시 고려사항   53

[표 3-1]   직무설명자료의 구성 및 주요 내용 예시   66
[표 3-2]   내부자원을 이용한 직무설명자료 개발 과정   69
[그림 3-1]   직무의 내용 및 능력의 도출   70
[표 3-3]   국가직무능력표준(NCS)을 활용한 직무분석 과정   73
[그림 3-2]   NCS에서 세분류(직무)별 구성요소   74

[표 3-4]	NCS에서 세분류(직무)별 구성요소	76
[그림 3-3]	인사 세분류(직무)에 대한 NCS 분류체계 탐색 예시	77
[그림 3-4]	채용대상 직무에 대한 NCS 분류체계 예시	78
[그림 3-5]	(참고) NCS 검색방법	79
[그림 3-6]	채용대상 직무(직군)에 대한 능력단위 선정과정	81
[표 3-5]	요구 능력단위 선정 Matrix	82
[그림 3-7]	직무설명자료의 지식, 기술, 태도 선정과정	83
[표 3-6]	능력단위별 관련 지식(Knowledge) 도출 Matrix	84
[표 3-7]	능력단위별 관련 기술(Skill) 도출 Matrix	85
[표 3-8]	능력단위별 관련 자격 도출 Matrix	86
[표 3-9]	채용대상 직무(군)별 직업기초능력 도출 Matrix	87
[표 3-10]	DACUM에 대한 설명요약	89
[표 3-11]	직무기본정보의 구성항목 및 내용	90
[표 3-12]	직무기본정보 작성 Worksheet	90
[표 3-13]	주요업무 및 수행준거 작성하기	91
[그림 3-8]	수행준거 작성 예	91
[표 3-14]	직무기본정보 작성 Worksheet	92
[표 3-15]	직무수행요건 작성하기	92
[표 3-16]	직무수행요건 작성 Worksheet	93
[표 3-17]	직업기초능력 선별 Worksheet	94
[표 4-1]	서류전형에서의 평가도구 및 내용	99
[그림 4-1]	공공기관 표준 입사지원서	100
[표 4-2]	입사지원서 개발 프로세스	101
[표 4-3]	서류전형 평가 프로세스	102
[그림 4-2]	블라인드 채용 입사지원서의 교육사항 작성양식 예시	103
[그림 4-3]	블라인드 채용 입사지원서의 자격사항 작성양식 예시	104

[표 4-4]　　신입 일반직(경력 미포함) 서류전형 예시　　106

[표 4-5]　　개인별 서류전형 평가표 예시　　107

[그림 4-4]　자기소개서 문항 및 평가기준 개발, 활용　　109

[표 4-6]　　입사지원서의 자기소개서 평가 Frame　　112

[표 4-7]　　입사지원서 자기소개서 평가기준 및 확인사항 예시　　113

[표 4-8]　　자기소개서 평가의 기본방향 및 낮은 점수 착안의 Point　　113

[표 4-9]　　자기소개서 평가요소별 평가표 구성 예시　　114

[표 4-10]　평가요소별 평가(행동) 수준별 배점 예시　　114

[표 4-11]　자기소개서 활용 평가표 예시　　114

[그림 4-5]　필기전형 프로세스　　118

[그림 4-6]　검사결과 활용 가이드　　120

[그림 4-7]　구조화에 따른 구술면접의 구분　　124

[표 4-12]　구조화 면접과 비구조화 면접　　125

[표 4-13]　구술면접과 시뮬레이션 면접 비교　　127

[그림 4-8]　경험면접의 평가준거　　129

[그림 4-9]　경험면접 질문 및 평가기준 개발의 과정　　130

[표 4-14]　수행준거(Performance Criteria)를 활용한 면접문항　　131
　　　　　　Pool 선정 예시

[표 4-15]　수행준거를 활용한 면접질문 개발　　131

[그림 4-10] STAR기법을 활용한 심층(Probing)질문 예시　　132

[표 4-16]　경험면접 평가에서 추가질문에 대한 예시　　133

[표 4-17]　FACT의 내용과 원칙　　133

[그림 4-11] 상황면접(SI, Situational Judgement Interview) 기법　　134

[표 4-18]　상황면접의 질문과 스킬　　134

[그림 4-12] 시뮬레이션(Simulation) 면접의 구조　　135

[그림 4-13] 시뮬레이션(Simulation) 면접의 구분　　136

[그림 4-14] 그룹토의(GD)에서 역할에 의한 분류 예시　　139

[그림 4-15] 그룹토의 과제의 운영구조 예시(6인 평가 시)   143

[그림 4-16] 발표면접에서 운영과제에 의한 분류 예시   145

[표 4-19] 발표면접에서 준비방식에 의한 분류 예시   145

[표 4-20] 발표면접에서 발표방식에 의한 분류 예시   145

[그림 4-17] 발표면접 과제의 운영구조   146

[표 4-21] 면접관 평가성향 : 오류의 종류와 극복 방안   155

[표 4-22] 면접관의 오류 원인   156

[표 4-23] 면접단계의 가치판단 요인   157

[표 4-24] 면접단계 개발   157

[표 4-25] 면접운영 프로세스   159

[표 4-26] 면접관 교육 모듈 예시(4시간 기준)   160

[표 5-1] 블라인드 채용의 단계별 평가도구 및 평가요소 예시   168

[표 5-2] NCS 직업기초능력의 선발 Matrix   169

[표 5-3] 의사소통능력의 하위요소   177

[표 5-4] 문서작성능력의 평가항목 및 내용 예시   182

[표 5-5] 경청능력의 행동지표   183

[표 5-6] 의사표현능력의 개별면접 행동지표 사례   184

[표 5-7] 의사표현능력의 그룹토의 면접 행동지표 사례   185

[표 5-8] 협조성의 그룹토의 면접 행동지표   187

[표 5-9] 그룹토의에서 긍정적 행동과 부정적 행동   188

[표 5-10] 의사표현능력의 발표면접 행동지표 사례   189

[표 5-11] 분석력의 발표면접 행동지표 사례   191

[표 5-12] 발표면접에서 긍정적 행동과 부정적 행동   192

[표 5-13] 의사소통능력 하위능력별 평가내용으로서의 지식, 기술, 상황   193

[표 5-14] 수리능력의 하위요소   199

[표 5-15] 수리능력 하위능력별 평가내용으로서의 지식, 기술, 상황   204

[표 5-16]	문제해결능력의 하위요소	209
[표 5-17]	사고력에 대한 자기소개서 문항 예시	210
[표 5-18]	사고력의 그룹토의 행동지표	212
[표 5-19]	문제처리능력에 대한 자기소개서 문항 예시	213
[그림 5-1]	기획서 및 보고서 작성+면접의 구조(예시)	215
[표 5-20]	문제처리능력의 서류함기법(In-Basket)과 발표면접에서 행동지표 사례	217
[표 5-21]	문제해결능력의 발표면접 행동지표 사례	218
[표 5-22]	문제해결능력 하위능력별 평가내용으로서의 지식, 기술, 상황	219
[표 5-23]	자기개발능력의 하위요소	222
[표 5-24]	자기개발능력의 자기소개서 행동지표 사례	224
[표 5-25]	자기관리능력에 대한 자기소개서 문항 예시	225
[표 5-26]	경력개발능력에 대한 자기소개서 문항 예시	225
[표 5-27]	자기개발능력 하위능력별 평가내용으로서의 지식, 기술, 상황	228
[표 5-28]	자원관리능력의 하위요소	232
[표 5-29]	시간관리능력에 대한 자기소개서 문항 예시	234
[표 5-30]	예산관리능력에 대한 자기소개서 문항 예시	234
[표 5-31]	물적자원관리능력에 대한 자기소개서 문항 예시	234
[표 5-32]	인적자원관리능력에 대한 자기소개서 문항 예시	234
[표 5-33]	자원관리능력의 자기소개서 행동지표 사례	235
[표 5-34]	자원관리능력의 서류함기법(In-Basket)과 발표면접에서 행동지표	240
[표 5-35]	자원관리능력 하위능력별 평가내용으로서의 지식, 기술, 상황	242
[표 5-36]	대인관계능력의 하위요소	247
[표 5-37]	팀워크능력에 대한 자기소개서 문항 예시	249
[표 5-38]	리더십능력에 대한 자기소개서 문항 예시	249
[표 5-39]	갈등관리능력에 대한 자기소개서 문항 예시	249
[표 5-40]	협상능력에 대한 자기소개서 문항 예시	250

[표 5-41]　고객서비스능력에 대한 자기소개서 문항 예시　250

[표 5-42]　대인관계능력의 자기소개서 행동지표 사례　251

[표 5-43]　갈등관리능력의 상황면접에서의 세부요소와 행동지표　255

[표 5-44]　고객서비스능력의 상황면접에서의 세부요소와 행동지표　256

[표 5-45]　갈등관리능력, 협상능력, 고객서비스능력에 대한 역할연기　257
　　　　　　(Role-Play) 행동지표

[표 5-46]　대인관계능력, 문제해결능력, 자원관리능력에 대한 서류함　261
　　　　　　기법(In-Basket) 평가표

[표 5-47]　팀워크능력의 그룹토의 행동지표　261

[표 5-48]　대인관계능력 하위능력별 평가내용으로서의 지식, 기술, 상황　263

[표 5-49]　정보능력의 하위요소　267

[표 5-50]　정보능력에 대한 면접평가표 예시　269

[표 5-51]　정보능력 하위능력별 평가내용으로서의 지식, 기술, 상황　271

[표 5-52]　기술능력의 하위요소　274

[표 5-53]　기술능력에 대한 자기소개서 문항 사례　276

[표 5-54]　기술능력 자기소개서 평가요소 및 행동지표 사례　277

[표 5-55]　논술시험 평가항목 및 내용　279

[표 5-56]　기술능력을 포함한 발표면접 평가표 예시　281

[표 5-57]　기술능력 하위능력별 평가내용으로서의 지식, 기술, 상황　282

[표 5-58]　조직이해능력의 하위요소　285

[표 5-59]　조직이해능력의 자기소개서 행동지표 사례　289

[표 5-60]　조직적합도와 직무적합도에 대한 신입직 면접평가표 예시　292

[표 5-61]　조직이해능력을 포함한 발표면접 평가표 예시　293

[표 5-62]　조직이해능력 하위능력별 평가내용으로서의 지식, 기술, 상황　295

[표 5-63]　직업윤리의 하위요소　298

[표 5-64]　근로윤리 하위요소인 성실성에 대한 구체적 정의　301

[표 5-65]　성실성에 대한 자기소개서 행동지표　301

[표 5-66]　직업윤리 하위능력별 평가내용으로서의 지식, 기술, 상황　304

▌맺음말

　이 책은 원래 'NCS 직업기초능력 평가 매뉴얼'로 쓰려고 기획했던 것이다. 하지만 책을 써 나가는 과정에서 'NCS 능력중심채용'이 '블라인드 채용'이란 이름으로 바뀌었다. 또한 2019년 7월 17일부터는 개정된 '채용절차의 공정화에 관한 법률'(약칭 : 채용절차법)이 상시 근로자 30인 이상 사업장을 대상으로 확대 시행되었다. 따라서 그 동안 공공기관 위주로 직원의 채용, 선발 평가 시 사용되었던 NCS 직업기초능력이 이제는 민간의 중소기업에서도 활용될 수 있다는 기대감에 책의 제목을 '블라인드 채용 평가 매뉴얼'로 바꾸고 그 내용을 좀 더 보완하고 수정한 것이다.

　인재 채용이란 업무가 조직의 측면에서 대단히 중요하고 전문적인 영역임에도 불구하고 실제 기업에서 채용업무에 대한 관심과 사용 빈도가 낮은 탓에 전문성을 찾아보기가 매우 어렵다. 특히 중소기업의 경우 인사담당자가 다른 업무와 병행하여 채용업무를 수행하는 경우가 많으며, 직원의 충원 자체가 어려운 경우가 많기 때문에 자기 회사에 적합한 인재를 과학적인 평가방법을 사용하여 평가하기란 거의 불가능하다.

　이러한 이유에서 이 책은 인사담당자가 직원 선발과정에서 좀 더 효율적으로 활용할 수 있도록 하는 데 중점을 두었다. 먼저 블라인드 채용의 이해와 채용, 선발과정의 설계를 통해 채용, 선발에 대한 이해를 높이려 하였다. 그리고 직무설명자료와 평가도구 개발에 대한 설명을 바탕으로 이를 NCS 직업기초능력 평가에 적용하여 실제 평가에 활용할 수 있도록 설명하였다.

실제로 입사지원서의 설계부터 자기소개서 항목의 개발 및 평가, 필기시험 문항의 개발, 면접질문 및 과제 개발, 면접관 교육, 면접의 평가 등에 대해 인사담당자가 알아야 할 내용 및 방법들을 NCS 직업기초능력을 중심으로 하위요소별 선발 매트릭스(Matrix)와 채용단계별 평가도구 및 평가요소 예시에 대한 내용들을 모듈(Module)방식으로 구성하였다. 따라서 목차의 내용만으로도 이 책의 구성 및 활용방법에 대해 이해할 수 있을 것이다.

이 책을 보다 효과적으로 활용하기 위해서는 먼저 채용, 선발 평가에 대한 이해를 먼저 시도하고, 이를 바탕으로 한 NCS 직업기초능력을 활용하려는 노력을 해야 할 것이다. 즉 평가에 대한 신뢰성, 타당성, 공정성, 효율성에 대한 개념을 충분히 이해하고, 이를 바탕으로 NCS 직업기초능력이 서류전형에서의 입사지원서 및 자기소개서 평가 이외에도 필기전형에서 다양한 필기시험 형태로 평가가 가능하며, 면접전형에서도 다양한 면접의 질문 및 과제로 평가가 가능하다는 것을 이해해야 한다.

　그리고 실제 평가를 위해서는 각 평가요소별로 정의와 행동지표를 잘 활용해야 한다. 역량평가의 핵심은 행동에 대한 관찰, 기록, 평가이다. 지원자에 대한 평가대상은 지식, 기술, 태도, 성격 등 다양하다. 행동을 관찰하고 기록하고 평가한다는 것은 행동은 관찰 가능하며 관찰 가능하다는 의미로 인해 평가가 가능해지기 때문이다. 역량평가가 다른 평가에 비해 타당성과 신뢰성이 높은 이유는 이러한 평가요소별 정의와 행동지표라는 '평가체계'를 갖추고 있기 때문이다.

　결과적으로 평가에 대한 이해 및 NCS 직업기초능력의 구성의 이해, 역량평가 체계로서 평가요소에 대한 정의 및 행동지표 활용에 대한 이해를 할 수 있다면 블라인드 채용에 대한 평가 이외에 다른 승진시험 등 여러 선발 평가 분야로의 활용 확대를 기대할 수 있다.

　이 책에서는 블라인드 채용에서 평가의 한 축인 직무수행능력에 대해서는 충분히 설명하지 못했다. 하지만 위에서 설명한 '평가 및

NCS 직업기초능력'에 대한 이해가 충분히 이루어졌을 경우 인사 담당자 스스로 직무수행능력에 대한 평가계획과 실행이 가능할 것으로 생각한다.

많은 준비를 한다고 했지만 아직 이 책을 읽는 독자의 욕구를 충족시키기에는 부족한 것이 많을 것으로 생각한다. 이에 대해서는 앞으로도 지속적인 연구를 통하여 보완해 나갈 것이다. 그럼에도 불구하고 이 책이 나올 때까지 도와주시고 격려해 주신 분들이 매우 많다. 일일이 다 이야기할 수 없지만 그 분들에게 깊은 감사의 말씀을 드리며, 이 책이 우리나라 블라인드 채용이 정착되는 데 도움이 되길 기대해 본다.

광화문 사무실에서

이 승 철 씀